Grindrburgo
(y otros barrios)

Grindrburgo
(y otros barrios)

Gabriel J. Martín

Rocaeditorial

Primera edición: abril de 2024

Printed in Spain – Impreso en España

ISBN: 978-84-19283-93-1
Depósito legal: B-1686-2024

Compuesto en Grafime Digital, S. L.

Impreso en Liberdúplex
Sant Llorenç d'Hortons (Barcelona)

RE 8 3 9 3 1

A George Michael,
por haber compuesto la banda sonora de mi vida.

A Carol,
por haberme acompañado nada menos que hasta aquí.

Un colectivo con la autoestima tremendamente deteriorada por culpa de la homofobia se relaciona entre sí a través de unas redes que precisan de una autoestima muy alta.

¿Que podría salir mal?

Índice

Prólogo

En nuestro mundo pospandémico, las redes sociales[1] se han convertido en el principal medio de contacto entre personas. Aplicaciones dirigidas al público gay como Grindr, Wapo o SCRUFF ya gozaban de popularidad entre nosotros, pero su importancia se ha visto agigantada en los últimos años. Actualmente, si quieres conocer a hombres, Grindrburgo (que es el nombre con el que vamos a referirnos a este barrio digital de complicadas calles) es visita obligada. O cualquiera de sus aledaños, ya que lugares como Twitter[2] o TikTok también facilitan ese primer contacto que nos conducirá al sexo (o a la amistad… o el amor).

Sin embargo, y a pesar de lo extendidas que están, las

1. RR. SS. de ahora en adelante.

2. Comienzo este libro perdiendo los papeles por completo para cagarme en la sombra de Elon Musk que cada dos semanas me ha hecho modificar alguno de los párrafos dedicados a Twitter. A estas alturas ya no sé si esa red social se llama Twitter, si se llama X o si se llamará Musker cuando leas este libro. Tampoco sé ni cuáles serán las funciones que incluya ni si seguirá existiendo. Pero a mí no me eches la culpa si el libro tiene imprecisiones, la culpa es del mElón que dirige esa compañía. También debo aclarar que he mantenido el nombre Twitter porque sigue siendo más popular (y cualquier día lo recuperará, ya veréis), al igual que otros términos relacionados como tuit o retuitear.

aplicaciones de *cruising* tienen especial mala fama dentro del colectivo de hombres homosexuales debido a la presencia de troles y la reproducción de discriminaciones y prejuicios. ¿Podemos evitar que estos usuarios arruinen nuestro paseo por Grindrburgo? Sí, claro que es posible. Y ya que estamos, ¿podemos mantener a salvo nuestra autoestima mientras hacemos *swipe* por vidas aparentemente mucho mejores que las nuestras en Instagram y por cuerpos perfectos en Grindr? Podemos hacer eso y mucho más gracias a lo que se conoce como «alfabetización mediática» y que es el elemento central de este libro que vas a leer.

En *Grindrburgo (y otros barrios)* repasaremos las nociones básicas para entrar en estas aplicaciones. Una vez dentro, conoceremos los aspectos psicológicos, sociales y comunicativos de los que depende nuestra buena o mala experiencia. Algunos, como la autoestima erótica, ya te resultarán familiares si me has leído anteriormente. Otros, como la comparación social, el efecto Proteus o la economía de la atención, te resultarán novedosos. Estos y otros muchos ayudarán a que disfrutes tus excursiones por Grindrburgo, así que vamos a aprender sobre todos ellos. Por supuesto, también abordaré asuntos como el *chemsex*, la elaboración de un perfil exitoso y el manejo de nuestras expectativas y sesgos. Con anécdotas propias y vuestras, espero que disfrutéis de este metafórico viaje por la comarca de Grindrburgo y sus barrios.

PRIMERA PARTE

Introducción

La alfabetización mediática

1
Reducir nuestros problemas en Grindrburgo

Lo admito: comenzar un libro sobre «los peligros de» sugiriendo que el problema consiste en que «somos unos analfabetos en» no queda demasiado bonito, así que trataré de adornarlo. O mejor aún, trataré de explicarlo. Como ante cualquier otra innovación tecnológica, los seres humanos también necesitamos un periodo de adaptación a las redes sociales. Imagínate la siguiente escena en Mesopotamia, allá por el 4000 a. C.:

—Hola, Goriel, ¿dónde vas cargando ese saco de trigo sobre tus hombros?

—Ey, Kur, ¿qué tal? Pues mira, voy para casa, que vengo del mercado.

—Oye, ¿y por qué no lo transportas en un carro como este y aprovechas que hemos inventado la rueda?

—¿La rueda? ¡Y una mierda! No me fío de esas moderneces. Prefiero llevar el saco bien sujeto por mis propias manos. Si lo transporto en un carro, igual viene alguien por detrás y me lo roba sin que me dé cuenta.

No tengo pruebas, pero tampoco dudas, de que algún mesopotámico de la época no viera con buenos ojos los discos esos que daban vueltas. Seguro que prefería cargar las mercancías y utensilios sobre su espalda. Poco a poco se fueron dando cuenta de que la rueda permitía transportar sus productos a más distancia y que eso favorecía el comercio, el aprovisionamiento del hogar y tener más tiempo libre porque con solo un viaje transportaban comida para una muy buena temporada. También fueron aprendiendo acerca de cómo distribuir la carga sobre los carros para evitar roturas o cómo hacer ruedas de materiales más livianos y resistentes. Paralelamente, aparecieron problemas nuevos, como la necesidad de crear pistas sobre las que las ruedas pudieran deslizarse, lo que los obligó a invertir en unos caminos de firme bien apisonado que antes no eran imprescindibles. Pero, por más que fuese necesario aprender sobre ruedas y eso tuviera un coste de tiempo y dinero, claramente siempre les mereció la pena.

Con las RR. SS. nos encontramos en ese mismo punto: son un avance espectacular pero necesitamos aprender mucho sobre cómo desenvolvernos en ellas para evitar que sus perjuicios superen los beneficios. A ese aprendizaje se le ha llamado «alfabetización digital» o «alfabetización mediática» (Potter, 2004), aunque también lo encontrarás con otros nombres como «competencia digital» (Gutiérrez y Tyner, 2012), «multialfabetizaciones», «alfabetización multimedia», «nuevas alfabetizaciones», «alfabetización mediática e informacional» o «educación para la alfabetización mediática» (yo te los enumero por si tú quieres ampliar conocimientos por tu cuenta[3]). La alfabetización digital es un

3. Y como siempre sucede en el ámbito académico, hay discusión sobre los términos adecuados, el alcance de sus definiciones, sus diferencias y equivalencias, etcétera. El más habitual es «Media and Information Literacy», abreviada como MIL (o AMIL en español). Yo emplearé formas más abreviadas como «alfabetización mediática» o «alfabetización digital» para referirme a esta habilidad.

asunto tan importante que la Unesco le está dedicando serios esfuerzos,[4] y numerosos investigadores se están esmerando en conocer cómo mejorar ese conjunto de habilidades. Apreciarás en esta multiplicidad de nombres y enfoques que este es un fenómeno complejo, así como de gran relevancia, por lo que nos conviene mucho estar educados en esta materia. Entrenar nuestras habilidades comunicativas y potenciar nuestra alfabetización mediática nos ayudará a optimizar nuestras experiencias en el mundo online. Así, repito, resumo y recalco:

«A más alfabetización mediática, mejor experiencia online».

Si lo que queremos es que evites y/o soluciones tus problemas en Grindrburgo, debemos pasar por la mejora de esas habilidades a las que hemos denominado «alfabetización digital», ¡no queda otra! No estoy diciendo que la culpa de que te vaya mal en Grindrburgo sea tuya, sino que en las últimas décadas hemos desarrollado una tecnología que necesita preparación previa por nuestra parte para que la experiencia digital sea positiva, ¡y nadie nos ha advertido de ello ni nos ha enseñado a hacerlo! A veces vamos aprendiendo a medida que los problemas aparecen, ojalá alguien hubiera sido tan visionario como para saber qué habría que solucionar incluso antes de que apareciese el problema, ¿verdad? Pero no tenemos el don de la profecía y solo podemos actuar una vez somos conscientes de que hay algo que solucionar. Pues lo mismo podemos decir de las RR. SS. La cuestión es que ser capaz de mostrar «ignorancia crítica» o

4. Ver <https://www.unesco.org/es/media-information-literacy>, consultado el 5 de abril de 2023.

de comprender el funcionamiento del algoritmo de Instagram, por ejemplo, son habilidades fundamentales para pasear por esta red sin perjuicio de tu autoestima.

Desarrollar el pensamiento crítico

Ya, ya sé que últimamente, cada vez que alguien anuncia en su perfil que es un librepensador, en realidad quiere decir que es un magufo, un conspiranoico o un retrógrado, ¡qué pena me produce ver cómo se han pervertido algunas palabras! Pero aquí nos referimos al pensamiento crítico de verdad, no a ir contracorriente porque necesito sentirme especial o porque estoy zumbado. El pensamiento crítico es una manera de proceder a la hora de recibir y procesar la información. Los textos en internet pueden presentar diversos tipos de falacias cuando no son, simplemente, pura invención. Necesitamos aprender a exigir fuentes rigurosas antes de dar por válida cualquier información, pero también a contrastarla y ampliarla buscándola en otros medios así como comparándola con la información previa que poseemos.

El desarrollo del pensamiento crítico supone aprender a diferenciar entre opinión y criterio, distinguir si lo que se dice es delito de odio o no. El pensamiento crítico también nos ayuda a reconocer las mentiras y las infoxicaciones, así como a aprender a reconocer si un argumento se desarrolla de manera lógica y cuándo alguien se salta multitud de premisas y llega a unas conclusiones erróneas por más que nos las presente como bien fundamentadas. Vamos, que nos hubiese venido muy bien haber aprovechado la asignatura de Filosofía en la secundaria aunque solo fuera para darnos cuenta de las múltiples formas en las que podemos ser engañados en Twitter.

Del mismo modo también es bueno desarrollar una visión crítica de nuestros propios sesgos, intereses y limitaciones. De esta manera podremos responsabilizarnos de nuestras reacciones y actuar en consecuencia. Si soy consciente de que me enciendo de furia cada vez que encuentro las declaraciones de determinado personaje, tal vez aprenda a darme cuenta de que esa reacción furibunda seguro que empaña mis juicios o me aparta del respeto a las opiniones o a la libertad de expresión. Seré capaz de pensar algo así como: «Me toca muchísimo los cojones lo que dice fulanito pero, mientras no caiga en el delito de odio, tiene derecho a expresar lo que piensa. Y yo, como demócrata, tengo la obligación de respetarlo». Es difícil, lo sé, pero es lo que se espera de un humano adulto y responsable. De manera inversa, también puedo darme cuenta de que no se está respetando mi derecho a expresarme libremente y elevar mi queja a donde corresponda sintiéndome respaldado por la ley. Y, sí, sé que acabo de decir una obviedad. Pero una obviedad de la que muchos, lamentablemente, se olvidan a diario en todas las redes. Ser crítico también incluye serlo con nuestras propias creencias y comprender nuestras limitaciones, filias y fobias, pues nos ayuda a ser más empáticos con los demás y a comprender que, tras algunos tuits o las descripciones que alguien incluye en su Grindr, hay mucha historia encerrada y que la persona está proyectando hacia los demás (tú, yo, nosotros) su propia mierda. Ejercitarnos con nosotros mismos nos entrena para detectarlo en los demás.

Comprender el funcionamiento y los intereses de los medios de comunicación y de las RR. SS.

Los medios de información tienen sus propios intereses económicos y a menudo juegan con nuestra sorpresa o con nuestra indignación para hacernos clicar en sus portales y sumar visitas. Muchos titulares especialmente llamativos que luego no se ven corroborados por el contenido de la noticia sirven como gancho para este mismo fin. En Twitter hay cuentas como #PorQuéTT (@xqTTs) que se dedican a explicar brevemente las razones que han hecho que algún suceso o persona sea trending topic. A menudo nos sirven para no caer en el error de interactuar con usuarios con fines aviesos. En esta red están siendo muy útiles los «Comentarios de la Comunidad», que amplían la información, desmintiendo en no pocos casos lo que afirma el tuit. Te sorprenderá leer en el capítulo correspondiente que se han propuesto medidas similares para otras redes como Grindr o Tinder, aunque allí te explicaré la razón de por qué esto no es una buena idea.[5]

Por otro lado, necesitamos saber que muchos medios de comunicación tienen una fuerte carga partidista. Si somos conscientes de que tal o cual medio es afín a un partido o una corporación empresarial, nos animaremos a comparar

5. Como habrás observado, ese «Te sorprenderá leer...» es el típico cebo que se utiliza en el *clickbait* de muchos medios. Las anticipaciones son un recurso literario que pretende que el lector mantenga su atención y siga leyendo una novela o ensayo. La ética del que escribe implica ofrecerle lo que antes le había prometido o, en el caso de las obras de ficción, quizá sorprenderle con un giro de trama. Claramente, el abuso de este recurso con la única pretensión de robarte tu tiempo o llevarte a alguna noticia que no tiene que ver con lo anunciado es más que cuestionable.

su información con las versiones de otros medios y les exigiremos fuentes veraces. Trataremos todo esto en el capítulo correspondiente a «La economía de la atención» para que aprendas a neutralizar sus intentos de ganar dinero y penetración en redes a costa de tus fobias. Un ejemplo brutal es la portada del *ABC* del 14 de septiembre de 2023 con el titular: «La jugada de Antonio, un cambio de sexo exprés para pedir el indulto tras maltratar a dos exnovias». Para comenzar, y contrariamente a lo que afirman las críticas que ha recibido la ley Trans, los delitos se juzgan según el sexo registral que figura en el momento del delito conforme el artículo 46.3 de la ley Trans.[6] Este periódico critica una ley empleando un caso para el que no se puede aplicar dicha ley. Para colmo, aunque su premisa fuera cierta, el «cambio de sexo» [*sic*] no hubiese servido de nada porque ¡no hay indulto para una mujer que maltrata a otras! Por último, también obvia que el «cambio de sexo exprés» no existe (debe reafirmarse tras unos meses). Este titular es un

6. Dice: «La rectificación de la mención registral relativa al sexo y, en su caso, el cambio de nombre no alterarán el régimen jurídico que, con anterioridad a la inscripción del cambio registral, fuera aplicable a la persona a los efectos de la Ley Orgánica 1/2004, de 28 de diciembre, de Medidas de Protección Integral contra la Violencia de Género». Ley 4/2023, de 28 de febrero, para la igualdad real y efectiva de las personas trans y para la garantía de los derechos de las personas LGTBI, BOE n.º 51, de 1 de marzo de 2023. Aunque, en cualquier caso y como puntualizaba en un tuit el abogado Curro Peña (@Currikitaum): «El art. 46 de la ley Trans no es aplicable a este caso. Ese artículo es para cuando se cambia el sexo después de cometer el delito pero antes de ser juzgado. En este caso, ha pedido el cambio DESPUÉS de ser condenado. Con independencia de la ley Trans, ese cambio no afecta a la condena». Por cierto, sigue a Curro en Twitter, lo sabe TODO sobre leyes y personas LGBTI+, así como Saúl Castro (@yoursaulmate), Olympe Abogados (@olympeabogados) y la ILGA (@ILGAWORLD).

ejemplo de cómo los medios no han tenido inconveniente en mentir si con ello lograban un clima adverso contra determinados partidos o políticos. El daño colateral es la cantidad de españoles que han desarrollado una mala opinión sobre una buena ley que ayuda a las personas trans. Imagino que este ejemplo te habrá permitido comprobar que necesitamos mucha información y fuentes fiables para no caer en las trampas que algunos nos tienden en las RR. SS.

Tomar conciencia del impacto que tienen los medios de comunicación en nosotros y en los que nos rodean

Por todo lo anterior, si ignoramos el impacto de los medios sobre nuestras personas, corremos el riesgo de ser arrastrados por esa impresión en lugar de controlarla. Y lo mismo se puede decir de los demás: no es buena idea seguir la corriente a alguien que está totalmente mediatizado por los mensajes en cadena que recibe por WhatsApp. Los medios en la época digital apelan a nuestras emociones más primarias y nos provocan respuestas que no han superado el filtro del razonamiento. Seguramente ya has oído hablar del FOMO, el miedo a perdernos algo por estar ausentes (Fear Of Missing Out, en inglés), un temor atávico con el que juegan los medios de comunicación y las RR. SS. en general magnificando los sucesos. Que yo recuerde, desde 2009 he vivido unos trescientos veinticuatro acontecimientos históricos, y, desde hace cinco o seis años, cada día las noticias tratan de mostrarme el motivo por el que debo estar enfurecido (o acojonado), además de pendiente de sus programas o tuits para no perderme un detalle, no sea que el fin del mundo me pille cagando. Por eso muchas personas, queriendo preservar su salud mental, han optado por no ver los informativos excepto en horas escogidas para mantenerse suficientemente informados sin que los induzcan a la crispación. Acerca de esto también profundizaré en las próximas páginas, aunque te adelanto un dato: si fuese verdad que todo es tan terrible, los informativos no cambiarían de tema con tanta facilidad. Hoy todos los medios tratan el GRAN escándalo, la GRAN noticia de la que todo el mundo habla. Un suceso TAN importante que pasado mañana nos levantaremos con OTRO escándalo y todo el mundo hablará de esa OTRA noticia. Todo es tan volátil que no puede ser cierto. Las polémicas se han convertido en uno más de los shows televisivos y algunos informativos se han convertido en magazines de entretenimiento... y manipulación. Lo ventajoso de todo esto para los personajes públicos es que hoy pueden verse inmersos en una gran trifulca mediática pero pasado mañana nadie se acordará. Con dejar transcurrir cuarenta y ocho horas habrá bastado para que su vida regrese al mismo sitio. En consecuencia, la mejor recomendación que puedo darte es que no estés pendiente de la actualidad más que lo imprescindible y que no te preocupes por ninguna noticia que no dure más de veinticuatro horas en los medios. Al menos, hasta que esos medios recuperen la ética periodística. O sigue solo a medios realmente independientes... y disfruta la gincana de descubrir quiénes están detrás de los editoriales, ingresos por publicidad o intereses del grupo empresarial al que pertenece cada medio cuya independencia quieras comprobar. Menos esfuerzo te costará seguir medios de diversa índole y, tras informarte en varias fuentes, elaborar tus conclusiones. Aunque, la verdad, si resultas ser una persona capaz de informarte en varios medios y no quedarte únicamente con lo que diga un panfleto de cabecera, seguro que eres alguien más difícil de manipular que la mayoría. Megapunto para ti.

Desarrollar la ignorancia crítica

El concepto *critical ignoring* se refiere al desarrollo de la capacidad para seleccionar de forma inteligente lo que se ignora. Además de las ya mencionadas estrategias para mantener cautiva tu atención, internet está lleno de noticias falsas, montajes, *infoxicaciones* e imágenes elaboradas con inteligencia artificial y/o retocadas o seleccionadas para transmitir un mensaje no realista. Ser capaces de actuar de una manera crítica para detectar estos contenidos falsos es importantísimo, y aquí no solo me refiero a desacreditar las noticias manipuladas, sino también, por ejemplo, aquellos contenidos fitness que fomentan el deseo de transformar nuestros cuerpos siguiendo cánones imposibles para la mayoría de la población. La mirada crítica es una mirada informada, una mirada capaz de objetar: «Ese porcentaje de grasa corporal es insalubre para un adulto e implica una restricción de la dieta tremendamente perjudicial», para añadir a continuación: «A este influencer de mierda lo voy a bloquear ahora mismo y se lo voy a comentar a mis amigos para que tampoco lo sigan».

Internet está lleno de consejos absurdos y también necesitamos mostrar ignorancia crítica respecto a muchos de ellos. Seguro que recuerdas remedios caseros como los de aquella curandera que decía que para quitarte las verrugas tenías que frotarlas con un diente de ajo cada mañana. Soltabas una peste a alioli que tirabas de espalda, pero la verruga cabrona seguía en el mismo sitio. La diferencia grave es que ahora, en lugar de decirlo la abuela de tu vecina, te lo dice una tiktoker. Y, como sale en una pantalla, le das más credibilidad que a la pobre doña Rosa, de modo que terminas haciendo lo que te aconseja un vídeo viral en lugar de ir al dermatólogo.[7] Pues nada, cariño: en el pecado llevas la penitencia.

La ignorancia crítica se aplica también a los troles y otros elementos perturbadores de las RR. SS. Por eso encontrarás más adelante un capítulo sobre cómo identificarlos. Debemos aprender a ignorarlos en Grindr, así como a los usuarios de Twitter que tienen tres seguidores o un «perfil matrícula» (que es un nombre seguido de un montón de dígitos) y que suele caracterizar a bots y cuentas secundarias que solo pretenden crear malestar. Necesitamos aprender a detenernos, no dejarnos llevar por la rabia y —gracias a ello— no mantener la interacción (que es lo que buscan). Conviene aprender a silenciarlos o bloquearlos. Conviene aprender a ignorarlos. Hablaremos de ello largo y tendido.

Aprender estrategias para neutralizar (o amortiguar) el impacto de los medios

¿Por qué se emplean determinados titulares? ¿Por qué determinadas fotos? ¿Cómo nos afectan? ¿Es neutro el len-

7. Estoy convencido de que la proliferación de estos contenidos guarda relación con el nivel cultural, pero también con el acceso al sistema sanitario de cada país. En aquellos lugares donde el coste de la sanidad es elevado para el usuario, seguro que mucha más gente recurre a remedios caseros y los propaga aunque no sean eficaces.

guaje que emplean? ¿Usan verbos en condicional?[8] ¿Estrategia del miedo? Hay multitud de preguntas que podemos hacernos para, en la búsqueda de las respuestas, hallar modos de evitar las *infoxicaciones*. En España se ha hecho (tristemente) famoso el impacto que tienen las noticias sobre la okupación de viviendas..., noticias *patrocinadas* por empresas de seguridad y alarmas domiciliarias. Noticias que se ven desmentidas por los datos facilitados por los juzgados o la policía (número de denuncias y juicios al respecto). Eso sí, no basta con conocer la verdad, también necesitamos gestionar las emociones (el miedo en este caso concreto) que las noticias nos producen. Una vez inoculado el temor, la alarma antirrobo ya está vendida, porque muchas personas razonarán: «Vale, no es cierto que haya una ola de casas ocupadas pero, por si acaso, yo me pongo la alarma y me quedo más tranquilo, ya que podrían ocuparme el pisito que tengo en la playa». Nos conviene desarrollar inmunidad a este tipo de contenidos aunque solo sea para que no nos saquen el dinero. Pero también para que no nos roben la salud mental. Muchos hombres gais, por ejemplo, tienen gravísimos problemas con sus relaciones sexuales, ya que algunos medios continuamente nos bombardean con noticias terribles sobre el aumento de ca-

8. Una noticia con un verbo en condicional es tan veraz como el horóscopo. «Los casos de sífilis podrían duplicarse en dos años» es lo mismo que anunciar: «El número de casos de sífilis podría seguir exactamente igual dentro de dos años». «Podría» indica que algo quizá suceda o que quizá no suceda. Este recurso suele estar muy presente en noticias que quieren generar preocupación o sesgar la opinión pública. Mucho más fidedigno (y profesional) sería un artículo con el título «Los casos de sífilis están aumentando. Algunos profesionales muestran preocupación por el futuro», y que ofrezca los datos y algunas recomendaciones de las autoridades sanitarias.

sos de las infecciones de trasmisión sexual (ITS). Lo que no hacen estos medios es precisar que más que un aumento de casos lo que se está produciendo es un aumento de detecciones porque cada vez nos hacemos más pruebas, ya que cada vez estamos más concienciados y, gracias a que nos hacemos más pruebas, cada vez hay más chicos tratados que dejan de transmitirlas. Sin embargo, por culpa de estos medios y alguna que otra campaña digamos desafortunada (por utilizar un eufemismo), multitud de hombres viven sus relaciones sexuales con angustia y ansiedad. Os he hablado de la nosofobia docenas de veces tanto en mis libros como en mis vídeos, y todos habéis pasado por alguna fase así o conocéis a alguien en esa situación. No hace falta que os diga cuán perjudicial puede ser una mala información. También contra esto necesitamos inmunizarnos y por eso es tan importante haberse formado al respecto. Vosotros podéis saber mucho más que los periodistas que han escrito ese artículo o que los supuestos activistas que han desarrollado esa campaña, lo digo muy en serio.

Disfrutar el contenido de los medios

Pero tampoco nos volvamos paranoicos, también podemos aprender a disfrutar los medios y las RR. SS. análogamente a como aprendemos a disfrutar de una novela o de una serie de ficción (o manuales e informes científicos). Manteniendo una visión crítica, podemos aprender a analizar el contenido de los medios y de las RR. SS. en beneficio propio, descartando lo perjudicial y quedándonos con los aspectos más inspiradores e informativos que encontraremos en ellos. Hay muy buenas series, muy buenos streamers y divulgadores, excelentes cómicos, geniales músicos y noticieros imparciales en todas las RR. SS. y plataformas. Es muy importante buscar sus contenidos y priorizarlos ante los demás. Y también hay hombres maravillosos en Grindr o en SCRUFF; si aprendemos a desenvolvernos en Grindrburgo, podremos encontrar personas estupendas con las que compartir buenos momentos.

Aprender a generar contenidos éticos

Podemos producir materiales para las RR. SS. que sean honestos, podemos mejorar nuestras interacciones, así como mantener buenos modales online. Comprometernos con la ética no solo mejora nuestra experiencia, sino que se convierte en una semilla para los demás. Además, es una buena herramienta para neutralizar los contenidos dañinos sin darles relevancia, algo así como: «En lugar de discutir con homófobos, entregándoles mi atención y dándoles relevancia en el algoritmo, voy a crear contenidos que no los citen pero que expliquen que la homosexualidad es una más de las posibles orientaciones sexuales presentes de modo natural en el ser humano y otras especies». O como: «Sin discutir con el terferío, voy a subir contenidos explicando que la autodeterminación de género es el remedio a prácticas inhumanas como "El test de la vida diaria" u otros procesos tutelados y larguísimos a los que antes sometían a las personas transexuales». Podemos ofrecer discursos que neutralicen a los tóxicos sin necesidad de darles relevancia interactuando con ellos.

De ahora en adelante...

Todos estos puntos irán apareciendo a lo largo de los próximos capítulos. A veces de una manera más informal, a menudo entremezclados con otros contenidos, tratando de ser ameno pero siempre intentando ofrecerte la posibilidad de mejorar tu competencia digital y que disfrutes muchísimo de Grindr, Instagram y todas tus RR. SS.

La autoestima es el valor que nos concedemos, de manera implícita, a nosotros mismos y todo lo que tiene que ver con nuestra vida: nuestro cuerpo y apariencia, nuestras opiniones, nuestros modos de comportarnos, etcétera. Las fuentes prioritarias de la autoestima suelen ser los demás y uno mismo. Los demás nos trasladan continuamente mensajes de lo que somos a través de las declaraciones que realizan sobre nuestras personas, actitudes, talentos y demás, pero también lo hacen sin pretenderlo cada vez que nos comparamos con ellos. Por nuestra parte, nosotros también podemos ser los valedores de nuestras características personales y llegamos a darnos un valor positivo a través de la maduración personal o de un proceso terapéutico que nos ayude en esa maduración. Como sabéis, todos los que hemos crecido en un contexto homofóbico hemos interiorizado esa homofobia y, con ella, un mensaje devaluador de quiénes somos. A nadie le sorprende saber que, como cualquier otra minoría discriminada, los hombres homosexuales tenemos en conjunto una autoestima baja. Y aquí nos encontramos el primer gran problema de Grindrburgo porque, como ya verás, las RR. SS. exigen tener mucha autoestima, tanto para defendernos de troles como para que la comparación que realizamos permanentemente en estos entornos no nos acabe perjudicando. De eso va todo este libro.

SEGUNDA PARTE

Grindrburgo

2
Una aproximación al territorio

Quince años antes de la publicación de este libro, los más modernos en las reuniones de amigos hablaban de algo llamado Facebook: «Es como un álbum de fotos en internet y te sirve para conectar con los amigos porque puedes chatear con ellos en tu muro». A muchos aquello les sonaba a extraterrestre. Cinco años después solo unos pocos se mantenían ajenos al *caralibro* reafirmando su postura con declaraciones al estilo de: «Ni tengo Facebook ni lo tendré. Si yo quiero hablar con mis amigos, los llamo o quedo con ellos en persona». Una década más tarde la pandemia de la COVID-19 convirtió las RR. SS. en el salvavidas que nos rescató del total aislamiento al que los sucesivos confinamientos nos sometieron, y hasta nuestra abuela aprendió a usar la videoconferencia del WhatsApp. Hoy la yaya aprende recetas de repostería siguiendo a Carmen, una youtuber de Chiclana; nos deja comentarios en Instagram y nos mensajea los TikToks que le han parecido graciosos. Hace diez años aún había vida fuera de las RR. SS. Hoy las vidas de todos nosotros están inmersas en lo digital. Y esta es la realidad a partir de la cual vamos a estructurar este libro: a estas alturas, si queremos relacionarnos con otros maricones, necesitamos saber desenvolvernos en las RR. SS.

Si quieres ligar, necesitas darte un paseo por Grindrburgo

o alguno de sus barrios aledaños. Hasta hace unos años era posible conocer a hombres en espacios de socialización gay: un bar, la sauna, en el *cruising* o en las asociaciones. Durante la pandemia las RR. SS. fueron la única alternativa para charlar o masturbarnos con otros hombres. Tras dos años en los que casi la única manera de conectar con otros gais fue a través de los entornos digitales, estos se han terminado convirtiendo en la principal vía de conexión entre nosotros: se ha producido una auténtica digitalización de nuestras relaciones sociales. La comodidad de contactar con otro hombre desde el sillón de casa para tener sexo fácil ya había posicionado muy bien esta alternativa, pero los confinamientos le dieron el empujón final para hacerse con la mayor parte del pastel de nuestros entornos de encuentro.

Cierto que en los últimos años estoy comprobando con satisfacción que los lugares tradicionales de socialización se están revitalizando y regresamos al ligue presencial en bares y discotecas. Pero mi observación se limita, claro está, a aquellas grandes ciudades donde el colectivo gay es tan amplio que los negocios pueden subsistir económicamente. Sin embargo, en ciudades y pueblos más pequeños, la escasez de estos locales determina que la única alternativa para socializar sea visitar Grindrburgo. Incluso en las grandes ciudades, si quieres follar (o hacer amigos) de lunes a jueves, entrarás en una app, porque los bares de ambiente y las saunas suelen estar muy poco concurridos entre semana. El polvo del martes lo tendrás que buscar en Grindrburgo. De modo que, al final y como ves, si queremos conocer a otros hombres gais necesitaremos movernos en las RR. SS. y este libro quiere ayudarte a desenvolverte en ellas como un campeón.

Cuando aterrices en Grindrburgo, verás que está muy poblado, casi todos tenemos una casita allí. Algunas no son más que simples picaderos a los que acudimos furtivamente a echar un polvo y luego regresamos a nuestros hogares. Algunos tenemos un pisito en una de las calles periféricas de Grindrburgo y nos gusta, de vez en cuando, asomarnos al balcón y charlar con algún vecino e, incluso, si el hombre nos parece majo, lo invitamos a pasar por casa. Otros, sin embargo, han comprado allí una casa ajardinada llena de habitaciones y organizan fiestas épicas casi cada día. Su chalet está siempre concurrido y hay hombres por todas partes: en los baños, en la piscina, en los pasillos y, por supuesto, en los dormitorios. Siempre hay visitas.

Comprobarás que Grindrburgo no es solo una ciudad, sino toda una comarca (que, como ya habrás supuesto, toma su nombre de la ciudad principal). Algunos maricas encuentran la capital un poco pija[9] y no se sienten cómodos entre gente tan aparentemente ideal. Prefieren otros parajes, como Scrufford o MachoBBille o el REcOn de la Fistoria, donde la gente folla más intensamente. En estos otros barrios hay sexo en casi cualquier plaza y suele ser un sexo mucho más *fetish*. Sus calles huelen a cuero y a *poppers* y se escucha música de gemidos en prácticamente cualquier esquina.

Otros barrios de Grindrburgo con un gran tirón son los osunos: u4Bearpolis, Growlrdorf y Wwwbear del Río (se llama así porque está en la ribera del Guadaricón, el río que atraviesa Grindrburgo). También se reciben muchas visitas

9. Querido lector argentino, en el español de España, «pija» equivale a «cheta», no estamos hablando de penes. En México sería «fresa» y en Colombia, «gomela». Y según me cuenta la Fundéu, reciben el calificativo de «cuica» en Chile, «pituca» en Perú, «sifrina» en Venezuela, «pipi» en Costa Rica, «pelucona» en Ecuador, «jevita» en la República Dominicana y «yeyé» en Panamá. Besazos enormes a toda América.

en Tinderhill, aunque este lugar es un poco como la Toscana: un destino eminentemente romántico, allí se va principalmente a buscar novio.[10] Y ya que he mencionado el Guadaricón, te diré también que en su otra orilla se yerguen Instacity, Facebook-Valley, Meetupshore, Tiktoktown y Twitterport. Originariamente no pertenecían a la comarca de Grindrburgo porque ni Instagram, ni Facebook ni las demás fueron pensadas como entornos para el flirteo o el sexo casual. Pero, como veremos en próximos capítulos, los humanos (y no solo los maricas) aprovechamos cualquier plataforma y oportunidad para follar, de modo que las fronteras de Grindrburgo cambian cada dos por tres.

Grindrburgo también tiene barrios potencialmente peligrosos. En realidad, cualquiera de las zonas reseñadas puede ser tenebrosa para muchas personas porque en todas podemos toparnos con vecinos agresivos que nos insultan o avasallan. A veces nos encontramos con *chillifests* que se nos escapan de las manos. También hay troles y estafadores en Grindrburgo, y necesitamos ir con ojo para no ponernos en una situación de vulnerabilidad. En resumidas cuentas, esta comarca no es sino un espejo digital de nosotros mismos. Y ese espejo puede mostrarnos una imagen real o una deformada, aumentada por determinados condicionantes. Para la mayoría, pasear por Grindrburgo es una agradable experiencia. Para algunos, todo lo contrario. De los unos y de los otros me ocuparé en esta guía de viaje.

10. A lo largo de este libro y mientras no especifique lo contrario, emplearé «novio» y «marido» como palabras intercambiables para denominar una relación estable. Diferenciar estos términos solo tiene sentido al referirnos a asuntos legales o económicos.

¿Las RR. SS. son lo peor?

Durante la caza de brujas en Europa, entre los años 1450 y 1750, se asesinaron al menos 60.000 personas, la mayoría de ellas mujeres (Levack, 1995). Sus perseguidores tenían como manual de cabecera el *Malleus maleficarum,* escrito por dos monjes alemanes, Heinrich Kramer y Jacob Sprenger. Muchos de los religiosos contemporáneos de estos autores criticaron duramente el contenido del libro y se pronunciaron contra la inverosimilitud de lo que explicaba, dejando claro que el manual entraba en conflicto con la doctrina de la Iglesia sobre demonología. Estas críticas, lamentablemente, permanecieron en los monasterios y los despachos de las congregaciones mientras que el *Malleus* se difundía por todas partes aprovechando la oportunidad que le brindó un invento reciente: la imprenta. Esta permitía reproducir un libro en muy poco tiempo y a muy bajo coste facilitando que las informaciones contenidas en cualquier publicación llegasen rápidamente a cualquier lugar. Gracias a esto y en apenas unos años, este libro se convirtió en un best seller y sus lectores aplicaban con dureza todas las barbaridades que los autores habían propuesto por escrito sobre cómo extraer una confesión o castigar el pecado de brujería. Millares de personas fueron torturadas y asesinadas en los siguientes años. Estas muertes no hubieran tenido lugar de no haber sido por la imprenta.[11]

Hoy todos celebramos que Gutenberg crease la imprenta de tipos móviles, ya que permitió la difusión de la cultura y el

11. Gracias, Pablo, por compartir conmigo esta historia. Mi amigo la escuchó en el pódcast *The Coming Storm* y luego la corroboré con otras fuentes.

saber científico llevando a la humanidad a una nueva época. Ninguno de nosotros opinaría que la imprenta es algo malo, a lo sumo diríamos que hasta los mejores inventos pueden tener un lado oscuro si caen en malas manos. Pues algo parecido podemos decir sobre las RR. SS. De hecho, y como nos recuerdan en el artículo «Social Media Has Not Destroyed a Generation»,[12] buena parte de la mala fama de las RR. SS tiene que ver con el miedo que solemos tener a la tecnología y con que las metodologías de muchos estudios sobre su impacto son, siendo generosos, defectuosas.

En su origen, las redes estaban pensadas para conectarnos, pero han facilitado comportamientos abusivos, la difusión de bulos y de teorías conspiranoicas. Las RR. SS. han subido el volumen del comportamiento humano haciendo más patentes todas nuestras contradicciones, luces y sombras. Actuaciones que antes pasaban desapercibidas afectaban solo a algunos colectivos o se vivían en la esfera privada hoy son visibles para todo el público. Las RR. SS. nos han hecho más conscientes de nuestras miserias, aunque también pueden servir para promover la concienciación ciudadana sobre asuntos problemáticos, ayudarnos a atravesar una pandemia mundial o ponernos en contacto con otras personas, todo depende de quién esté detrás. Mi análisis de la vida en Grindrburgo parte de esta convicción.

12. <https://www.scientificamerican.com/article/social-media-has-not-destroyed-a-generation/>, consultado el 10 de noviembre de 2023.

¿Cómo de grande es Grindrburgo?

Para calcular el tamaño de Grindrburgo, antes nos conviene ubicar las aplicaciones que lo conforman dentro del conjunto de los medios sociales. Desde su surgimiento, estos han proliferado en todos los ámbitos y se han diferenciado en tipos y subtipos de aplicaciones, webs y plataformas muy diversos dando origen, entre otras, a lo que conocemos como «redes sociales» (Aichner *et al.*, *op. cit.*):

> ... en la investigación, «medios sociales» se usa como un término general que describe una variedad de plataformas en línea, incluidos blogs, redes comerciales, proyectos colaborativos, redes sociales empresariales *(social network)*, foros, microblogs, intercambio de fotos, revisión de productos, redes sociales, marcadores, juegos sociales, intercambio de vídeos y mundos virtuales.

Así, en el conjunto de todos los medios sociales, encontramos redes comerciales, blogs, mundos virtuales y el subconjunto de las RR. SS. Dentro de estas últimas tenemos, entre otras, Facebook, Instagram y otro subconjunto, el de las apps de *cruising*. Estas últimas, a su vez, comprenden un enorme número de diferentes aplicaciones y webs como Wapo, u4Bear, Grindr o SCRUFF, por citar algunas.

Por otro lado, en nuestra vida cotidiana, muchos de nosotros ni siquiera necesitamos Grindr para follar, ya que recibimos comentarios sobre nuestras fotos o stories en Instagram y podemos conversar por privado con quienes nos han dejado esos mensajes. De hecho, cada vez son más los personajes gais famosos que, ante el incomodo que les supone estar en una app como Grindr, ligan a través de Instagram, ¿cómo crees que Ricky Martin conoció a su exmarido Jwan Yosef?[13]

RED SOCIAL	MAU
Facebook	2.989
Instagram	2.000
WhatsApp	2.000
TikTok	945
Twitter	564
Tinder	75 (2021)
Grindr	11 (2021)
SCRUFF	2 (2020)

TABLA 1. MAU de diferentes RR. SS. Datos correspondientes (salvo indicación) a julio de 2023.

A la inversa, también hay maricones que hacen amigos a través de Grindr, especialmente en pueblos pequeños donde estas apps son la única opción para conocer a otros gais. En lo relativo a socializar, la distinción entre apps de *cruising* y RR. SS. tampoco está tan definida. Cuando os explique algo muy específico de alguna de ellas, lo precisaré, pero buena parte de lo que os diga será aplicable tanto a las RR. SS. en general como a las apps de *cruising* en particular. Para los propósitos de este libro, todos estos entornos forman parte de Grindrburgo. Las únicas diferencias entre unas y otras estriban en: (1) las apps permiten filtrar la búsqueda de

13. *Ains,* ¡qué penita! Cuando escribí esto por primera vez puse «su marido» y van y se divorcian a mitad de la escritura.

otros usuarios según criterios como la edad, el rol sexual o sus fetiches, y (2) la interacción entre los usuarios de las apps de *cruising* depende de su geolocalización. Aunque todas las RR. SS. suelen geolocalizarte, la interacción con otros usuarios no depende de eso, sino de que hayas conectado con ellos bien a través de la solicitud de amistad (como en Facebook), bien a través del botón de «Seguir» (como en Twitter o Instagram).

Así, en el presente, los gais (bueno, todo el mundo en realidad) aprovechamos cualquier red social para flirtear, incluso aquellas que no estaban diseñadas ex profeso para tal fin. Eso hace que, finalmente, el Grindrburgo de este libro incluya en su territorio no solamente las apps de *cruising*, sino cualquier otro medio virtual que los hombres homosexuales empleemos para encontrar novio o con quien follar. Por tanto, y concluyo: las fronteras de nuestro Grindrburgo no se han trazado por la función para la que se diseñó la aplicación, web o red social, sino por el uso que los hombres homosexuales les hemos dado.

Finalmente y en cuanto al número de habitantes de nuestra querida comarca, lo cierto es que desconocemos el total. Muchos tenemos varias RR. SS. a la vez, con lo que el total de usuarios no se puede establecer sumando el número de personas que usamos cada una porque se darían muchos casos de duplicidad (y triplicidad, cuatriplicidad, etcétera). Estas cifras también cambian según el año, ya que hay RR. SS. que se ponen muy de moda durante un tiempo para luego caer en el olvido. Así pues, y dado lo cambiantes que son los números que proporciono en la Tabla 1, los tomaremos como una indicación del potencial de contacto que nos proporcionan cada una de estas redes. Por último, una última precisión sobre estas cifras. El número de usuarios de una red social puede medirse en MAU o en DAU. MAU son los Monthly Active Users, o los usuarios que usan la aplicación a lo largo del mes. Análogamente, los DAU o Dayly Active Users son los usuarios que la emplean en un día concreto. El MAU se considera un mejor índice del grado de compromiso que tienen los usuarios con esa red, ya que cuantifica personas que permanecen en ella más tiempo. Su unidad son los millones de usuarios, así que en Tabla 1 el 564 de Twitter se refiere a 564.000.000 usuarios activos al mes durante el año 2023.[14]

14. Fuentes consultadas el 14 de octubre de 2023:
Todas (excepto Grindr y SCRUFF), en <https://datareportal.com/social-media-users>.
Grindr: Grindr Unwrapped, en <https://investors.grindr.com/news/news-details/2022/Grindrs-Annual-UNWRAPPED-Shows-How-Where-and-What-Users-Loved-In-2022/default.aspx>.
SCRUFF: Perry Street Software, en <https://bhocpartners.org/wp-content/uploads/2017/04/Scruff_-PSS_Media_Kit.pdf>.

3

Antes de Grindrburgo éramos iguales (o peores)

Es habitual leer (y oír) críticas a Grindrburgo que destacan el mal comportamiento de sus habitantes. A la hora de explicar estas actuaciones, muchos tienden a considerar que son producto de la mala educación generacional y del anonimato auspiciado por las RR. SS. Estoy en total desacuerdo con la primera de estas aseveraciones y en este capítulo trataré de argumentar mi posición. Los humanos tenemos la costumbre de idealizar el pasado, y en relación con Grindrburgo no hemos hecho una excepción. Es habitual oírnos a los mayores proclamar: «Antes la gente era mucho más educada, no como ahora, con todos esos que te encuentras en Grindr», pero no nos hagas ni puto caso porque ANTES era mucho PEOR. La nostalgia es muy mala para la memoria.

Tendemos a olvidar la información que contradice esa melosa romantización de nuestros años de juventud y —mira por dónde— no nos acordamos de algunos *detalles* que demuestran lo cafres que éramos entonces. Tanto o más que los habitantes actuales de Grindrburgo. Un poquito de información, sin embargo, nos permitirá darnos cuenta de que, a la hora de buscar sexo o pareja, siempre hemos respondido a los mismos patrones de conducta y que incluso, para escándalo de nostálgicos, las generaciones más jóvenes son mucho más respetuosas de lo que fuimos nosotros, atiborrados de homofobia interiorizada. Acompáñame en este viaje por la historia de Grindrburgo.

La historia de nuestra comarca no comienza con las RR. SS., sino mucho antes, en el momento en que los medios de comunicación empezaron a facilitar el contacto entre hombres homosexuales, y esto fue sucediendo en los diferentes países del mundo a medida que se fue despenalizando la homosexualidad. No incluyo aquí el movimiento homófilo que luchó por esta despenalización y normalización[15] de la homosexualidad desde finales del siglo XIX y que tuvo sus propias publicaciones.[16] No lo incluyo porque este objetivo político es distinto del objetivo lúdico-sexual de quienes paseamos por Grindrburgo, y si bien alguien que busque follar también puede tener una fuerte motivación para el activismo, lo cierto es que desarrolla esta motivación en otro entorno (o debería, que yo he visto cada cosa en algunas asociaciones...). Grindrburgo son los lugares online donde buscamos tener sexo o, como dirían en la facultad de Antropología o en la de Sociología, los «entornos online destinados a facilitar posteriores encuentros sexuales gratuitos entre hombres».

Somos una minoría históricamente discriminada y, para protegernos, muchos nos hemos visto condenados al anoni-

15. A muchos lectores el término «normalizar» les puede chirriar, pero en los años 70 y 80 del pasado siglo era habitual que los programas políticos incluyeran objetivos como «la normalización del hecho homosexual», porque en aquella época la sociedad consideraba la homosexualidad una anormalidad. Claramente lo hicieron muy bien, hasta el punto de que a los que habéis nacido décadas más tarde os resulta chocante que se hable de cuestiones como esta. Bien por los que lo hicieron posible.

16. *Der Eigene*, la primera revista que reivindicaba la homosexualidad, empezó a publicarse en Berlín en 1896.

mato. De esta invisibilidad social solo podían rescatarnos algunos medios que permitieron el contacto discreto entre hombres. Con esta finalidad, los gais hemos empleado los anuncios por palabras de los periódicos, la sección Contactos de las revistas y las salas de chat. Todos ellos conforman la historia de Grindrburgo.

Busco chico para amistad «y lo que surja»

Me consta que algo semejante ocurrió en otros países del mundo como Dinamarca o México, pero yo me centraré en el que conozco: España. Una de las primeras revistas que apareció en nuestro país fue *Party* y a ella le siguieron otras como *qué! ¿Te va?*, *Torso*, *Mensual* o *Zero*. En el presente tenemos otras como *Shangay* (besitos, amigues de la redacción), aunque lo que me interesa ahora no es el recorrido histórico de la prensa gay española, sino cómo los maricones hemos ido contactando a través de estos medios. Y aviso: al próximo que me diga que las RR. SS. han pervertido la forma en que nos comunicamos ¡le hago tragarse un ejemplar de estas revistas sin mayonesa ni *na*! Por cierto, ¿eres capaz de imaginar cuántos mensajes homófobos se recibían en estas editoriales, mensajes que naturalmente no se publicaron y que por eso tú te crees que no existieron?

Pero regresemos a los anuncios antiguos entre hombres gais, que resultan de lo más jugoso, hasta el punto de que les dediqué una serie de vídeos en mi canal.[17] En la primera re-

17. *Grindr antes de Grindr*, <https://www.youtube.com/watch?v=7_VPdGECY0o>.

vista gay de nuestro país, publicada hace cincuenta años, ya encontramos el «Pasivo tragón busca macho dotado» que hoy ha puesto tu vecino del quinto en su perfil de SCRUFF. Maricones, llevamos décadas (me apuesto que siglos) buscando lo mismo: rabos y agujeros. A la hora de follar, vamos a lo básico y podemos llegar a ser muy explícitos.

Aquellas revistas mostraban a los modelos masculinos con rabos colgones y culos de burbuja. Exactamente igual que ahora. El contenido era bastante *light,* no eran revistas pornográficas, sino eróticas, sugerían más que mostraban y, además, eran los primeros pasos tras la dictadura, por lo que aún necesitaban tener cierta cautela. Pero enseñaban pollas y culos, que era lo que los gais buscábamos ávidamente entre el resto de los contenidos (más heterosexuales) de la revista. Y si damos un vistazo a los anuncios por palabras, flipamos..., aunque puede que para bien porque, lejos de empeorar, parece que hemos mejorado bastante desde entonces. Comienzo mi explicación con un anuncio de hace cuarenta y seis años (*Party,* n.º 71, agosto de 1978, página 10):

> REF. 446: Bisexual de 25 años desea contactar con lesbianas, homosexuales y bisexuales en Valencia capital. De 20 a 25 años, sin plumas y pasivos. Escribid, que no os arrepentiréis.

Aparte de lo de incluir a las lesbianas cuando claramente no es un anuncio buscando amigas (se ve que el muchacho quería disimular), en este anuncio tenemos el primer ejemplo de «sin plumas». El anunciante quería follar con chicos que no tuviesen ningún tipo de amaneramiento y lo exponía sin pudor. Probablemente lo hacía tan abiertamente porque en aquellos años estaba muy mal visto ser marica con pluma y lo *correcto* era follar con maricones *hombres.* Incluso ciertos sectores del activismo gay sostenían públicamente que los amanerados restaban credibilidad a las aspiraciones políticas del movimiento. En lo referente a la pluma, cualquier tiempo pasado fue peor, mucho peor.

En otro número de la misma revista *Party*, n.º 73, septiembre de 1978, páginas 10 y 11), de los veinte anuncios publicados, en ocho de ellos se pedía explícitamente que los que contestasen no fuesen amanerados, lo que equivale a un 40 por ciento de anuncios exigiendo «sin plumas». ¿Te imaginas que casi la mitad de los perfiles de Grindr afirmasen que no quieren hablar con hombres afeminados? ¡Menuda protesta se organizaría frente a su sede! Semejante proporción ya no se ve en ninguna aplicación. Así que, mira por dónde, parece que hemos avanzado en este particular. Frente a lo que pudiera parecer, los actuales vecinos de Grindrburgo tienen menos prejuicios o son más delicados a la hora de exponer lo que buscan.

Siguiendo con las revistas y el correr de los años, el número de anuncios publicados aumentó considerablemente y hasta se crearon secciones dentro de la sección Contactos, distinguiendo entre los contenidos generales y otros como el intercambio de idiomas, la búsqueda de compañero para viajar o la búsqueda de empleo. Lo de «fuera afeminados» se veía cada vez menos, afortunadamente, y podemos encontrar anuncios muy variopintos, aunque la redacción aún acostumbraba a ser un poco equívoca porque los anunciantes se reprimían de decir a las claras lo que buscaban. Esto viene a ser un antecedente de lo que continúa ocurriendo en Grindrburgo. Y cuando digo «antecedente», quiero que se entienda en las dos acepciones principales del término: la de «Esto ya pasaba en los ochenta» y la de «Este señor ya ha cometido delitos antes», porque tiene delito, pero mucho delito, que sigamos diciendo «amistad» en lugar de «macho que me bombee en el ojal como si mi culo fuese un cajón atascado». Sirva como ejemplo este anuncio de *Party*, n.º 170, julio de 1980 (páginas 32 y 33), donde encontramos un antecedente del «masc x masc»:[18]

> REF. 3.403: Tengo 18 años y me gustaría encontrar a chicos de 18 a 20 años con aspecto varonil y que practiquen regularmente gimnasia u otro deporte similar para entablar buena amistad y formar un pequeño grupo de amigos. Enviad foto, que os devolveré con una mía. Sinceramente creo que el físico, tanto de cara como de cuerpo, es muy positivo para un buen principio.

¿Principio de qué, maricón? ¿De una amistad? ¿En serio? Antes de que se inventara Instagram, este chiquillo ya solo quería amigos guapos porque son los que quedan cuquis en las fotos del brunch. Claro, claro..., llámalo «amistad», llámalo «estoy haciendo casting de tíos buenos que me follen viva» o llámalo como quieras. Aunque mi favorito de todos los *disimulados* que leí durante mi investigación es este otro (*Party*, n.º 197, enero de 1981, página 32):

> REF. 4.195: Tengo 24 años, me interesa formar un grupo de amigos de 25 a 30 años bien dotados, discretos, con cultura y no afeminados. Pretendo encontrar a muchos amigos como yo para pasarlo bien. Por favor, que escriban los que estén bien dotados. Discreción total. Pueden escribir hombres casados. Foto y teléfono. Galicia.

18. «Masculino para masculino». Lo aclaro porque estos libros a veces los leen personas de fuera del ambiente (familiares, otros terapeutas, etcétera) que no conocen nuestros códigos.

Ole el arte: amigos con cultura pero, eso sí, no afeminados y, sobre todo, muy especialmente y por favor, bien dotados. Porque, como todos sabemos, a más pollón, mejor recitan a José Hierro, ¿verdad? ¡Ay, nena!

Te tienes que reír porque no es bueno tomarse en serio la incongruencia del ser humano ni la vergüenza que nos produce reconocer que lo que estamos buscando es una barra de carne que nos rellene como un pavo hasta que se nos corte la respiración. Imagino que todos estos chicos que buscaban rabazos descubrirían con el tiempo que el tamaño de la polla no importa si el tipo sabe moverla. En cualquier caso, aparte de la trancafilia, estos anuncios no hacen sino evidenciar que los hombres homosexuales nos hemos comunicado siempre de manera similar en aquellos espacios donde se nos ofrecía la posibilidad de encontrar sexo. En los anuncios de hace décadas encuentras precursores de todo el repertorio de mensajes y comportamientos de los habitantes actuales de Grindrburgo. ¿Quieres ver algunos ejemplos más? Aquí los tienes..., fíjate en las fechas de publicación, por favor.

El intensito que se cree que el pasteleo le hace ser mejor que los demás (*Mensual,* n.º 101, febrero de 1999, página 52):

> 22.891: TIERNO Y SENSUAL DE BCN. Eres hombre joven, simpático y derecho como árbol de raíces profundas. Te has forjado un espíritu noble. Conoces los impulsos del corazón. Buscas nuevos horizontes al lado de otro hombre. Tu pensamiento vuela con las águilas y tus sueños conmigo. Si eres así me gustaría construir algo contigo, la última y definitiva historia de amor.

El activo con la autoestima alta que posiblemente no cumplirá ni la mitad de lo que promete (*Mensual,* n.º 99, diciembre de 1998, página 53):

> 22.520: ¿TE VA QUE TE DEN? Sé que cuando con el dedo te tiente el ojete te abrirás para que te folle con mi pollón hasta que tu culo tragón esté bien dilatado y blando. Para que un tío musculoso, macho, duro, legal, 35 años, 1,81, 79 kg, te dé por el culo como de verdad te gusta... Basta con que estés bueno, seas menor de 36 a y envíes foto. Valencia.

El que confunde Grindr con la consulta del psicólogo (*Mensual,* n.º 90, marzo de 1998, página 77):

> 20.389: CORAZÓN ROTO. Así lo tengo, pues quien lo era todo para mí me abandonó y ahora mi vida no tiene sentido. ¿Hay alguien que pueda amarme sin límites? Estoy muy solo. Necesito alguien 30/50 a, activo, varonil, sensible y muy muy romántico. Yo, 25 a / 170, superespecial, andaluz. Andalucía y toda España. Si crees solo en el amor.

El sumiso primerizo (*Mensual,* n.º 111, diciembre de 1999, página 53):

> 24.821: Hola, soy malagueño y me gustaría que algún malagueño me escribiera una carta muy fuerte, que sea S/M. Me gustaría conocer a macho dominante que le guste el porno muy duro, que le guste meter puño, bolas, consoladores, etcétera, y que le guste tirar de las tetas y pegar en el culo. Quisiera recibir foto desnudo de cualquier rincón del mundo, sobre todo en S/M; las devolveré. Si es posible que sea de Málaga capital.

El que te estalquea hasta extremos que te hacen dudar de su estabilidad mental (*All Man Gay,* n.º 9, octubre-noviembre de 2000, página 21):

> TR56.11. Ander, estudiante del barrio de Gros de San Se-

bastián. Soy el joven que el día 15 de abril estuve casualmente orinando en los urinarios de la playa a tu lado. Me mirabas y te miraba. Soy hijo de un carnicero, y jamás había visto una salchicha tan enorme en tamaño y gorda como la que tú tenías. Te asustaste y saliste cuando entraron otras personas, ¡qué pena! Salí detrás de ti, pero te fuiste con otros compañeros que te esperaban. Sé que adquieres esta revista de Erospress, porque te vi un día cuando la comprabas en la plaza de los Tilos. Si lees esto, creo que ya me conoces. A ver si nos vemos. Tras haber visto tu enorme salchicha bien tiesa, me dejaste con las ganas de todo. Iñigo (de tu mismo barrio).

El que, en realidad, es *escort,* precursor de *OnlyFans* o un posible estafador que te vende fotos ajenas (*Torso,* n.º 71, abril de 2003, página 48):

> TR71.4. Chico caliente y atractivo en apuros económicos vendería fotos calientes de mi joven cuerpo desnudo y atractivo.

El que se pierde y no llega a la cita (*Party,* n.º 210, agosto de 1981, página 27):

> Señor Antonio, de Gijón. A tu cita en el hotel, los días 9 y 11, me fue imposible acudir, ya que tu misiva la recibí el día 13 de abril. Ahora bien, el día 20 me personé a la hora convenida por ti y como el bar estaba cerrado te esperé en recepción 30 minutos. Puedes intentarlo otra vez al mismo apartado de correos.

Este último me produce risa y ternura a partes iguales porque muestra cómo de difícil era sortear contratiempos sin los móviles. El pobre quedó por carta pero la respuesta le llegó después de la cita propuesta y no tenía forma de advertir al emisario. Sin WhatsApp para mensajearse en tiempo real era mucho más difícil coordinarse. Así que la próxima vez que alguien te diga que antes vivíamos sin móviles, respóndele: «Sí, pero mucho peor».

¡Ay, los seres humanos! Es imposible que no se te haya escapado una sonrisa leyendo alguno de los mensajes anteriores. Y piensa que los escribieron personas que tenían 20 o 25 años a finales de los setenta, en los ochenta o en los noventa. Hablamos de personas que nacieron entre 1958 y 1975, hombres que hoy tienen entre 50 y 70 años y que ya eran tan explícitos e incluso ásperos como muchos chavales de veintipocos lo son en la actualidad, ¡vaya con las abuelas!

Posteriormente, en los años noventa se produjo un cambio tremendo en la forma en que los gais contactamos entre nosotros gracias al surgimiento de los chats. Todos recordamos los inicios de IRC y muchos nos acordamos de cómo la revista *Mensual* creó unas salas de chats que estuvieron pobladísimas durante años. Te identificabas con un *nickname* y accedías a un menú de salas donde podías encontrar a otros hombres gais de tu provincia (o ciudad, si vivías en una de las populosas). También existía un surtido de salas definidas por la finalidad y no por la localización, dentro de las cuales la de cibersexo era una de las más visitadas. Muchos hombres hacíamos sexting[19] en los noventa chateando en aquella sala donde solías identificarte con un nombre suficientemente ilustrativo, tipo ACT21, TRAGÓNVICIOSO, TUAMO o MÉAME, según si eras un activo con polla de 21 centímetros (aunque muchos te preguntaban si 21 era

19. Entendemos «sexting» como el hecho de mantener conversaciones explícitamente sexuales que acompañen nuestras masturbaciones. Podemos hacerlo por escrito en chats, por teléfono o por videoconferencia.

tu edad), un pasivo que recibía con ansias por todos sus agujeros, un dominante en busca de esclavo sexual o un aficionado a la lluvia dorada. En las salas más comunes solíamos emplear *nicks* menos eróticos como MALASAÑA33, que servían para que todos los presentes en la sala de chat de Madrid supieran que vivías en el barrio de Malasaña y tenías 33 años (no, nadie creía que 33 eran los centímetros, no seamos fantasmones).

Cuando accedías al chat solías dejar un mensaje en la sala común explicando tu motivación para chatear ese día:

«Chico de 22 para amistad con similares».

«Perro busca amo que lo humille».

«¿Alguien conoce grupo de amigos gais en Salamanca?».

Si alguien de la sala común estaba interesado en tu mensaje, solía contestarte. En la mayoría de las ocasiones, las respuestas se daban en público si eran informativas, tipo: «En Salamanca hay una asociación, ¿la conoces?». Si la respuesta era más personal o erótica, como: «Hola, perro, prepárate para obedecerme», solían hablarte en privado. En muchas ocasiones y tras el saludo, las conversaciones privadas comenzaban con una descripción física que incluía color del pelo y de los ojos, estatura y peso («Castaño, ojos marrones claros, 1,78, 80 kg...») y continuaban con la fantasía propuesta («Estoy de rodillas esperando sus órdenes, señor») o con la conversación que correspondiera («Hola, PASVLC, ¿quieres real o cibersexo?». «Pues me encantaría quedar en real pero ahora mismo me vendría bien una paja, ¿te apetece?». «Sí, vamos...»). A veces dabas tu número de teléfono si vivías solo o no te preocupaba que un desconocido pudiera volver a llamar cuando tu familia estuviera de regreso, ya que la mayoría de las veces el único teléfono que teníamos era el fijo de casa. En esas raras ocasiones en que podías recibir llamadas, pasabais a una paja telefónica. A medida que la tecnología fue ampliando el número de periféricos que acompañaban a los ordenadores, fuimos chateando con voz gracias a los micrófonos y con imagen gracias a las videocámaras. Con la popularización de estos nuevos elementos, los chats por escrito pasaron a videochats, que solían terminar en una buena paja tras la que, tal como sucede ahora, si os gustabais quedabais en persona.

Así pues y a modo de resumen, los smartphones trajeron la tecnología necesaria para que Grindrburgo se configurase como lo conocemos hoy, pero ya en la época de los chats se esbozaban los rasgos principales de nuestra comarca: (1) hombres que entran en espacios online con la pretensión de encontrar a otros hombres con los que tener sexo; (2) búsquedas basadas en los gustos, preferencias sexuales o fetiches preferidos; (3) posibilidad de encontrar hombres en tu zona; y (4) sexting antes (o en sustitución) del encuentro presencial. Y también teníamos cribados basados en el aspecto porque ya entonces se preguntaba por la estatura y el peso. Aunque también entonces se solía mentir..., igual que ahora.

4
Los barrios de Grindrburgo

El barrio más popular de Grindrburgo es, sin duda, el que le dio nombre, pero allí también encontrarás lugares como las ya mencionadas Scrufftown o MachoBBille. Ya sabes que en años recientes se han incorporado los barrios de Neogrindrburgo, entre los que se encuentran Instacity o Twitterport, y de los que hablaremos en el siguiente capítulo. Existe una cantidad enorme de apps, RR. SS. y plataformas en las que puedes conocer y, posteriormente, flirtear y follar con otros hombres gais. Cada barrio de Grindrburgo tiene su particularidad, aunque esta no sea más que estar disponible en diferentes países. Por ejemplo, hay multitud de apps para *daddies* pero algunas son más populares en Estados Unidos, otras en Chile y otras en Italia. Todas sirven para lo mismo, pero (al menos de momento) no existe la aplicación que sea como la ONU de maricones maduros con ganas de follar y que nos unifique a todos. Quizá Grindr y SCRUFF sean las únicas (o de las pocas) utilizadas prácticamente en todo el planeta, incluyendo países donde está prohibido ser homosexual. Por el contrario, las apps que conforman Neogrindrburgo no se ven afectadas por esta homofobia de Estado, aunque sí por otras restricciones a la libertad de expresión.

A lo largo de las siguientes páginas he tratado de averiguar las que más se emplean en los países donde residís mis lectores, tratando de que este capítulo no adolezca de *españocéntrico,* pero te pido perdón de antemano por no ser exhaustivo en el listado mundial de RR. SS. y aplicaciones para smartphone, ya que tampoco es el objetivo de este libro.

Grindrburgo (Grindr)

No fue la primera pero, desde luego, Grindr se ha convertido en el paradigma de las aplicaciones de *cruising* y en una marca con la que designamos a toda una categoría de elementos. Como cuando empleamos «termo» para referirnos a un calentador corriente de agua o «rímel» para nombrar cualquier máscara de pestañas. Grindr se ha convertido en la denominación común para todas las apps en frases como: «Un pueblo en Grindr está lleno de tíos sin cabeza», o «Estaba en el hotel, me llegó un grindazo y me fui a follar con uno del barrio». Todos las entendemos perfectamente aun sabiendo que puede no referirse a esta aplicación en concreto. Por ese motivo la escogí para dar título a este libro.

La interfaz de Grindr presenta una cuadrícula con fotos ordenadas por proximidad comenzando por los usuarios que se encuentran más cerca de tu ubicación y siguiendo con los que están cada vez más lejos.[20] Abajo del todo de la pantalla aparecen cuatro iconos: una estrella, el de Grindr, un globo o bocadillo de esos que aparecen en los cómics con

20. Si a los de Grindr les da por modificar la interfaz, me habrán jodido medio capítulo. Confío en que, en tal caso, sepas disculparme.

los diálogos de cada personaje y otro que dice «xtra». Pulsando en la estrella viajas a una nueva pantalla en la que aparecen todos los usuarios que hayas marcado como «Favorito», mientras que el icono de Grindr te devuelve a la cuadrícula inicial. Por último, el globo sirve para abrir la pantalla de mensajes donde se listan las conversaciones que has mantenido. Esta es, en realidad, una pantalla triple, ya que aparecen tres pestañas en la parte superior: la propia de los mensajes, una segunda con los *taps*, que son llamadas de atención sin texto que te envían otros usuarios, y una tercera, llamada «álbumes», con las fotos privadas que te han abierto otros (luego te lo explico). Por último, el icono de xtra te lleva a una pantalla donde te ofrecen opciones de suscripción.

Si ves alguna foto que te llama la atención entre las quince que la aplicación te muestra simultáneamente en la cuadrícula, puedes pulsar sobre ella y se abrirá el perfil de ese usuario con la información más básica: nombre de usuario, si está (o no) conectado y la distancia a la que se encuentra. En la parte superior de la pantalla verás los iconos del amor y el odio que son, respectivamente: (1) una estrella para marcar un usuario como «Favorito» para que quede almacenado en la pantalla correspondiente, y (2) el icono de «Prohibición» para que puedas bloquear a los odiosos. En cada perfil individual y haciendo *scroll* hacia arriba te aparecen, en aquellos que los han facilitado, otros datos como la descripción, la altura, el peso, su identidad de género, el rol sexual, el estado de VIH y hasta el último análisis de ITS que se hizo. Abajo del todo verás un espacio donde iniciar una conversación y otros dos iconos más: una llama y otro globo. Con la llama, le haces saber al chico que te parece *hot* (sexy) y, de nuevo, el bocadillo es para que entres en la pantalla donde se almacenan tus conversaciones con ese chico si no es la primera vez que te diriges a él. En esta pantalla del chat tienes tres puntitos en la parte superior derecha que, si los pulsas, hacen aparecer cuatro funciones más: fotos que habéis compartido, bloquear, reportar y spam. Estas últimas van muy bien para denunciar a los usuarios con un comportamiento inadecuado y a los que envían correo basura, publicidad, etcétera. Como ves, la versión básica de esta app ofrece bastantes funciones.

Mención aparte merece el apartado de las fotos. Google Play y App Store no permiten fotos de desnudos; las apps que se encuentran ahí deben sortear esta limitación tirando de ingenio. Grindr, por ejemplo, no permite desnudos explícitos en tus fotos públicas (y mucho menos en la principal, que es la que aparece en la cuadrícula) pero sí puedes crear un álbum privado con tus fotos más marranas, un álbum que puedes abrir a otros usuarios para que vean esas otras partes de ti que ahora mismo nos interesa tanto mostrar. Para ello, entra en su perfil, abre la pestaña de mensajes y, abajo del todo, verás el icono de una cámara de fotos que, como supondrás, lleva a la pantalla donde puedes elegir la foto privada o el álbum que quieres compartir con esa persona. Junto al icono de la cámara, por cierto, tienes otros tres: un emoji (que conduce a un menú de memes para enviar), una punta de flecha (púlsalo para enviarle tu ubicación) y un bocadillo de mensajes donde puedes almacenar respuestas que sueles dar con frecuencia (por ejemplo, tu dirección) para no tener que teclearlas una y otra vez.

En la versión básica puedes aplicar unos pocos filtros a tus búsquedas: «Edad», «En busca de» y «Tribus». En el filtro para la edad, puedes seleccionar un intervalo con las edades de los hombres con los que te gustaría contactar (por ejemplo, de entre 42 y 53 años), y es un intervalo que decides tú. Muchas aplicaciones te obligan a elegir dentro de un menú que incluye opciones como «entre 18 y 25», «entre 26 y 35», etcétera. Grindr, por el contrario, te permite decidir a partir de y hasta qué edad quieres que tengan los usuarios filtrados, lo cual, como verás en el capítulo 15, es muy útil. En la opción «En busca de» solo puedes elegir una de las opciones («chat», «citas», «amigos», «contactos», «relación», «encuentro ahora» o «no especificado») para conectar con hombres que quieran charlar un rato, tener una cita romántica, encontrar amigos, hacer un poco de *networking*, tener pareja, follar o «lo que surja». Por último, la opción de «Tribus» te permite filtrar según algunas categorías relacionadas con el aspecto y comportamiento habitual: oso, pulcro, maduro, discreto, *geek*, deportista, cuero, nutria, seropositivo, macho, trans, *twink*, sobrio y no especificado. Los filtros en las versiones de pago permiten hacer la selección que aparecerá en tu pantalla conforme a si está conectado ahora, si tiene fotos (incluso especifica que sean fotos de cara o que tenga álbumes para compartir), si aún no ha chateado con nadie en lo que va de día, su peso, la altura, la complexión física, el rol sexual, la situación sentimental, el lugar donde se mantendría el encuentro y si acepta fotos guarras.

La versión básica de la app también incluye una pantalla, llamada «Nuevos», donde se muestran los usuarios que se han dado de alta más recientemente, y una última pantalla denominada «Explorar», en la que puedes mover tu ubicación a otro barrio o ciudad para conocer a sus habitantes, aunque solo puedes escribir a tres de ellos en la versión gratuita. Un marica novato podría preguntarse para qué necesita contactar con tipos que están a muchos kilómetros. La respuesta te la enseñan en tercero de Mariconología: para preparar tus vacaciones en esa ciudad. Cuando vamos de viaje, además de los monumentos arquitectónicos, también visitamos otro tipo de monumento y mejor si ya llegas al sitio con la entrada comprada.

Estas diferencias entre la versión básica respecto de las de pago es una norma común en las aplicaciones y no solamente en las de *cruising*. Si quieres más funciones, hay que pagarlas con una suscripción (mensual o anual). Grindr ingresa dinero de esta forma, además de con la publicidad que te muestra en algunos momentos. La lista de funciones de pago de Grindr incluye, por ejemplo, una «potencia», que consiste en que, previo pago de 5,99 euros, aparezcas el primero de las cuadrículas de los demás usuarios. A mí esto me genera dudas, porque si mi vecino y yo compramos una potencia a la vez, ¿quién aparece en la parte superior de los demás vecinos? ¿Cómo compruebo que, en efecto, aparezco el primero en los dispositivos de los demás? No sé, no me termina de cuadrar. La versión de pago incluye la posibilidad de conectar con hasta 600 hombres desde tu ubicación, poder chatear con todos aquellos que aparecen en la función «Explorar», saber quiénes te han visto o traducir los mensajes, entre otras opciones. Hay una última opción de pago, más cara por supuesto, llamada *unlimited*, que es eso: ilimitada. Puedes hablar con todos, absolutamente todos los usuarios y tener otras funciones como el modo incógnito o las traducciones.

El mundo de las apps vainilla no se queda aquí, sino que la lista de opciones que nos ofrece el App Store (o Google Play, si eres de Android) es enorme, pero enorme de verdad. En España las alternativas a Grindr más populares son Wapo, Romeo y, bastante de lejos, Gaydar. Wapo antes fue

Bender, pero siempre existió como app de móvil. Las otras dos, sin embargo, son la versión en aplicativo de unas webs que, en su tiempo, fueron lo máximo para poner en contacto a unos hombres gais con otros pero que hoy tienen muy poquitos usuarios. Otras, como Manhunt (que también fue web) o las apps Cruising o Hott, siguen ofreciendo un servicio similar a Grindr. La única diferencia es que alguna puede tener más penetración en tu país o tu ciudad y, por tanto, ofrecerte la posibilidad de contactar con más hombres. Y como sé que lo de «penetración» te ha dejado confuso (a no ser que te dediques al marketing), te lo aclaro: es el término con el que se refieren a cuánto ha calado un producto en una población. Cuanta más gente lo conoce y/o usa, mayor es la penetración que ha tenido. No me estaba refiriendo a que te consiguiese más penetraciones con los hombres de la zona, lo siento mucho (guiño).

Por último, déjame decirte que Grindr tiene una web donde te ofrecen consejos para no ser un gilipollas en su aplicación, pero que por desgracia nadie parece haberse leído. En «Recursos de la comunidad»,[21] nos ofrecen varios enlaces a dos grandes bloques («Salud sexual» e «Identidad de género») en los que se da información sobre temas como la viruela del mono, el cuidado anal o la frecuencia de los cribados de ITS, pero también sobre asuntos tan importantes como si es oportuno (o no) preguntarle a una persona trans por sus operaciones, su *deadname*[22] o decirle que «no

21. <https://help.grindr.com/hc/es-419/categories/360004846794-Recursos-de-la-Comunidad>, consultado el 18 de septiembre de 2023.

22. Nombre con el que la persona era reconocida antes de su transición. Nombre «de nacimiento» y con el que no se identifica.

parece trans». No he encontrado un recurso similar en otras aplicaciones.

Scrufftown (SCRUFF)

Después de haber descrito el funcionamiento en Grindr tan exhaustivamente, perdóneme pero discúlpeme, no voy a hacer lo mismo con todas las demás aplicaciones, sino que me limitaré a señalar algunas de sus particularidades. Al menos en España, SCRUFF es la segunda aplicación con más usuarios y suele estar poblada de hombres más mayores (sin llegar a maduros) que en Grindr, algo más peludos (sin llegar a ser osos) y que buscan un sexo un poco más cañero (sin llegar al BDSM). Si Grindr es el sexo vainilla, SCRUFF le pone un poco de *topping* al helado y, con un poco de suerte, te ofrece algún nuevo sabor.

Los perfiles en la opción básica incluyen apartados como, por ejemplo, los viajes que vas a realizar próximamente para que vayas contactando con hombres de aquellos lugares. Otras informaciones que aparecen son estadísticas sobre la frecuencia con la que un usuario responde a los mensajes e información de eventos a los que piensa acudir. SCRUFF intenta ser algo más que una aplicación para sexo casual y trata de crear comunidad. Hasta cuenta con un pódcast al que yo he tenido la fortuna de ser invitado en una ocasión. SCRUFF es como ese tío marica que ya tiene mucho recorrido en el ambiente y que mira a su sobrino gay en ciernes (que sería Grindr) con cara de «Ay, mi niño, aún te tienes que espabilar un poco», pero que no llega a ser tan *hardcore* como alguna de las aplicaciones que veremos a continuación.

MachoBBille (MachoBB)

Se anuncia como la «app gratuita de contactos gay para *barebackers* sin preguntas incómodas, sin censura y sin pérdidas de tiempo». ¿Acaso se puede añadir algo más a esa descripción? También ofrece la posibilidad de mostrarte sin censuras de ningún tipo sorteando (mediante su versión web) las limitaciones a los desnudos a las que obligan Google Play y Apple Store. Comprobaréis que vamos *in crescendo,* ¿verdad? Esta app es más cerda aún que las anteriores y tiene muy claro que ha venido a ocupar el espacio de contacto entre aquellos apeleros que son, con demasiada frecuencia, molestados por otros usuarios de aplicaciones más *normativas*. Está incluida en la plataforma Omolink, que es una app de apps, una aplicación dentro de la cual encontrarás otras para sectores muy concretos del colectivo *queer* como, por ejemplo, las de KinkySafe, Bakala.org, Trans4men, BearXL y GayZinLove, cada una con su público objetivo. Imagino que, como cualquier empresa que quiera beneficios, trata de acaparar el mayor número de usuarios y, por esa razón, además de posicionarse como app para apeleros con MachoBB, no quieren dejar fuera a los que follan con condón y han creado e incluido KinkySafe en ese paquete. A mí me chirría este nombre porque asociar *safe* a condón cuando el sexo sin condón no implica necesariamente que estés desprotegido (como ya he explicado por activa y por pasiva en mis libros anteriores) me resulta poco digerible. Pero como yo no soy el director de la compañía, me callo y les deseo suerte. Otros colectivos que tienen su app en Omolink son los osos (BearXL), los que buscan pareja (GayZinLove), el público más de extrarradio y tal vez un poco cani en Bakala.org y, finalmente, mujeres trans, hombres *crossdresser* y sus amantes (Trans-4men).

Quiero mencionar expresamente que MachoBB ha sido una gran aliada en la difusión de una campaña sobre la metanfetamina (ver capítulo 20) que hemos llevado a cabo varios referentes gais de la mano de CESIDA, pues han publicitado nuestros materiales entre sus usuarios y nos consta que han llegado a muchos de ellos teniendo en cuenta el elevado número de hombres que han escrito para solicitar información y asesoramiento al respecto. Desde aquí, ¡¡¡gracias infinitas, MachoBB!!!

El RecOn de la Fistoria (Recon)

Como en Grindrburgo siempre se puede dar un paso más, aún podemos continuar por la callejuela kinky hasta llegar a las calles de El RecOn de la Fistoria, que se publicita como «la app de contactos para hombres fetichistas gais bisexuales y curiosos más grande del mundo». En Recon se facilita el contacto entre hombres que comparten fetichismos..., bueno, más bien determinados fetichismos relacionados fundamentalmente con el imaginario de Tom of Finland: cuero, *bondage,* dominación/sumisión, dueños y *perrakos*, cuero *(leather)* y goma *(rubber)* y mucho *fist.* Claramente hablamos de los *fetish* más numerosos y comprendo que resulta imposible dar cobertura por igual a todos los diferentes colectivos, sectores, subgrupos, etcétera, de cualquier fetiche, preferencia, deporte o lo que sea. Siempre hay una línea de corte a partir de determinado porcentaje de presencia o representatividad que hace imposible dar cobertura a todos y cada uno de los miembros de una comunidad por igual. En cualquier caso, además de los ya reseñados, es cierto que en esta app es mucho más fácil encontrar usuarios interesados en otros juegos, como las meadas o el puño, ya que pertenecen al mismo espectro de los clubes *leather*. Pero no será tan sencillo si buscas otros fetiches como médicos o masajistas, y ya no hablemos si tus fetiches se orientan más hacia el polo femenino del juego con los roles de género, esta app se centra en el polo de la hipermasculinización. Si cada barrio tiene un olor peculiar, Recon es el barrio que huele a cuero y cigarro habano. Si eso te gusta, no puedes dejar de visitarlo.

U4bearpolis (u4Bear)

Otros barrios huelen a hamburguesa, pizza y chuletón. Son los barrios osunos y existen multitud de aplicaciones que nos conducen a sus calles y plazas. A decir verdad, los osos son una comunidad tan definida y caracterizada en el imaginario marica (y heterosexual) que casi se podrían considerar un distrito independiente dentro de Grindrburgo. Pero yo no me atrevo a ser tan tajante porque, siendo honestos, hay mucho movimiento dentro y fuera de las calles de osos. La suya es una comunidad organizada que se reúne periódicamente en diferentes localidades y organiza quedadas, barbacoas, fiestas y cruceros cada vez que puede. Al final, siempre son los mismos que se encuentran en diferentes sitios, así que si te gusta un hombre de los que has visto en una de sus fiestas y no le diste tu número de teléfono, no sufras: ve a la siguiente fiesta de osos y te lo volverás a encontrar. Y lo mismo sucede con sus apps. u4Bear es una de ellas, pero también existen Growlr y Wwwbear, que son las más populares en

España,[23] y en todas ellas te vas a encontrar (casi) a los mismos osos. Y eso es un resultado que también obtendrás si realizas una búsqueda en Instagram empleando como hashtag cualquiera de los términos con los que se defienden las diferentes facciones oseznas: #oso, #bear, #cub, #chubby, #bearded, #hairychest, etcétera.

El funcionamiento de estas apps es muy similar. Todas ellas recurren al mismo esquema de cuadrícula que ya hemos visto, con una foto principal y un *nick*. Una vez seleccionado el usuario concreto, puede aparecerte una descripción más amplia, más fotos, fantasías y roles sexuales, etcétera. Puede que alguna de estas apps sea más popular en tu ciudad pero no tanto en otras que visites en tus vacaciones y, por este motivo, te convenga tener varias en tu móvil cuando viajes. Pero, salvo algunas características especiales como la de poder enviar saludos simultáneos a todo el mundo (previo pago de equis euros) y que solemos emplear como publicidad de eventos varios, la mayoría te ofrecerá resultados similares. Por eso, mi consejo es que te las descargues todas, te crees un perfil provisional sin foto y que explores el contenido. Una vez hayas paseado por la aplicación y hayas visto si hay muchos o pocos usuarios en tu ciudad, elimina de tu dispositivo las apps menos pobladas o, simplemente, déjalas abandonadas en tu pantalla de inicio, sin más uso. Luego perfecciona el perfil de la que te proporcione mejores posibilidades para conectar con hombres en tu zona: más fotos, textos, enlaces a tus RR. SS., etcétera. Así irás sobre seguro desde el primer momento.

23. BiggerCity, Grizzly o GBearXL son mucho menos populares en este país.

Los osos suelen describirse a ellos mismos con todas esas etiquetas ya mencionadas (y otras muchas más: *chubby, polarbear, daddybear...*), y también suelen emplearlas para especificar lo que les gusta. El problema de ser una comunidad que se autosegmenta basándose en elementos como el peso o el color y presencia de vello corporal es que la parte de las fantasías y los fetiches queda poco definida en sus apps. Desde aquí lanzo una sugerencia para los desarrolladores de nuevas apps: «Beartish, la app para osos fetichistas»[24] con categorías como osos *pissers*, *polarbears fistees*,[25] *rubber chubbies* y demás posibles combinaciones. Hombre, si nos ponemos, nos ponemos del todo, ¿qué es eso de dejar las cosas a medio hacer?

Bromas aparte, en los perfiles encontrarás información básica como el peso, la altura, la edad, el rol sexual preferente y la distancia a tu ubicación. Dependiendo de la aplicación, podrás tener diferentes opciones para conectar con la otra persona, como el chat o la videollamada. En los años en los que todo era discreción, anonimato y armario, estas opciones extra (algunas de pago) podrían tener sentido, pero en la actualidad, si me gusta alguien y nos ponemos de acuerdo, basta con que nos intercambiemos los WhatsApp o Facetime para que podamos videollamarnos. O vernos por Zoom, Teams o Skype si queremos mantener nuestro número de teléfono en privado. Y esto es extensible a todas

24. Si la desarrolláis, quiero mi porcentaje a cambio de la idea, que quede por escrito. :)

25. En el *fisting*, el que actúa como activo suele expresarse con la terminación inglesa *-er*, mientras que el término empleado para el que recibe la acción presenta la terminación *-ee*. El que mete el puño es el *fistER* y el que lo recibe es el *fistEE*.

las apps: la mayoría de las características de pago son sustituibles por otros métodos.

Por último, te aconsejo que no pases por alto los avisos sobre encuentros. A menudo los organizadores publicitan las diferentes quedadas en estas aplicaciones y está bien saber cuándo puedes pasar del digital al presencial ¡a lo grande! (y es muy divertido, lo prometo).

PURPLLand (PURPLL)

Encontré la referencia a esta app en un artículo online del medio digital *El cajón desastre*,[26] pero no fui capaz de hallarla en ningún otro medio. Lo más parecido fueron algunos rastros en Google de una app denominada Purple que parecía extinta porque los pocos enlaces que hablaban de ella resultaron estar rotos. Así que me puse en contacto, vía Twitter, con Ángel del Olmo,[27] el autor de la reseña, y le pregunté si podía tratarse de un error tipográfico o una app desaparecida y Ángel, muy amablemente, me respondió que ya no recordaba (el artículo era de enero de 2011) y, a petición mía, me concedió permiso para reproducir su texto en este libro, ya que la descripción me pareció maravillosa:

> Su principal elemento diferenciador es la vista en mapa. Lo que resulta muy vistoso pero no termina de ser útil, porque en una ciudad te vuelves loco con tantas chinchetitas, y en cual-

26. <http://www.elcajondesastre.com/aplicaciones-gay-para-iphone/>, consultado el 18 de marzo de 2023.

27. @angeldelolmo.

quier otro lugar, te crea complejo de ser la Marica del Pueblo, lo cual es falso; eres la Marica del Pueblo con iPhone.

He querido emplear este ejemplo para ilustrar que el panorama de las aplicaciones para teléfonos resulta muy volátil y pueden estar activas solo durante unos años para luego desaparecer. Si eso mismo ocurre con alguna de las otras que menciono en este libro, ya sabes: es culpa de la dinámica del sector, no mía (guiño).

Daddyhuntington (Daddyhunt)

Esta es una app para señores maduros y sus admiradores. Ahora y por favor, anote Usted su definición de «maduro» en el espacio libre que verá a continuación: __________ ____________________________.

Maricón, por «maduro» hay quien entiende «cualquier hombre que tenga cinco años más de mis 28», quien considera «maduros» a «hombres por encima de los 50 años» y quien piensa que «Si no pasas de 70, tú ni eres maduro ni eres *na*». Pero es que, además, a mí me surgen muchas preguntas:

Esta aplicación está pensada para señores mayores de ¿40 años?, ¿50?, ¿70?

¿A partir de cuándo y hasta cuándo eres maduro?

¿Eres igual de maduro con 40 que con 50?

¿Eres igual de maduro para alguien de 20 que para alguien de 30?

Si también la usan los jóvenes a los que les gustan los *daddies,* esta app, al final, ¿ofrece lo mismo que todas las anteriores si haces en ellas una búsqueda con los filtros de edad?

¿Debería tomarme un descanso y dejar de escribir un rato porque se empieza a notar mucho que estoy hasta el huevo izquierdo de revisar aplicaciones que son todas lo mismo pero cambiando una característica? Sí, debería.

Tinderhill (Tinder)

Ya he descansado un rato, siesta incluida, y ahora pasearemos por el barrio veneciano de Grindrburgo. Digo «veneciano» por aquello de los paseos románticos en góndola mirándote en los ojos de tu amado mientras oyes *Oh, sole mío* a pleno pulmón cantado por el *gondoliere*. Aunque tampoco olvidamos que Venecia, pobre, está saturada de turismo a gran escala, que sus aguas no siempre huelen bien, que un café en la plaza de San Marcos te cuesta un pastizal y ya no hablemos del precio del alojamiento. Saco a colación esta diferencia entre el imaginario y lo real porque, análogamente, esta aplicación parece prometer romance pero acaba proporcionando encuentros sexuales y *ghosting* como todas las demás..., ¡porque todas están pobladas por los mismos humanos!

En Tinder no ves a los usuarios según su proximidad a ti. La app te muestra todos los hombres que hay en tu zona hasta un número limitado según si tu versión es de pago o gratuita. Si deslizas tu dedo (haces *swipe*) hacia la derecha sobre la pantalla cuando ves la foto de un usuario, estás diciendo que ese hombre te gusta. Si deslizas el dedo hacia la izquierda, la app entiende que ese hombre no te gusta. Y si deslizas hacia arriba, es porque te encanta y le has dado un *superlike*. De momento no existe el *supernomegusta* para los que no tocarías ni con un palo. Si alguno de los que te han molado a ti ve tu foto y señala que tú también le interesas, habéis hecho lo que la aplicación denomina *match,* que en inglés significa «coincidir, emparejar». En Tinder solo puedes conectar con aquellas personas con las que haces este *match,* ya que los desarrolladores entienden que no tiene sentido ponerte en contacto con alguien que no está interesado en corresponderte. Un poco para evitar eso de «Hola..., hola..., ¿hola? ¿Por qué no contestas?».

La mayoría de los gais que quieren encontrar pareja acuden a Tinder porque desde que apareció esta aplicación la entendimos como un espacio para hombres con interés romántico. Especulo que podría deberse a que Tinder surgió como una app para heterosexuales y que se vendía como un lugar para encontrar pareja. Para los heterosexuales pronto se convirtió en lo mismo que Grindr para nosotros: una app para follar y liarte con alguien que anda regular de la cabeza (eso me dicen mis amistades hetero). Nosotros nos quedamos con Tinder como aplicación para buscar novio porque para lo otro ya tenemos Grindr, SCRUFF, etcétera. Además, todos sabemos que si a la tercera cita con el de Tinder no habéis follado, es que no vais a pasar de amigas, y que si pasas de tres polvos con el mismo tío de Grindr, es porque vais a tener un romance. Una vez llegados al contacto humano y si salta la chispa entre vosotros, a la chispa le importa una mierda que os hayáis conocido por Grindr, por Tinder o por Sauner. Y lo inverso digo para los casos en los que no hay química de ningún tipo. Pero mis dudas no son más que dudas, y si tú empleas Tinder para tener citas románticas, te deseo todo el éxito del mundo. Con el propósito de ayudarte y dando exactamente igual que el contacto surja en Tinder o en cualquiera de las apps análogas, como Meetic, Badoo, MeetMe o Happn, quisiera darte unos consejillos.

Lo primero es que pongas un especial interés en filtrar a aquellos usuarios que estén llenitos de homofobia interiorizada, y te explico las razones. «Buscar pareja» puede significar muchas cosas. Por ejemplo, que alguien está abierto a la posibilidad de coincidir con otra persona que también estuviese abierta a la posibilidad de enamorarse. A partir de aquí, ambos explorarían sus afinidades, expresarían el deseo entre ellos, fomentarían su intimidad, realizarían actividades juntos y se comprometerían a tener encuentros de forma regular para que este contacto continuado permitiera el surgimiento de sentimientos románticos. Todo desde la calma, concediéndose el tiempo necesario para que aparezcan los vínculos afectivos de manera natural y sabiendo que, si bien pudo existir la atracción inicial, esta no tiene por qué transformarse en amor si no se dan las condiciones. Ambos están explorando la relación y quieren que salga bien, pero no se obligan a nada que no surja de manera natural.

Estoy convencido de que cuando ibas por la mitad del párrafo anterior ya estabas descojonándote de la risa al comparar lo que significa «estar abierto al amor» y lo que tú te has encontrado en Tinder. Porque, ¡ay, amiga!, lo sabemos muy bien: para un porcentaje nada pequeño de maricas (y heteros y bollos, bis, pans, etcétera.) «buscar pareja» significa algo así como: «Quiero alguien que figure como mi novio, me da igual si somos compatibles o no, no pienso explorar nada, al primero que me haga caso lo voy a idealizar y comenzaré a comportarme con él como si lleváramos juntos veinte años de matrimonio. Y al que me diga que soy una intensa que no sabe estar sola le contestaré que lo que ocurre es que él no sabe comprometerse de verdad».

Tinderhill es el barrio de Grindrburgo al que, además de otras muchas personas estupendas, se mudan todos los que creen que echarse novio es como comprarse un jersey: que basta con tener el dinero e ir a la tienda a recogerlo. El problema con muchos de estos chicos es que están llenos de homofobia interiorizada y se creen mejores que el resto de los maricones, que, según ellos, solo piensan en follar porque «son unos superficiales y están tan heridos emocionalmente que les resulta imposible amar». Explícale tú a esta criaturita que, en realidad, es él quien está tan herido emocionalmente que se siente incapaz de abordar la vida sin sentir la protección mental que le brinda el hecho de tener pareja. Que necesita distinguirse de un colectivo al que él mismo sigue estigmatizando y que, para sentirse distinto y especial, necesita de otra persona porque él a solas no es lo suficientemente bueno. Que se está validando como ser humano gracias a haber cazado novio. ¡Buf! Mejor no le expliques nada. Lamentablemente, este tipo de personas solo se dan cuenta de su error cuando fracasan una y otra vez, y ya, hartas de llorar, buscan ayuda. Pero si tú tratas de aconsejarles antes de que ellas sean conscientes de su error, es probable que se revuelvan agresivamente contra ti. Algunos «locos por amor» están más locos de lo que admiten y aman menos de lo que creen.[28]

Otro tipo de personaje que «busca pareja» por la razón equivocada es aquel que lleva mal (tirando a peor) su sexualidad y ha creado una distinción artificial entre sexualidad y afecto. Claro que existen el sexo sin amor y el amor sin

28. Y si tú, al leer este párrafo, has tomado conciencia de que se trata de tu propio caso, solo quiero darte un abrazo y animarte a que tomes las riendas de tu vida, que te valides por lo que eres, que no necesites compararte con nadie para sentirte bien, que afiances tus amistades y que ames mucho, pero que ames mejor.

sexo, he hablado de ellos profusamente en algunos de mis libros anteriores (*CAM y GS*[29]), pero no tienen nada que ver. Las personas que no tienen conflictos con el ejercicio de su sexualidad pueden tener sexo con otros sin necesidad de estar enamoradas. Y las parejas que han disfrutado de compartir su sexualidad durante años pueden entrar en una etapa donde el deseo inicial se desdibuja (o incluso desaparece), pero mantienen intacto el amor que se profesan. Como habrás supuesto, la clave es que entre ellos ni hay ni hubo problemas sexuales. Sin embargo, este tipo de vecino de Tinder pretende que mantengáis una relación como de novios que ya no follan porque llevan quince años juntos…, desde el primer día. Y lo hace porque se siente abrumado por la sexualidad. O porque está acomplejado. Y te imaginarás que, como terapeuta, soy el primero en empatizar con los temores de esta persona. Pero no puedo empatizar, ni de coña, con la solución que ha ideado. Porque sería tan ineficaz como dejar de salir a la calle porque te han atropellado con un patinete. Pues habrá que ir con ojo la próxima vez que salgamos y tendremos que hacer algo con el miedo a deambular por la ciudad, pero no podemos recluirnos como solución.[30]

No es que un hombre con este perfil de personalidad priorice formar una relación a largo plazo, es que pretende desprenderse de una sexualidad que lo atormenta enmascarándola bajo un supuesto amor romántico. Además, buscar

29. *El ciclo del amor marica* y *Gay Sex,* respectivamente.

30. Recluirte hace desaparecer el síntoma pero no el problema y te impide una vida funcional (no ves a tus amigos, no puedes salir a comprar comida, etcétera).

pareja en estas condiciones también es tramposo con la otra persona, quien, por si no nos hemos dado cuenta, está siendo utilizada como bálsamo para heridas ajenas. No es justo cargar esa responsabilidad sobre los hombros de nadie, seamos honestos. Nuestro querido amigo el sexofóbico está tejiendo una red de trampas mentales, excusas y prejuicios con los que pretende justificar sus problemas sexuales y en la que fácilmente pueden caer hombres inocentes que creen en la sinceridad del otro.

Si no quieres ser víctima de estos engaños y darte cuenta demasiado tarde, mejor ve con cuidado a tus citas de Tinder. Si el otro empieza a rajar sobre la promiscuidad de los gais, del poco compromiso y otros clichés, sal corriendo inmediatamente. Y estate atento por si, en lugar de un comportamiento tan obvio, la homofobia interiorizada o los problemas sexuales de este chico aparecen de otras formas más sutiles, como pueden ser la falta de naturalidad follando, las reticencias a salir por algunos lugares de ocio marica o la justificación de algunos prejuicios (incluso de algunos discursos de odio) contra los homosexuales. Si te quieres despedir con un «Nene, no es que nadie quiera comprometerse contigo, es que nadie quiere un novio que no se acepta a sí mismo», igual hasta le haces un favor. Le joderá y te contestará airado, pero le habrás dejado una semillita de autoconciencia que, más tarde o más temprano, germinará.

El mejor consejo que puedo darte para que la cita de Tinder vaya bien es que te la tomes con humor desde el primer momento. Incluso no pasa nada con bromear sobre las primeras citas de los maricas. Nos hacemos la ficha técnica en la primera hora: a qué te dedicas, cuántos novios has tenido, qué esperas de esta cita..., ¡siempre preguntamos lo mismo! Todo resulta muy artificial y se agradece pasar el rato con alguien que, desde el primer momento, está demostrando que se toma las cosas en su justa medida, que no piensa convertir la cita en un casting para ninguna de las dos partes y que, simplemente, quiere conocerte mejor porque le has causado curiosidad desde que vio tu perfil en la app. Naturalmente, para darnos conversación tiraremos de temas cotidianos: nuestro trabajo, dónde hemos nacido/crecido, qué solemos hacer en nuestro ocio, etcétera. De esos temas generales saldrán otros más específicos, como que ambos coincidáis en vuestra pasión gamer y que, gracias a esta coincidencia, penséis que podría estar bien que vuestra siguiente cita sea en el Salón del Videojuego, que, mira por dónde, tendrá lugar el próximo fin de semana. Sed naturales, fluid, como si acabaseis de conoceros en el cumpleaños de un amigo común y por pura casualidad. Sin forzar temas, sin forzar respuestas. Las sonrisas de vuestros rostros y el modo en que os miráis a los ojos mientras habláis son todo lo que necesitáis para daros cuenta de que hay interés mutuo. A los tíos se nos nota mucho tanto el sí como el no en la primera cita, no hace falta que conviertas el encuentro en una *escape room* donde tienes una hora para hallar la respuesta a un enigma. Disfruta del café con ese chico sin más expectativa.

Altres territoris: Gaudi

Gaudi: con acento en la «a», no en la «i», porque no es el apellido del arquitecto, sino la palabra catalana para referirse a «disfrute» o «placer». Efectivamente, es una app para chicos gais que hablan en catalán. Y aunque tiene todo el mérito de poner en valor una lengua, puede correr el riesgo de ser un fracaso. Entiendo que los desarrolladores habréis puesto todo vuestro esfuerzo y amor para crearla. Y sé que muchos sois curritos que seguís las órdenes del *project manager* al que se le ocurrió que sería una buena idea acaparar el mercado de los «maricas catalanoparlantes con ganas de follar». Pero al que hizo el estudio de mercado previo (si es que lo hubo) habría que pedirle que se vuelva a examinar, como el que se queda sin puntos en el carnet de conducir, porque no ha tenido en cuenta cómo nos entendemos los maricones catalanes en Grindr: el que habla catalán desde la cuna escribe su perfil en esta lengua, y los que nos dirigimos a él le escribimos en catalán. Y al contrario si el perfil está en castellano. ¡O en inglés si es un turista de paso por Barcelona! Si te desplazas al interior, todos los perfiles están escritos en catalán, se flirtea en catalán, se queda en catalán y se folla en catalán. Al final pasará lo acostumbrado: entrarán unos cuantos animados por la novedad, se encontrarán allí a los mismos de siempre y se borrarán porque *No cal omplir el telèfon d'aplicacions si al final sempre hi estem els mateixos. Me'n quedo amb una i prou.*[31] Y esa con la que se queden será Grindr o alguna otra de las mayoritarias. Es una lástima obligar a una lengua a pelear por un nicho de mercado. ¿Sería posible que desarrollasen una extensión para Grindr que presente todo su contenido en catalán? Ya existen versiones de estas aplicaciones en las lenguas oficiales de cada país, ¿por qué no ofrecer la posibilidad de tener Grindr o SCRUFF en lenguas cooficiales? GrindrCat.

31. «No hace falta llenar el teléfono de aplicaciones si al final siempre estamos los mismos. Me quedo con una y basta». Tengo la duda de si ocurre lo mismo con otra app creada para ligar en euskera y que se llama Kaixomaitia.

¿Hay más? ¡Mucho más!

Como has visto, las aplicaciones que pretenden poner en contacto a los hombres gais son de lo más variado: según el tipo de sexo que te gusta, según el tipo de aspecto que te gusta, según si buscas follar o emparejarte. Pero la diversidad no acaba aquí, sino que, como ya te adelanté en los capítulos iniciales, Grindrburgo ha vivido una ampliación en los últimos años con las incorporaciones de Instacity, Facebook-Valley, Meetupshore, Tiktoktown y Twitterport. A todo este nuevo conjunto de ciudades las llamaremos Neogrindrburgo y les dedicaremos el siguiente capítulo.

5
Neogrindrburgo

Es sabido que los maricones aprovechamos cualquier oportunidad para darnos un restregón, y esto no es un cliché. Basta con tener un poco de calle (o unos cuantos amigos maricas) para corroborarlo. Me duele sentirme obligado a recordar que digo esto desde la más absoluta convicción de que todos (o la GRAN mayoría) lo hacemos desde el respeto. Es terrible ver que algunos maricas siguen viéndonos a todos los demás gais como depredadores sexuales y no se cortan al expresar su homofobia interiorizada. Por eso hay que recordarles que no proyecten sus traumas personales sobre los demás, aunque lo trataré con más detalle en el capítulo sobre los sesgos. La cuestión es que si en las redes todo dios aprovecha para tirar ficha, ¿qué no íbamos a hacer los tíos homosexuales cuando, además, la probabilidad de una respuesta positiva por parte del interpelado es mucho mayor? Así, redes como Instagram, Facebook o Twitter se han convertido en espacios donde encontrar polvos y novios aunque con algunas particularidades que conviene explicar: bienvenidos a Neogrindrburgo.

Facebook-Valley (Facebook)

Si usas esta red, discúlpame pero ya sabes lo que se dice: Facebook se ha quedado para viejos y conspiranoicos estadounidenses... Jejeje, venga, va, no te enfades conmigo, sabes que estoy de broma y que soy mayor que tú (o no mucho más joven), pero la realidad es la que es. Los usuarios de Facebook son los que se encuentran en las franjas de edades más avanzadas.[32] Y si bien esta red ha quedado caricaturizada como el lugar de encuentro y movilización de los antisistema de ultraderecha, lo cierto es que (evidentemente) encontrarás de todo en ella. Como curiosidad, me comenta mi jefe de prensa que las autoras de novela romántica suelen tener mucha relación con sus lectoras a través de Facebook. Y algo parecido sucede con los equipos de fútbol.

Facebook-Valley está lleno de oportunidades porque, al menos los que superan los 35-40 años, hallan una enorme variedad de grupos y páginas de su interés. En el *caralibro* no solo puedes tener un perfil personal, sino también una página de empresa (u organización) y crear comunidades (o «grupos») a los que pueden unirse centenares de personas. Esto es tan cierto que cuando trabajo la socialización de alguno de mis pacientes siempre le recomiendo que inicie la

32. Y yo no me incluyo en esta afirmación no porque no tenga edad de sobra, sino porque me deshice de mis perfiles en Facebook. Gestionar YouTube, Instagram, Twitter, el correo electrónico y el WhatsApp de mi consulta es suficiente tarea diaria como para seguir añadiendo redes. Por cierto, si quieres ampliar la información sobre las edades, las horas dedicadas o incluso qué otras RR. SS. tienen los usuarios de Facebook y de cualquier otra red, puedes pasar mucho tiempo leyendo este enlace o cualquiera de sus actualizaciones <https://datareportal.com/reports/digital-2022-october-global-statshot>, consultado el 14 de octubre de 2023.

búsqueda en los grupos de Facebook poniendo en Google algo así como «Fuenlabrada gay Facebook» o «gay Oviedo Facebook». Incluso si los grupos no están demasiado activos últimamente, siempre se puede conectar con alguno de sus miembros y pedirle información. Además, suelen aparecer menciones a locales, asociaciones, bares, etcétera, que sirven como punto de referencia para proseguir la búsqueda de nuevas amistades o apuntarse a alguna de las actividades. Debo decir que Facebook ofrece más posibilidades de contacto con organizaciones LGTBI en América que en España, así que si resides en ese continente, Facebook puede ser una muy buena opción para ti.

Y si hablamos de follar, que es a lo que hemos venido, en esta red también encontrarás cientos de perfiles y grupos para contactar con otros hombres homosexuales de tu zona. Eso sí, como lo que cambia es la red pero no los usuarios, el que sea «discreto sin foto» en Grindr, será «nombre falso y foto del horizonte» en Facebook. El que no es visible no lo es en ninguna parte. Quizá un día tengas suerte y conozcas a alguien que progresa adecuadamente en su proceso de autoaceptación, consiguiendo un buen amigo o amante (o novio, ¿quién sabe?). A lo peor es un tipo tan raro en Facebook como en Grindr y tienes que pasar de él a la segunda cita. En cualquier caso, siempre te quedará el consuelo de saber que has dado con un buen caladero de peces y que puedes seguir intentándolo con otros hombres.

Por último, Facebook al igual que Instagram son unas mojigatas y censuran el contenido sexual explícito hasta extremos absurdos, como censurar pezones femeninos o pinturas donde se muestran desnudos. Un ejemplo más de la absurdez de una parte de la sociedad estadounidense, integrista y agresiva, incapaz de aprender y quitarse prejuicios.

Las RR. SS. incluidas en Meta coinciden todas ellas en mantener este pavor infantiloide a la sexualidad y a la desnudez del cuerpo humano. El problema, claro está, es que la censura impide que se compartan algunos contenidos de este cariz. Algunos han tratado de sortear esta limitación creando grupos privados dentro de los cuales estas normas no se aplican con tanto rigor, pero basta que un miembro del grupo denuncie una publicación para que la red la suprima, incluso siendo un contenido compartido de forma privada. Si tu contenido tiene que ver con el sexo, nunca estarás tranquilo del todo en estos lugares porque tanto Facebook-Valley como Instacity ven patrullar por sus calles a la Policía de la Moral.

Instacity (Instagram)

Esta también se está quedando para gente mayorcita. Pero no tan mayorcita como para que te siente mal que te lo llamen, sino «mayorcita» de «Cari, que ya tienes pelos en los huevos, no hagas más el tonto». Su usuario medio suele tener entre 30 y 45 años. Instagram se caracteriza por ser una red a la que se suben fotografías (ahora también vídeos) y en la que se pueden hacer búsquedas por hashtags, que son etiquetas verbales precedidas del signo almohadilla y que cada usuario escribe en sus fotos para que otros las puedan localizar (#gay, #goodlife, #libros, por ejemplo). Este barrio podía ser bonito y pintoresco, muy fotografiable, pero lamentablemente ha dado origen a los influencers, con todo lo malo (y algo bueno) que eso significa, así como también a una cantidad ingente de investigación sobre el impacto psicológico de las RR. SS. en la autoestima de las personas.[33] Tanto es así que Instagram se considera el prototipo de red que puede ser nociva para la salud mental, especialmente en personas vulnerables. Por eso, aunque ahora me concentraré en el folleteo, quiero que prestes mucha atención a lo que explicaré sobre esta red en el capítulo sobre la autoestima, que será mucho.

En Instagram se liga mu-chí-si-mo. A menudo, en el propio feed (lo que en Facebook viene siendo el muro) o pantalla en la que aparecen las publicaciones de aquellos a los que sigues, suelen mostrarte sugerencias de usuarios nuevos a los que seguir según tus likes previos o según aquellos hashtags que hayas buscado o empleado anteriormente (*aka* el algoritmo). En la parte inferior izquierda de la interfaz este feed se simboliza con el icono de «*home*» y a su lado aparece otro con forma de lupa que, como sabrás de sobra, es al que debes pulsar para ir a la página donde buscar hashtags, *reels* (vídeos) o personas. Suelen mostrarse también sugerencias y muchos navegan por esta página en busca de nuevos instagramers a los que seguir. A partir de aquí, podemos dejarles algún comentario en sus fotografías y esperar a que ellos se interesen por nuestro perfil. A menudo acaban siguiéndonos a nosotros y dejándonos comentarios en algunas de nuestras fotos (un emoji de «fuego» suele ser la señal habitual de que nos encuentra atractivos). De ahí pasamos al chat privado y probamos suerte. Cuando lleguemos al capítulo sobre la comunicación te daré consejos para que tu conversación le resulte interesante. De momento te diré que en los privados de

33. Facebook, también ha dado pie a mucha investigación sobre polarización política.

Instagram se pueden intercambiar vídeos, fotos, todo tipo de mensajes incluyendo los de audio. Exactamente igual que en las apps de *cruising* y, naturalmente, con idéntico resultado.

Tiktoktown (TikTok)

La red más joven y para los más jóvenes es, de momento, TikTok. Se popularizó durante la pandemia de la COVID-19 (Quiroz, 2020; Ballesteros Herencia, 2020), y de ella ya sabes que pertenece a una empresa china, que tuvo sus movidas con el Gobierno de Estados Unidos por motivos de seguridad nacional, que está acercando los discursos de extrema derecha a los jóvenes (Castro Martínez y Díaz Morilla, 2021) y que se la acusa de tratar de desestabilizar Occidente.[34] Menos mal que también tiene tiktokers maravillosos que nos deleitan con su humor, con sus consejos sobre cualquier tema (no es ironía, también hay personas muy profesionales en esta red) o con sus paseos en uniformes de todo tipo y prendas *rubber* y *leather*, como mis amigos Oier y Marcelo (saludos, amiguis).

También diré que parece que su algoritmo es un tanto secreto, y digo «parece» porque he encontrado información muy contradictoria al respecto hasta el punto de que ya no sé ni qué creerme. Esto de los algoritmos es un poco como la fórmula de la Coca-Cola, que se puede saber más o menos qué componentes lleva, pero no tanto los porcentajes

34. <https://elpais.com/tecnologia/2023-03-04/tiktok-retrato-del-gigante-que-domina-el-mundo-y-envenena-las-relaciones-entre-china-y-occidente.html>, consultado el 18 de junio de 2023.

o si hay alguno de ellos que nunca conoceremos. Y entiendo el secretismo, porque si tú tienes una fórmula ganadora, no quieres que nadie te la arrebate y se zampe parte de tu mercado. Así, TikTok presume de sugerir contenidos novedosos, pero cuando la propia empresa describe su algoritmo reconoce que los elementos que más peso tienen para seleccionar los nuevos vídeos que se le presentarán al usuario dependen de elementos como sus interacciones previas, los vídeos que le gustan o comparte, las cuentas que sigue, los comentarios que publica y el contenido que crea, lo cual suena, me lo vendan como me lo vendan, a cámara de resonancia o burbuja (capítulo 11).[35]

En cualquier caso y como señalan Montag, Yang y Elhai (2021), esta red es tan reciente que todavía no sabemos a ciencia cierta cuál es el impacto psicológico (bueno o malo) que puede tener y lo más que podemos hacer, de momento, es especular basándonos en los aspectos que comparte con otras RR. SS. Yo creo que hay similitudes entre TikTok e Instagram, por ejemplo, en relación con los problemas con la imagen corporal. Esta red permite emplear filtros de belleza, y eso me hace elucubrar que también tendrá impacto sobre la imagen corporal.

La principal diferencia con las demás redes es que aquí se comparten vídeos. Sabes que cuando esta aplicación se popularizó las demás también se apuntaron a eso de alojar minipelículas, pero para entonces Tiktoktown ya era la reina del audiovisual viral (con permiso de YouTube[36]). A

35. <https://newsroom.tiktok.com/en-us/how-tiktok-recommends-videos-for-you>, consultado el 7 de julio de 2023.

36. Os preguntaréis cómo es posible que no haya incluido esta red en el li-

esta plataforma se suben vídeos grabados en vertical que suelen incorporar algún tipo de coreografía o reto. Hasta aquí todo muy cuqui y familiar, ¿verdad? Bueno, ahora entra en el buscador (el icono de la lupa, ya sabes) y escribe «gay *cruising*» o «gay sauna», «gay *sex*» o, simplemente, «gay» y te aparecerán multitud de vídeos asociados a esos hashtags. Evidentemente, puedes seguir a los tiktokers que los suben y, evidentemente, si tienen abiertos los mensajes directos, puedes escribirles en privado para, e-vi-den-te-men-te, tratar de follar con ellos. Así, siendo sinceros y desde el punto de vista que nos ocupa en este libro, no hay grandes diferencias entre esta red e Instagram: encuentras en la aplicación algún usuario que te gusta, lo sigues, tratas de llamar su atención, hablas con él en privado y si cuela, se la cuelas.

Meetupshore (Meetup)

La red Meetup se extiende por (casi) todo el planeta. Haciendo pruebas para este libro he hallado grupos de esta plataforma en Arabia Saudí, Ghana, Bolivia, Corea del Sur y Nueva Zelanda, por daros unos ejemplos. Aunque, las cosas como son, este panorama se torna un poquito más deprimente si lo que buscas son grupos con la palabra «gay». Olvídate de Arabia y de Ghana porque allí es ilegal

bro si yo, además de por mi faceta como escritor, soy fundamentalmente conocido como youtuber. Recordad que aquí estamos tratando aquellas redes que permiten el contacto entre sus participantes que conduzca a encuentros sexuales y/o románticos. A pesar de que YouTube es una gran red, los contactos son muy asimétricos y nada fluidos.

ser homosexual. Olvídate de Bolivia porque no hay grupos de hombres gais organizando actividades ni siquiera en ciudades grandes, y confórmate con el par de grupos de apoyo mutuo que encontrarás en Corea del Sur (¡de apoyo mutuo, como si fuéramos enfermos!). En Nueva Zelanda, mira tú por dónde, hay más variedad de opciones en lo referente a grupos de actividades. Comprobarás que las RR. SS. reflejan muy fielmente la situación legal y social de la homosexualidad en los diferentes países del mundo.

Es muy sencillo registrarse en Meetup y crear grupos para organizar actividades. Estos grupos aparecen en las búsquedas que los demás usuarios realizan en la red y pueden apuntarse. Habitualmente se establecen días, horas y lugares para quedar..., y allí nos vemos. Como supondrás, esta es una gran red en la que los usuarios comparten intereses de lo más diverso. Hay desde los más simples al estilo de «Copas en Valladolid» o «Paseos en Bucaramanga», donde personas de todas las edades, condiciones y orientaciones de esas localidades y aledañas se reúnen para tomar copas o para pasear juntos y hacer amigos. Pero también los hay tan definidos como «Gais roleros en Madrid», donde hombres gais de Madrid organizan encuentros periódicos para jugar al rol. Evidentemente, en ciudades grandes vas a ver todo tipo de grupos LGTBI, a cada cual más específico, mientras que en ciudades pequeñas apenas darás con un grupo en el que se organizan actividades generales para todo el colectivo. También he encontrado en esta aplicación un grupo cuyo nombre alude a aquellos solteros gais que no se sienten nada cómodos en Grindr, lo que me hubiera parecido una magnífica idea si no fuese porque adobaban la descripción con frasecitas tan llenas de homofobia interiorizada como: «¿No encajas con ningún nicho de Chueca?

¿No te define la cultura del arcoíris?». Como vimos en el primer capítulo, nos conviene ser capaces de darnos cuenta de cuándo los demás también tienen sus propios sesgos, y no secundarlos. Seguro que lo han hecho con la mejor intención de captar público, pero esas frases necesitan una repasadita. Desde luego, no aconsejo este grupo a ninguno de mis pacientes, lectores ni amigos.

Al final y a lo que íbamos, la demografía es lo que es. Si somos el 3 por ciento de la población,[37] en un pueblo de 5.000 habitantes habrá 150 maricones (de los cuales el 90 por ciento estará armarizado y no querrá socializar), mientras que en una urbe de tres millones de habitantes como Madrid te encontrarás los 90.000 maricones que corresponden por porcentaje, más los que vienen de visita cada fin de semana: una *pechá* de gente. Claro, así salen grupos hasta de debajo de las piedras. En cualquier caso, no está de más que curiosees por esta red y compruebes qué te ofrece en tu ciudad. Si quieres registrarte en ella, tu avatar será tan sencillo como una foto acompañada de tus aficiones y poco más, porque la red no pretende ser un espacio online donde pasar tiempo, sino un puente entre personas que quieren juntarse presencialmente para hacer algo que les gusta.

Así, Meetup suele representar un papel complementario al que juegan los bares y asociaciones, puesto que en esta red se convocan ese tipo de actividades que no suelen organizarse en esos otros entornos de socialización. Esta es una

37. Según el informe «A 30-Country Ipsos Global Advisor Survey»,<https://www.ipsos.com/sites/default/files/ct/news/documents/2023-05/Ipsos%20LGBT%2B%20Pride%202023%20Global%20Survey%20Report%20-%20rev.pdf>, consultado el 8 de octubre de 2023.

red que suelo aconsejar a mis pacientes cuando necesitan hacer nuevos amigos y que, al menos en las ciudades más populosas, funciona bastante bien. A los más tímidos siempre les aconsejo que escriban un mensaje al organizador del encuentro para quedar con él unos minutos antes, presentarse y que él, a su vez, le presente al resto de integrantes del grupo. Naturalmente, este tipo de quedadas son las que más habilidades sociales te requerirán, pero podrás ir saltando de uno a otro de los compañeros de actividad y charlando con unos y otros sin sentirte presionado a abrir excesivamente tu intimidad a los demás. Ya irás profundizando a medida que se repitan los encuentros.

No me queda mucho más que añadir de esta red, excepto recomendarte que curiosees los grupos, pues seguramente encontrarás algo interesante. Eso sí, raramente hallarás grupos cuyo propósito sea el sexo, aunque nada impide que tras las cervecitas del *lenguage intercourse* también intercambiemos fluidos con alguno de los participantes si nos invita a tomar la última copa en su casa. De hecho, MeetUpshore forma parte de Neogrindrburgo porque te aseguro que se folla con hombres que conoces en esos grupos.

Twitterport (Twitter)

En el momento de escribir este libro, Twitter estaba en plena renovación. Elon Musk compró esta red en octubre de 2022 y sus decisiones desde entonces no han abandonado la polémica: el cambio de nombre a X, los *blue-check* de pago, la permisividad con discursos de odio o el despido de trabajadores necesarios. Por no hablar de sus problemas familiares y el hecho de que compró Twitter porque lo culpaba de que su hija fuera trans. Así, redacto este capítulo sin saber si lo que afirme a continuación se verá contradicho por los hechos en breve o si, simplemente, Twitter habrá desaparecido.

Twitter surgió con la esperanza de convertirse en un gran foro de intercambio de información y se acabó trasformando en una especie de circo que lo mismo presenta luchas encarnizadas entre gladiadores que actuaciones de payasos (y, por favor, que me disculpen los payasos profesionales por compararlos con algunos tuiteros). Twitter es una de las apps en las que la polarización está mejor documentada, así como la presencia de bots y estrategias como la del *astroturfing,* que abordaré en el capítulo 13 (Conover *et al.*, 2021; Garimella y Weber, 2017; Peña-Fernández, Larrondo-Ureta y Morales-i-Gras, 2023;[38] Paz, Mayagoitia-Soria y González-Aguilar, 2021; Caldarelli *et al.*, 2020). A veces uno se siente desolado al presenciar como la Humanidad se comporta como esos niños pequeños que destrozan en dos horas un regalo carísimo porque ni saben lo que tienen entre manos (y hasta aquí mi jeremiada).

Dado que Twitter, de momento, es de las pocas RR. SS. que no censuran contenidos sexuales y puedes encontrar

38. Aunque no es el objetivo de este libro, me ha parecido importante incluir una de las conclusiones de estos investigadores: «Puede considerarse que el debate sobre la identidad sexual tiene como resultado una fuerte polarización del activismo feminista en las redes sociales. Asimismo, las posturas del feminismo transinclusivo son muy mayoritarias entre las personas jóvenes, lo que refuerza la idea de un debate ideológico en el seno del movimiento feminista que también puede entenderse en clave generacional».

porno con una facilidad asombrosa, se ha ganado un lugar prominente en Neogrindrburgo. Porque quien dice porno dice vídeos caseros de señores cascándose el cipote. Señores a los que puedes escribir y con los que puedes proceder al intercambio de fotopollas, fotoculos y fotoloquequieras, además de vuestros números de teléfono. Con ellos puedes hacer sexting y/o quedar para conoceros y tener sexo real. Hay perfiles en Twitter en los que se comparte información sobre encuentros grupales o sobre locales y zonas de *cruising;* el sexo gay está muy bien representado en Twitterport. Hay quien prefiere tener una cuenta pública para compartir contenido no erótico y una cuenta privada para ese fin. Y hay quienes tenemos una misma para ambas cosas porque en Twitterport lo mismo me informo de los cambios de mi base de cotización como me entero de que mi actor porno favorito acaba de rodar una escena con uno de mis pacientes,[39] pero ¡qué entretenido es mi trabajo!

Twitterport es, por cierto, uno de los territorios menos seguros para las personas LGBTI+. El último informe, hasta la fecha de publicación de este libro, de la organización

39. Cualquier psicólogo (decente) al que le preguntes te explicará que a lo largo del proceso terapéutico estableces un vínculo de cuidado con tu paciente, de forma que te resulta imposible sexualizarlo. En él solo ve a un ser humano que ha puesto su confianza en ti. Verlo follar es como si ves a un hermano o a tu mejor amigo: no tiene impacto en tu libido. Sobre lo del porno, a más de un paciente le he dicho «Maricón, ayer me cortaste el rollo cuando me salió un vídeo tuyo en *Xvideos*» (y nos hemos reído). Yo siempre aprovecho para pedirles consejo: «¿Cómo se hace para tragar pollones de ese tamaño?». El saber no ocupa lugar y luego me viene muy bien para contároslo a vosotros en mis vídeos y mis libros. De hecho, ¿por qué creéis que sé tanto de los entresijos del mundo del porno?

americana GLAAD (Gay and Lesbian Alliance Against Defamation) otorga la puntuación más baja a esta red social en lo que se refiere a protección y seguridad de nuestro colectivo.[40]

WhatsApp y Telegram

A ver, a ver..., a ver. Aunque WhatsApp y Telegram también son redes sociales, su uso mayoritario es el de mensajería instantánea que todos conocemos perfectamente. Lo que ocurre es que en estas aplicaciones es fácil encontrar grupos gais para follar y, por este motivo, podemos incluirlas en Neogrindrburgo. Basta con que entres en Google y que escribas «grupo gay whatsapp» o «grupo gay telegram» acompañado de tu ciudad, región o país, para encontrar grupos en esa zona. Aparecerá un número de teléfono que te permitirá contactar con el administrador y pedirle que te incluya en el grupo previa aceptación de las condiciones (no emplear lenguaje ofensivo, respeto a los demás integrantes y otras reglas habituales). Una vez dentro, preséntate y comienza la comunicación, sigue las conversaciones y chatea en privado con quienes hayan captado tu atención.

Los grupos pueden estar dirigidos a coordinar encuentros lúdicos, de sexo en grupo o para compartir información sobre, por ejemplo, las zonas de *cruising* en tiempo real: «Uf, menudo ambientazo, hoy esto está a reventar de gente»; «Chicos, acaban de robarle el móvil a uno, cuidado con vuestras pertenencias si venís». Como último apunte

40. GLAAD Social Media Safety Index 2023, <https://assets.glaad.org/m/7adb1180448da194/original/Social-Media-Safety-Index-2023.pdf>, consultado el 21 de julio de 2023.

recordaré que en estos grupos nos podemos encontrar los mismos problemas que en cualquier otra red social: usuarios que tienen perfiles falsos, gente que adorna excesivamente la verdad sobre su aspecto o sus intereses, gente que solo quiere calentarte y coleccionar fotos, etcétera. Te recomiendo, por tanto, las mismas precauciones y actitud.

Y, oye, ahora que hemos culminado el repaso a la geografía de Grindrburgo, ¿qué tal si lo visitamos?

TERCERA PARTE

Bienvenido a Grindrburgo

6
Muestre su pasaporte

Estás a punto de aterrizar en cualquiera de los barrios de Grindrburgo y debes registrarte. La primera vez que entras en una app tienes que crear una cuenta, para lo que deberás facilitar un e-mail o un número de teléfono, un nombre de usuario y una contraseña. Una vez hecho esto, la app te enviará un correo electrónico a esa dirección de e-mail o un SMS a ese número de teléfono para que confirmes dicha cuenta. Entonces ya podrás acceder a ella y completar tu perfil.

En una red puedes registrarte con tu nombre y fotos reales o puedes emplear un seudónimo, una foto falsa o, incluso, la ilustración de un Pokemon. Nada te impide, de momento, crear un perfil anónimo. Según algunas de las empresas que hay tras las RR. SS., esto es así para proteger a personas que podrían estar en peligro en aquellos lugares donde la libertad de expresión no es un derecho garantizado. Pero si un gobierno autoritario quiere detenerte, cuenta con herramientas de hackeo y localización suficientes como para encontrarte, emplees el seudónimo que emplees. Tendrás que utilizar otros sistemas de protección de tu dispositivo mucho más complejos que llamarte «Libertario34» o poner un avatar de Stalin en tu Twitter. Además, en Estados de derecho, esto a mí me parece una excusa problemática porque, amparados en esta posibilidad de anonimato, muchos troles y bots pululan por las RR. SS. y las apps de *cruising* sin que las empresas hagan nada eficaz por controlarlos. Y no lo hacen, que lo sepas, porque no les conviene que estos personajes desaparezcan. Por el contrario, a estas corporaciones les beneficia que haya bots y troles, ya que les suben las estadísticas del DAU y el MAU, y porque el mal rollo que estos generan proporciona ingresos a la red, como te explicaré más adelante. El resultado es que las redes se convierten en lugares llenos de lo peor de algunas personas, de modo que nos vemos obligados a hacer malabares para esquivar estúpidos mientras nos relacionamos con gente majísima. Lo bueno de las RR. SS. es que cualquiera puede entrar en ellas. Lo malo de las RR. SS. es que cualquiera puede entrar en ellas. Somos el único animal cuyo peor depredador es su propia especie.

Introduzca su contraseña

Las contraseñas con las que proteges tus diferentes cuentas deberían ser lo suficientemente seguras como para que nadie las averigüe. Es verdad que muchos de los que dicen que les han hackeado la cuenta en realidad estaban supercolocados el día que escribieron todas aquellas barbaridades en su Twitter y luego no supieron cómo enmendar la cagada, así que recurrieron a la excusa del hackeo (una mala noche la tiene cualquiera, sobre todo si no sabes dosificar). Pero como nunca se sabe lo que puede pasar y es un riesgo real que alguien acceda a tu cuenta (anda que no me han contado casos de novios celosos metidos a espías, ¡¡¡uuufff!!!), lo mejor es que emplees una contraseña *fuerte*. Las más seguras superan los doce caracteres, incluyen mayúsculas y minúsculas, algún número y algún caracter especial. Como es complicado recordar kxiuReYc%$P, al final tendrías que apuntarla y alguien podría ver tu bloc de notas, con lo que ¡a la mierda la seguridad! Por esta razón, es preferible recurrir a reglas nemotécnicas y no tener las contraseñas anotadas en ningún lugar, así que, como si estuviésemos en un tutorial de TikTok, sigue estos sencillos pasos para crear y recordar una contraseña segura:

1. Elige una frase que no olvides nunca, quizá un fragmento de canción o poema que te guste mucho. Para nuestro ejemplo usaremos un fragmento de *SloMo* de Chanel: solo existe una, no hay *imitacione*.

2. Ahora quédate con las primeras doce letras: soloexisteun.

3. Pon en mayúscula las iniciales de cada palabra: SoloExisteUn.

4. Seguidamente introduce un caracter especial cada 4 letras: Solo$Exis$teUn$.

5. Remata la contraseña añadiendo la tercera y cuarta cifra de tu año de nacimiento distribuidas al principio y al final. En mi caso, resulta algo así como: 7Solo$Exis$teUn$1.

6. Para cerciorarte de su seguridad, introdúcela en un comprobador de contraseñas como el de CiberProtector, que te responderá que la longitud de tu contraseña es larga, que es una contraseña que nunca se ha visto comprometida y que se tardarían 373 trillones de años en averiguarla, más tiempo del que le queda de vida al sistema solar. Sin duda, es una contraseña a prueba de novios celopáticos.

Complete su perfil

Un perfil suele incluir el nombre, alguna foto (o varias) y textos donde te describes. Puedes ser todo lo explícito que te permita la app. Algunas como Twitter, Instagram y Grindr limitan el número de caracteres que puedes emplear. Otras, como SCRUFF, te permiten explayarte y contar hasta cuál es tu salsa favorita para las albóndigas.

Esta limitación no es muy problemática en las RR. SS., ya que las fotos, posts y tuits suelen ser mucho más informativos que cualquier descripción que haga la persona de sí misma. Te aseguro que se puede saber mucho, muchísimo, de cualquiera de nosotros viendo sus RR. SS. No debe sorprenderte que con frecuencia se husmee en el Facebook de los candidatos a un empleo para saber cómo son las personas reales que se esconden tras los currículums (amiga: si estás buscando trabajo, capa tus redes[41]). Si te gusta describirte extensamente pero la app en la que estás no te lo permite, un truco que puedes emplear es el siguiente: redacta el texto que quieras en el blog de notas, hazle un pantallazo y súbelo al álbum de fotos de la app. Ea, ya tienes un texto de cincuenta líneas en tu Grindr. Estás comenzando a construir tu avatar, la identidad virtual con la que quieres ser reconocido por los demás y con la que estos van a relacionarse. Sobra decir que cuanto más fidedigna sea esa identidad, mejores serán las interacciones cuando os conozcáis en persona. Obvio, ¿verdad? Pues no. La anterior afirmación, a pesar de lo elemental que parece, resulta que describe el

41. «Capar una red» es configurarla de manera que no pueda verla absolutamente nadie que no esté autorizado.

comportamiento menos frecuente en las RR. SS., tal y como vas a leer más adelante.

Centrándonos en las apps de *cruising*, el primer consejo que debo darte es pensar muy bien para qué quieres abrir un perfil en ellas. Un texto que diga: «Estoy aquí para hacer amigos», acompañado de fotos de tus pectorales o la pelusilla del pubis (o tu culete), es un MUY mal comienzo porque, chico, no se puede ser más incoherente. Si tu objetivo sincero es hacer amigos, acompaña el mensaje escrito de fotos en las que se te vea practicando tus aficiones o en entornos sociales. Y si no las quieres subir de este estilo porque piensas que «nadie escribe a un perfil si no enseñas carne», igual te has equivocado de sitio y mejor abres un perfil en Facebook para buscar grupos maricas de tu zona y quedar con ellos. Unas páginas más adelante veremos que diversos efectos psicológicos pueden condicionar mucho nuestro comportamiento en Grindrburgo, pero, por más que todo el mundo suba este tipo de fotos, si buscas amigos, no incluyas en tu perfil fotos de las de «estoy buscando pollas» porque es fundamental mantener la coherencia. Y si lo que quieres es zorrear, que es maravilloso, construye un avatar de zorreo.

En lo referente al texto, sé claro. Mensajes del tipo: «Lo que me gusta te lo cuento en privado» producen desinterés. No hace falta que expliques que te gusta ser colgado del techo por los pulgares para que te sodomicen con un bate de béisbol. Pero ser excesivamente reservado en una app donde se supone que vamos a desinhibirnos es como ir a una discoteca para sentarte en un rincón con las manos sobre las rodillas y la mirada clavada en el suelo. No hace falta que te subas a la barra a perrear como Karol G, basta con que bailes un poco y sonrías a los demás. Y si no te gustan las discotecas, tampoco es necesario que las visites.

A la hora de describirte, ten presente que en la mayoría de los casos los maricones no somos tan exóticos follando como venden los mitos y, como mucho, el listado de «me gusta» suele incluir pajas, mamadas, penetraciones, juegos de rol, cuero y alguna que otra cosilla por el estilo. En el caso de que seas de aquellos a los que sí les gusta el *fist*, la lluvia dorada o los latigazos, yo siempre recomiendo ser asertivo. Sin embargo, y como ampliaré un poco más adelante, cada uno lleva su liberación sexual a su ritmo, y si no quieres que tu vecino lo sepa, puedes evitar las fotos de cara, limitarte a explicar tus preferencias y reservar las imágenes en las que se ve tu rostro para enviarlas una vez tu interlocutor te genere confianza. Incluso puedes explicitar en el perfil: «Te enseño la cara por privado». Por último, te recomiendo ser exhaustivo rellenando los menús que te ofrece cada app sobre tus preferencias, fetiches, etcétera. Todos sabemos que nadie los suele leer (ni tú ni yo), pero no está de más hacerlo porque eso ayuda a aparecer en las búsquedas de los que buscan perfiles como el tuyo. Una vez tengas todo esto claro, vamos a elegir las fotos que incluirás en tu avatar, no sin antes recordarte que más adelante te daré muchos más consejos para evitar que tu perfil pase desapercibido.

7

Elegir foto no es sencillo

Seleccionar una imagen para nuestro perfil es bastante más complicado de lo que parece, así que le he dedicado un capítulo aparte. Algunas aplicaciones como Grindr no permite que la foto principal sea de un desnudo explícito; tendrás que reservar este tipo de instantáneas para el álbum privado. Otras apps, como ya hemos visto, no tienen esta limitación y las cuadrículas acostumbran a parecer un puesto de venta de pepinos.

En líneas generales, queremos que la imagen de nuestro perfil cumpla dos objetivos: que nos represente y que atraiga a los demás. Ambos cuentan con sus propios obstáculos, relacionados con determinados efectos, y nos conviene aprender a superarlos.

Seguro que has oído hablar en alguna ocasión del efecto Pigmalión, del Baader-Meinhof o del Dunning-Kruger. Así es como se conoce en psicología a ciertas reacciones prototípicas ante determinadas situaciones. Algunos de ellos, tal es el caso del efecto *priming,* cuentan con un sólido respaldo científico, mientras que otros no son más que un patrón de conducta que puede ser semejante en diferentes personas pero que, ni de broma, está demostrado al cien por cien. Yo suelo bromear con mis pacientes: «Cuando los psicólogos decimos "el efecto equis", en realidad nos lo estamos inventando todo». No existe el efecto Peter Pan ni el efecto Hermano Mayor. Existen adultos con comportamientos poco maduros y hermanos mayores que cuidan muchísimo de sus hermanos menores durante toda la vida. Pero solo lo hacen algunas personas y de modos muy diversos. En cualquier caso, denominarlos de esta manera sirve para naturalizar muchos de nuestros comportamientos: tan raros no serán si hasta les han puesto un nombre. Veamos algunos de ellos, los más relevantes para lo que nos ocupa.

El efecto *priming* y las imágenes personales

Este efecto, de sobra conocido en psicología, viene a decir que las personas podemos ser inducidas a comportarnos de determinada manera si el contexto prima esos comportamientos. ¿Cuántas veces te ha pasado que llegas a una discoteca y es tan cutre que no te dan ganas de bailar? Y, por el contrario, ¿verdad que hay salas con un sonido y unas luces tan espectaculares que, nada más entrar, ya te apetece pasarte toda la noche de juerga? ¿Por qué crees que hay gogós en las grandes fiestas? Para animarte a bailar (y, con ello, deshidratarte y que necesites comprarte otra bebida, pues ellos ganan dinero con lo que tú bebes) y, por supuesto, para que disfrutes y quieras repetir una fiesta en la que te has divertido tanto.

El efecto *priming* nos induce a actuar, pero también a percibir en la misma dirección que determinan las señales[42]

42. En psicología, «señales» *(cues)* son esos detalles que nos dan información sobre el entorno y que promueven que nuestro comportamiento vaya en una dirección concreta.

contextuales, y esta modalidad del efecto es muy patente en Grindrburgo. Imaginad la siguiente escena. Dos maridos están en su casa echando el polvo de celebración de su quinto aniversario de boda. Se quieren muchísimo y llevan toda una vida juntos si sumamos los siete años de novios (porque doce años maricas son toda una vida en años hetero, ya conocéis la broma). Han follado genial y uno le ha pedido al otro que se corra en su cara mientras él se pajea porque le pone supercerdo sentir los chorrazos de leche marital en su frente. Está de rodillas, con la boca abierta, lamiendo las pelotas del marido (que están a reventar), quien se menea la polla en la cara del otro. El arrodillado jadea, el otro se muerde el labio con cara de guarro y le expresa lo mucho que le gusta correrse en su carita. El de abajo pide lefa como un desesperado: gime, lloriquea por su leche. El que se está pajeando agarra el móvil y graba el momento en que bautiza a su esposo con esperma mientras grita su nombre y lo llama de todo. El que lo recibe gime mirando hacia arriba con la lengua fuera para que le deje caer algún trallazo en su boca sollozando síes mientras él mismo se corre en los pies del otro. La última imagen del vídeo es ese chico con los ojos cerrados, lleno de pegotes de la lefa de su marido, con el semen escurriéndole por cejas y mejillas y la boca llena de burbujitas de saliva porque se le han caído las babas del corridón que se ha pegado. Mola, ¿verdad? Venga, pues procedamos al análisis.

Deliberadamente he empleado un marco de referencia *romántico* describiendo la escena de una pareja consolidada que tiene sexo monógamo durante su aniversario de boda, algo que casi cualquier persona describiría como bonito, normativo o tierno. Sin embargo, en el momento que aparecen los fluidos sexuales la imagen se transforma en caliente, explícita o guarra. El semen sobre la cara convierte esa instantánea en pornográfica, incluso dentro del marco de una pareja con una relación propia de una postal de San Valentín. Si alguien ve el vídeo sin conocerlos a ellos, no pensará en los años que esos dos hombres llevan juntos, en cómo se quieren y han construido una sexualidad divertida y gozosa gracias a la confianza que los une. La mayoría pensará que son unos guarros cuando la realidad es que solo se han puesto cerdos en el momento que tocaba. Las imágenes sexualmente explícitas deforman el marco mental con el que percibimos a otras personas, y si esto nos pasa con esta pareja tan clásica, no necesitas que te explique lo que nos ocurrirá con ese desconocido que ha subido a su perfil una foto suya chupando nabos. Las imágenes sexuales aún tienen mucha carga negativa en nuestra cultura y distorsionan la idea que nos forjamos de la persona que las protagoniza. No somos conscientes de este sesgo y no nos paramos nunca a pensar: «¿Cómo que "cerdo"?, pero ¡si ese chico lo único que está haciendo es disfrutar del sexo en compañía de otro adulto!, ¿cómo es que tengo tantos prejuicios?». La mayoría piensa: «¡Qué guarrada!». Saber que esta es la reacción mayoritaria conduce a que nos autocensuremos. Intuimos que los demás se forjan una idea de nosotros mediatizada por la foto que presentamos en Grindrburgo y no nos sentimos cómodos con que nos vean tan sexualizados. Por eso y en previsión de la respuesta ajena, muchos evitan subir sus fotos más explícitas.

Otra forma de posicionarse ante estos sesgos es conocerlos, pasar de ellos y pensar: «Estamos en una app a la que se viene a follar, y cuanto más claro sea uno, mejor. Si alguien se forma una idea distorsionada de mi persona por verme en Grindr, el problema es suyo, por desubicado». Todos los posicionamientos son respetables. En nuestra sociedad actual el sexo no está del todo normalizado, ni todo el mundo quiere exponer su intimidad, ni todo el mundo debe sentirse obligado a hacer activismo para cambiar las mentes. Una cosa es que yo, desde mi canal de YouTube y mis libros, y sabiendo quién soy y lo que represento, manifieste abiertamente que podéis encontrarme en más de una ocasión chupando pollas en un *sex-club*, porque yo sí tengo ese compromiso de naturalizar lo que es natural (y frecuente). Pero entiendo que a ti, que a lo mejor llevas solo un par de meses fuera del armario, no te apetezca que cualquiera que entre en Grindr sepa lo mucho que te gusta que se corran en tu cara o, lo que es más serio, que por culpa del efecto *primming* los que vean las fotos extiendan su connotación sexual a toda tu persona y sean incapaces de verte con unos ojos que no sean más que los ojos de follar. Por supuesto que es genial pasar olímpicamente de lo que digan los demás y que te importe una mierda que otras personas sean incapaces de superar este efecto. Pero vete a tu ritmo. Nunca te sientas obligado a nada o, en todo caso, plantéate los progresos en tu liberación sexual como retos asumibles que puedas ir alcanzando poco a poco. No quieras correr más que tus propios pies solo porque otros hombres sean muy veloces. Tú eres tú.

Los *slutshammers*

Debo confesar que, dentro del grupo de personas que me caen mal, esos que se dedican a atacar a los que viven su sexualidad de manera libre y desprejuiciada me parecen de lo peor y son los que me provocan más apetencia de repartir hostias a mano abierta. No lo voy a hacer nunca porque me considero pacífico, pero reconozco que no me faltan las ganas, esta clase de personas me resultan especialmente dañinas. Un *slutshammer* es alguien que trata de avergonzar (y a veces lo logra) a otras personas por el hecho de que estas tengan sexo. Diríamos que sus insultos van dirigidos a los más promiscuos, pero: (1) es mentira, esta gente ataca a cualquiera que tenga sexo sin estar en pareja, y (2) ¿desde cuándo follar mucho valida algún tipo de ofensa ni demérito? ¡Que ser promiscuo también está bien!

A la hora de quitarnos la vergüenza por compartir fotografías explícitas, nos conviene recordar que quienes nos afean cualquier manifestación de nuestra sexualidad son personas con gravísimos problemas propios a quienes, desde luego, no podemos poner en el centro de nuestras decisiones. O lo que es lo mismo: que no les debemos hacer ni puto caso. Os juro que en todos los años de mi vida y con todas las vivencias que he atravesado, además de todas las que he escuchado en mi consulta, jamás he conocido a nadie feliz que se meta en las vidas de los demás para perjudicarlos. Este tipo de personajes suele ser un amargado dotado de mucha mala leche o un troll (pero de estos nos ocuparemos en el capítulo 16). Entre ellos, podemos encontrar a representantes, bastante talibanes, por cierto, de las religiones oficiales, o a personas que han vivido una educación sexual tan represiva y cargada de vergüenza que se sienten incomodísimas ante cualquier manifestación sexual por parte de los demás. Y resuelven esa incomodidad censurando a los otros, en lugar de atajar sus propias miserias. Como terapeuta, puedo empatizar con su sufrimiento, pero desde luego no con la solución que adoptan. También encontramos *slutshammers* que no son más que unos inmaduros buscando que les den casito en las RR. SS. Por favor, no hagáis famosos a este tipo de personajes, no les prestéis la atención que están pordioseando, porque lo único que conseguimos con eso es extender su mensaje y que llegue a chavales, aún en formación, que podrían creerse que esta gente tiene un mínimo de credibilidad. A los adolescentes hay que protegerlos tanto de las brutalidades de algunos estilos de porno como del terror irracional que sienten otros ante la sexualidad.

Así, espero que te quede claro que, si estás restringiendo el tipo de fotos que utilizas en tus propias redes porque existen personajes que son absolutamente desechables y que debemos eliminar de nuestros espacios, quizá le dediques una segunda pensada y te des cuenta de que no existe ninguna razón para que tú no puedas mostrar el cuerpo con el que has nacido. Hazlo si te da la gana, tu culo es tan parte de tu cuerpo como tu nariz.

El efecto «yo no salgo bien en las fotos»[43]

Sea cual sea tu imagen principal, esta será el primer elemento comunicativo de tu perfil, por lo que merece la pena que la elijas bien, incluso si crees que tú nunca sales bien en las fotos. Incluso quienes tienen una cara cubista salen bien en las fotos si cuentan con las indicaciones adecuadas, ¡en serio! Esto de ser *popular* me ha supuesto una serie de aprendizajes con los que no contaba, y uno de ellos ha sido apren-

43. A ver, ya que estamos, me puedo inventar unos cuantos nombres de efectos, ¿o no?

der a posar. Cada libro supone un reportaje fotográfico para acompañar las entrevistas, y cada fotógrafo me ha enseñado algunos trucos sobre cómo colocar la cabeza, los hombros, sobre la forma de mirar o la sonrisa. Un buen resumen sería: «Para salir natural en la foto debes adoptar una postura que no tiene nada de natural». Así, un/a modelo debe saber colocar el cuerpo en posturas extrañas que, en cámara, quedan muy bien a pesar de que, en vivo, resultan forzadas. Tampoco hace falta llegar al extremo de «Modelos con ciática»,[44] pero sí forzar un poco la postura y contar, al otro lado del objetivo, con un fotógrafo que sepa darte las indicaciones, cómo colocarte para conseguir sacar de ti lo que quieres mostrar. Si sabes posar, el fotógrafo sabe captarte y tiene un buen equipo, los resultados te encantarán.

Pero, pero, peeero...,[45] si tú estás convencido de que eres un callo, hacerte fotos será algo aversivo para ti, ¿verdad? ¿Cómo te va a gustar algo que, según tú, no hará sino reforzar tu convicción en lo feo que eres? ¡A nadie le gusta que le restrieguen por la cara imágenes que demuestran que es horroroso! Así que, probablemente, subirás cualquier foto mal hecha que tengas en tu teléfono: «¿*Paqué* molestarme en hacerme otra foto si, total, en todas voy a salir igual de horrendo?». Te conformas con hacerte un selfi mal iluminado, con la cámara frontal, en un mal ángulo y poca definición. Lo subes a Grindr y todo el que la ve piensa: «Pues si esta es

44. Cuenta paródica sobre fotos de modelos que puedes encontrar en Instagram y Twitter: @mciatica.

45. Esta referencia solo la habéis pillado los que seguís a @teloresumo en YouTube, Instagram y Twitter.

la mejor foto que tiene, no quiero saber cómo será la peor, creo que este chico no me va a despertar ninguna respuesta sexual». (Para ser franco, alguno pensará algo más feo de repetir). Al final, ninguno te tira la caña. Y como nadie te saluda en Grindr, tú te convences (aún más) de lo feo que eres, de que no le gustas a nadie y de lo superficial que se ha vuelto el mundo gay. Ya. Pues, ¿sabes?, en este momento necesitas una pequeña dosis de realidad comenzando por entender que el mundo gay está peleando por que haya PrEP (profilaxis de prexposición al VIH) para todos, por que las legislaciones nos protejan eficazmente denunciando agresiones y acompañando a las víctimas o haciendo campañas para evitar consumos problemáticos de *chemsex*. Al parecer, estás un poco desubicado porque de lo que tú te quejas no es del mundo gay, sino de Grindrburgo, la versión digital de la plaza de tu pueblo. La misma plaza en la que tampoco te hablaría nadie si te sentases en un banco con esa misma cara de revenido que has sacado en la foto porque, según tú, ¿*paqué* más? Si tú mismo no te molestas en gustar, ¿de qué te quejas? ¿Tú follarías con el de tu foto? ¡Pues entonces!

Después de la colleja, ahora te voy a dar un consejo, pero te pido por favor que no me creas ni media palabra. No confíes en lo que te voy a explicar: ponlo a prueba. Compruébalo. Hazlo. Habla con un profesional o un aficionado que haga buenas fotos. (Instagram está lleno de cuentas de este tipo, ¿dónde crees que he encontrado yo a mis fotógrafos?). Muchos están acostumbrados a hacer reportajes para Grindr. Queda con ellos (págales por su trabajo) y disfruta de los consejos y la sesión. Seguramente necesitarás cien disparos antes de que la cámara y tú comencéis a llevaros bien. Cuando lleves una hora posando, te relajarás y tu cuerpo comenzará a fluir. Adopta la postura que te indique, sonríe o pon cara de malote, según lo que toque. Utiliza complementos varios y cámbiate de ropa. Y luego me cuentas qué tal el resultado. No serás el primero que me diga: «Pues en esta foto reconozco que yo mismo me echaba un polvo». Recuerda: un buen equipo, un fotógrafo que sabe lo que hace, una buena luz y aprender a posar. No es un milagro, es tu cuerpo expresándose de una forma que no le habías permitido hasta ahora.

El efecto interruptor cachondo

Además de lo anterior, hay otro efecto que te conviene tener presente. No vas a interpretar del mismo modo una imagen si estás cachondo o no. Si estás sexualmente excitado, algunas fotografías te pueden parecer muy adecuadas (por ejemplo, tú con la cara llena de semen), pero en frío, una vez se te pasa la cachondez, te puede parecer hasta un poquito repugnante verte con la cara rociada de lefa (recuerda el ejemplo de hace unas páginas). Los estados emocionales intensos alteran nuestra percepción, ya te lo he explicado en otros libros como en *GE* y *QMM*,[46] y lo que te parece buena idea en determinado momento puede darte una vergüenza horrenda horas más tarde. Mi consejo es que tengas diversas fotos que varíen respecto a lo explícitas que resulten, que las guardes en tu teléfono y que elijas para tu perfil (o para la foto principal) aquella que te parezca adecuada tanto si la miras estando caliente como en frío. Este es un consejo destinado, sobre todo, a quienes andáis bajando y borrando la

46. *Gayinteligencia emocional* y *Quiérete mucho, maricón*, respectivamente.

aplicación según si estáis cachondos o no. Quienes han elaborado su perfil de Grindr con calma y lo han ido retocando según lo necesitaban no se sentirán afectados por el párrafo anterior. Mejor para ellos.

El efecto sentido común

Para concluir, este efecto nos dice que no necesitamos leernos un libro para saber que lo más recomendable siempre es emplear una imagen llamativa para la foto principal y otras más sugerentes para las fotos secundarias, dejando las explícitas para esos álbumes privados que compartirás solo con algunos vecinos. Pero estás leyendo un manual que pretende ser exhaustivo, por lo que me siento obligado a mencionar algunas cosas obvias para quienes lleváis años usando las RR. SS. y visitando Grindrburgo.

El sentido común también te dice que, si haces una visita por el barrio, verás el tono que la mayoría de tus vecinos emplean en sus fotos y sabrás qué imágenes pueden funcionar. No hace falta que dejes de ser tú mismo imitando a los demás, solo que te dejes aconsejar por tus propios ojos. Con todos los consejos vistos hasta ahora y un poquito de tu sentido común, seguro que encuentras la imagen que mejor te represente. Una vez resuelto todo ello, estarás pertrechado con lo necesario para comenzar a deambular por Grindrburgo. Sígueme.

8
Cuando llegaste a Grindrburgo, los demás ya estaban allí

Esta versión marica del microrrelato de Monterroso con la que titulo este capítulo, además de enunciar lo evidente, anuncia una lluvia de notificaciones en tu primera visita a Grindrburgo: todo el mundo quiere conocer al chico nuevo que acaba de aparecer en el vecindario. Algunos lo han llamado «efecto carne fresca», pero a mí este nombre me disgusta extraordinariamente. Creo que es una de esas denominaciones que dice más de la mente de quien la inventó que de la realidad que pretende describir. Creer que te ven como carne fresca es considerar que quienes ya están allí son todos unos depredadores sexuales, ansiosos por cobrarse una nueva presa, y eso me retrotrae a los años cincuenta y sesenta del siglo pasado, cuando a los homosexuales nos veían como seres anormalmente sexuados que esperaban agazapados entre las buenas gentes para aprovechar la menor oportunidad de saltar sobre una criatura inocente a la que corromper en alma y cuerpo. Odio que sigamos viéndonos a nosotros mismos de esa forma. En ese «carne fresca» se nos cuela mucho de homofobia interiorizada, un pelín de victimismo y, a veces, un poco de «busco casito», y ya es hora de que lo digamos. La mayoría de los que te escriben son personas normales y corrientes, como tú y como yo, que sienten curiosidad ante las novedades, como la sentimos tú y yo. Sí, te habrá entrado algún gilipollas y algún baboso. Porque eres la novedad y se fijan en ti, al igual que se fijarían todos los alumnos de un instituto al que llegas en mitad del semestre, o como cuando eres el nuevo en una oficina. Nada más. Considerar Grindrburgo como una jungla no solo es falso, sino que te arruinará la experiencia antes de comenzarla.

Te propongo un experimento. Sube una foto con camisa y un libro en las manos. Varios días más tarde subes esa otra foto que te has hecho en el espejo de tu baño con una toallita que apenas cubre la pelusa de tu pubis. Luego vienes y me cuentas qué foto ha provocado más mensajes. Ojo con los códigos implícitos en Grindr: si subes fotos con poca ropa, se sobrentiende que buscas sexo. Distinto es que subas a tu Instagram una foto en la piscina con tu hermana y todo dios te comente que te quiere lamer la pelusilla del ombligo. Instagram es un entorno donde esos comentarios no se consideran tan adecuados (al menos en abierto); sexualizar una imagen familiar en una red meramente social es inadecuado, cierto. Pero una foto semidesnudo en Grindr o en las demás apps de folleteo denota tu apertura a conversaciones calientes. El contexto añade intencionalidad y lo sabes tú, lo sé yo y lo sabe tu vecino de enfrente. Si lo que quieres es mostrar tu cuerpo sin que docenas de desconocidos empiecen a comentar cosas sobre tus pectorales, reserva tu foto semidesnudo para tu perfil de WhatsApp. Te verán todos tus contactos: tus amigos, tu jefa y tu tía la de Pontevedra. Todos ellos son personas que no te sexualizarán ni te enviarán comentarios que puedan resultarte ofensivos y así podrás disfrutar de tu derecho a mostrar tu cuerpo. Pero, cariño, las mentiras se las cuentas a tu madre, que te quiere mucho y te da la razón en todo; si enseñas carne en Grindr es porque quieres que te sexualicen en esa app concreta. Sé consecuente y no marees más.

En cualquier caso, cuando entras por primera vez (o tras un tiempo) en Grindr, es habitual recibir una pila de mensajes, recuerda que eres el chico nuevo en la gradilla.[47] Te aconsejo que tengas una respuesta prevista para hacer copia y pega, algo así como: «Gracias por escribir, soy nuevo por aquí, disculpa si no contesto inmediatamente. ¿Qué tal estás?», y que se la envíes a todos los que te escriban. Al menos, a los que han superado el umbral de tu interés y con los que te gustaría mantener un diálogo. Pero no te obligues a continuar todas las conversaciones porque te abrumarás. Mejor considera esos mensajes como una puerta que te abren para pasar cuando te apetezca y no una orden (para charlar) que debas cumplir YA. Sí, alguno lo comprenderá y esperará a un momento más oportuno, mientras que otros pasarán de ti. Tómalo como una primera lección: aprende a cribar a los que no están en tu mismo humor, situación o necesidad. Además, seguro que más adelante volvéis a coincidir en un momento en el que ambos estéis más sintonizados, déjalos pasar sin más aspavientos y que ese aluvión de peticiones no te impida tomarte un tiempo para familiarizarte con el entorno.

Efectivamente, mi primer consejo es que no tengas prisa. Que tu primera visita a Grindrburgo sea un paseo tranquilo para saber qué tipo de personas habitan tu barrio virtual y

47. La llamo así por la cuadrícula y porque en cada hueco cabe un experimento. Los que trabajáis con tubos de ensayo habéis captado la broma.

con cuáles crees que podrías encajar mejor. A menudo las apps reflejan la relación de un barrio con la homosexualidad. En lugares muy conservadores es mucho más probable encontrar perfiles sin foto de cara (o sin ninguna foto) de hombres que no quieren que los demás sepan que son gais.[48] Algunos te enviarán una foto de cara por privado para que sepas con quién estás hablando. Otros estarán tan obsesionados por mantener la discreción que se negarán a hacerlo. De ti depende si mantienes la conversación o si esta insistencia con el anonimato te aburre tanto que pasas de seguirles el juego. A alguien hiperarmarizado puede parecerle indiferente con quién quedar mientras tenga polla o culo, pero a ti, que has hecho un esfuerzo por superar tu homofobia interiorizada (o que no le estás poniendo los cuernos a la mujer con la que mantienes una doble vida), te parece que lo de menos en una persona son sus genitales y que quieres conocer al ser humano con el que conversas. Porque sí, la cara importa. Y no por nada relacionado con la belleza, sino con tu actitud. Te he dejado la explicación para el final del capítulo.

Regresando a tu vecindario, si vives en el centro puede que haya una gran diferencia entre los hombres que ocupan tu cuadrícula en horario laboral y los que la ocupan en otros horarios. Eso significa dos cosas: (1) esos hombres vienen a trabajar a tu zona y luego vuelven a sus casas en otro barrio o ciudad, y (2) debes disponer dónde recibirlos porque

48. Un paciente tinerfeño me decía: «Tenerife es la isla de las cabezas cortadas», y me encantó porque parecía el título de una película de piratas. Me imaginaba a Johnny Depp en La Laguna poniendo una foto caracterizado como Jack Sparrow y describiéndose a sí mismo con un «masc x masc». Maripunto para ti si pillas la ironía.

ellos están en la oficina y no tienen sitio para vuestro encuentro. Dado que la forma en que vivimos el sexo guarda relación con la personalidad, y esta a su vez con condicionantes genéticos, socioeconómicos y de aprendizaje, resulta que Grindrburgo también está atravesado por la dimensión de clase y encontrarás diferencias notables entre la manera de comunicarse y follar que muestran los vecinos de una zona rica y la de los vecinos de un barrio de clase trabajadora. Cierto es que las clases no son castas, pues existe movilidad entre ellas, y no podemos hacer una generalización porque las clases sociales son muy heterogéneas en su composición. Solo te pido que lo tengas en cuenta a la hora de evaluar tu entorno. Tu barrio virtual será muy diferente si resides en un barrio con inmigración de países homófobos, si resides en la zona marica o en un distrito de clase media. Por supuesto, no tendrá nada que ver abrir Grindr en una zona rica pero conservadora con hacerlo en el barrio bohemio y canallita de tu ciudad. Todo va a influir, y tú debes saberlo de antemano. Ah, y te recuerdo que «diferente» no es sinónimo ni de «mejor» ni de «peor», sino de «distinto».

Como ves, no todos los Grindrburgo son iguales, y por esa razón resulta más útil familiarizarte con tu entorno y ajustar tus expectativas a lo que hay. Recuerda: ellos ya estaban allí, adáptate, olvídate de que tu Grindr-barrio se parezca a tus fantasías y aplica algo de realismo a tu vida. Como si se tratase de una partida de cartas, cada vez que entres en Grindrburgo, tanto si es la primera como si es la tricentésima quincuagésima séptima ocasión en la que entras, esa cuadrícula son los naipes que te han tocado al barajar. Con ellos tienes que jugar, es lo que hay (y nunca mejor dicho).

En esta primera visita debes valorar qué perfiles pueden

interesarte, así como descartar (dícese «bloquear») los que te generan recelo desde el primer momento. Aquí puedes incluir los perfiles sin foto ni texto, los que empleen un lenguaje que te resulte desagradable o aquellos cuya descripción ya anuncie que serán problemáticos (los que están enfadados con el mundo o los que dan muestras de desequilibrio, por ejemplo). Bloquearlos servirá para que no ocupen espacio en tu cuadrícula y dejen sitio para otros vecinos con los que sepas que la comunicación, al menos en principio, será más fluida o interesante. Eso no es discriminar y lo explico con el siguiente ejemplo. Tú sabes que no quieres una relación con un hombre casado o con alguien de la edad de tu hijo. Sabes que cuando conoces a alguien con cualquiera de esas características automáticamente tu mente lo ubica en el cajón de «posibles amigos», pero no en el de «posibles amores». Pues lo mismo con estos vecinos a los que eliminas de tu cuadrícula: no los puedes colocar en el cajón de «posibles amantes» porque sabes de antemano que no tendrás buen rollo con ellos. Además, como me decía un paciente: «Yo también desaparezco de sus cuadrículas, así que les hago un favor porque soy un bulto menos para ellos».

Así, una vez hecha la primera criba y realizado el primer paseo virtual por el vecindario, tendrás bastante información como para ajustar tus expectativas a la realidad. Tu Grindrburgo no es como lo habías imaginado (y lo ampliaré en el siguiente capítulo), ya que las dinámicas y personas que encontrarás allí no responden a tus experiencias personales, sino a algo mucho más caótico en apariencia pero que es muy simple en realidad. Cada uno de los hombres de tu Grindr es una persona que ha tenido sus encuentros con otros hombres, alguien que ha vivido su proceso para aceptar su homosexualidad y vivir su sexualidad de la mejor manera que ha podido. A estos hombres les puede haber ido bien o mal según sus expectativas y habrán aprendido a comportarse conforme a todos esos condicionantes. Desde tu dispositivo te estás relacionando con un montón de vivencias ajenas, y si evalúas las interacciones que mantienes con ellos únicamente desde tu perspectiva, te faltará mucha información. No sabes si ese hombre que te ha escrito es un tipo sensato o un troll con teléfono. No sabes si está desesperado por follar o por echarse novio. No sabes si está soltero o tiene pareja, ni si esa pareja es abierta de mutuo acuerdo o le está poniendo los cuernos a su marido..., o a su mujer. No sabes nada de unas personas que tienen sus propias luces pero también sus propias sombras, y si evalúas tus interacciones basándote solo en lo que sabes, es muy probable que termines culpándote de todo lo malo que suceda gracias a nuestro adorable error fundamental de atribución, que te explicaré en el capítulo 18.

Y, esto es lo más importante de todo, lo que quiero que retengas de este capítulo: tu Grindr está repleto de contingencias, experiencias y expectativas ajenas. Así: (1) comprensiblemente puede parecer algo caótico, y (2) probablemente muchos de tus problemas no sean culpa tuya, no les des mayor importancia. En vuestras interacciones no estáis comenzando de cero, sino que partís de las experiencias previas de cada uno, y estas moldean la forma en que os acercáis a las personas nuevas que conocéis. Con cada chat nuevo te estás incorporando a una película que lleva tiempo empezada. ¿Comienzas a ver una serie por la segunda temporada sin haberte informado de lo que sucede en la primera? Pues en Grindrburgo no cuentas con la sinopsis de la temporada previa de ningún vecino, así que mejor no te tomes los giros de guion inesperados como algo personal, seguro que tienen más que ver con sus historias que contigo.

Sin foto de cara no te pongo el culo

He prometido que te lo reservaba para el final: a ver si con un título tan explícito se entiende bien lo que quiero decir. En primer lugar, si yo quiero follar a ciegas, me voy a un cuarto oscuro, me pongo a cuatro patas y que vaya pasando quien quiera pasar. Para follar con desconocidos, ya tengo el recurso, ¿vale? Sin embargo, la mayoría de las personas, en el 99 por ciento de nuestro tiempo, lo que queremos es saber con quién estamos follando, y para excitarnos, para tener respuesta sexual, necesitamos sentir agrado por el hombre con el que estamos teniendo sexo. Y ese agrado comienza por la cara. Sí, naturalmente, solo faltaría: me debe gustar el tío con el que voy a follar, ¿o piensas que soy tu esclavo sexual y no tengo derecho a elegir? Y no solo porque seas guapo o feo, puesto que los criterios estéticos son muy subjetivos, esto va de otra cosa.

Cuando sostenemos que «la cara es el espejo del alma», afirmamos que el rostro humano no solamente puede ser visto en términos estéticos, sino también como una fuente de información sobre el carácter. ¿Es lo mismo un rostro risueño que una cara de rancio avinagrado? ¿Verdad que no? ¿Tienes una expresión simpática y acogedora en tu foto? ¿O una cara de desaborido que no la aguantas ni tú? ¿Esa expresión de malaje es la mejor foto que se te ha ocurrido subir? ¿Tan poco quieres cuidar la impresión que das a los otros? ¿No te parece que los demás se merecen una sonrisa? Cariño, no quiero ver tu cara para saber si eres guapo, sino para tener alguna pista de que no eres gilipollas. Por eso, *no face pic = no chat.*[49] Pero voy más allá: tengo derecho a decidir cómo quiero que sea el hombre que va a meter su polla en mi culo, ¡y si no me gustas, no vas a entrar! A ver si soy suficientemente explícito: ¿tú entiendes que tengo derecho a decidir quién me encula y que tú no puedes hacerle trampas a mi consentimiento? Pues, en consecuencia, no critiques a quien manifiesta su derecho a querer saber cómo es un hombre antes de decidir si abre su cuerpo para él. Y sube una puta foto de cara, ¡coño ya!

49. Si eres maricón primerizo, o un hetero que ha aterrizado en este libro por casualidad o por trabajo (me hace muy feliz que me lean compañeros/as/es de profesión), *no face pic (picture) = no chat* es una expresión para referirse a que alguien no está dispuesto a chatear con quienes no comparten fotos de su cara.

9

Negociar el realismo ¿mágico? de Grindrburgo

Quizá no sepáis qué mi padre era militar. Viví toda mi vida en un barrio de familias militares y fui a un colegio (e instituto) para hijos de militares. A mi vida no le ha faltado ni un solo cliché para ser una película en la que el protagonista sufre *bullying*, aunque debo decir que tanto mi hermana como yo conservamos grandes amistades de aquella época y que en la cena de antiguos alumnos de mi promoción todo el mundo fue cariñoso conmigo y hasta hubo quien me pidió perdón expresamente.

Pero lo que nos interesa ahora no es mi proceso de reconciliación con mi pasado (ni por qué sé distinguir una fragata de una corbeta[50]), sino que mi padre estuvo muchos años destinado en la base naval de Rota y allí tenían una especie de club de hermanamiento de los ejércitos español y estadounidense que organizaba encuentros familiares. En aquellas reuniones (básicamente, barbacoas con *hot dogs* y *burgers*) era frecuente, muy frecuente, que al comentar cual-

50. No te quedes con la duda, la corbeta es más pequeña y desarrolla labores de vigilancia costera habitualmente. La fragata, por el contrario, suele participar en batallas navales y está equipada con mucho más armamento.

quier cosa sobre Estados Unidos ellos nos dijeran: «No os creáis nada de lo que sale en las películas ni en las series, la vida allí es mucho peor». Nos hablaban de las desigualdades sociales, del racismo estructural, de los problemas para recibir una buena atención médica, de lo complicada que puede resultar la vida en su país si no eres rico. De la diferencia entre la ficción y la realidad. Pues esta diferencia que nos resulta tan fácil comprender al referirnos a los estadounidenses es la misma que existe entre las fantasías sexuales, el porno y Grindrburgo respecto a la vida real: nunca te creas las películas, ¡ni las que ves en pantalla, ni las que te montas en tu cabeza!

Recuerdo una ocasión en la que un paciente de unos 30 años me decía:

—A mí me gustan los *daddies*, pero me llevo muchas decepciones con lo que me encuentro en Grindr.

—Ya, porque una cosa son los *daddies* con los que te pajeas viendo porno, que están todos estupendos, bien peinados y vestidos elegantes, y luego están los que te encuentras en la calle, que más que madurar parece que se han dejado caducar.

El paciente se rio a carcajadas en plan «es gracioso porque es verdad». A continuación ampliamos mi observación, sus impresiones y cómo la triste realidad dificultaba su respuesta sexual. Reconozco que dejé salir mi parte maricamala en aquel comentario, aunque lo he repetido públicamente en más ocasiones porque creo que es importante lanzar una llamada de atención: algunos hombres no se molestan en aparecer mínimamente arreglados en las citas. No pido que os hagáis la manicura francesa pero, coño, tíos, qué menos que cepillaros los dientes. Es una falta de respeto acercarte a alguien con ese mensaje de «No te mereces que me duche por ti» (y quien dice «duche» dice «peine», «ponga ropa limpia» o «trate de ser amable»). En vuestro aspecto denotáis la importancia que dais a la otra persona, así que con vuestra dejadez estáis denotando una falta absoluta de respeto por el otro, quien, por cierto, no está allí para satisfacer vuestros gustos, sino para recibir un trato humano que comienza por adecentarte. Si no lo entiendes, tienes un problema y ya es hora de que alguien te lo diga: eres un puerco y por eso nadie quiere acostarse contigo. Y eso de «dejarse caducar», que conste por escrito, no tiene nada que ver con la edad, sino con la mentalidad. Y eso sí que depende de ti.

Al margen de esta llamada de atención sobre la higiene y el respeto por el otro, Grindrburgo nos pone delante de algo sobre lo que muchos no han reflexionado en su vida cotidiana: la realidad pura y dura no suele ser sexy. A menudo necesitamos adornarla para que nos resulte excitante.

Tú mismo no eres sexy recién levantado, con los pelos aplastados, la legaña puesta y el hilillo de babas seca que se te escurre por las comisuras después de toda la noche durmiendo con la boca abierta. Además, te huele el aliento y tienes la tripa inflada porque, tras siete horas de sueño, tus intestinos te están pidiendo a gritos que los evacúes. No, cariño, recién levantado no eres nada sexy. Eres una persona normal y corriente, como todos los que nos levantamos con esas mismas pintas y esas mismas ganas de cagar. Y lo mismo sucede con tu novio, que es un ser adorable y al que quieres con locura, pero tampoco es sexy a las seis de la mañana. Las personas no estamos atractivas las veinticuatro horas del día y, a veces, toca echarle un poco de imaginación al sexo para excitarnos.

Lo anterior no se reduce al aspecto, sino también a la

actitud. Cuando nos sexualizamos, hablamos en un tono distinto, con un volumen más íntimo, acercamos más nuestros cuerpos, jugamos más al doble sentido de las expresiones, adoptamos un rol diferente. No somos las mismas personas cuando follamos, cuando atendemos a un cliente en la oficina o cuando compramos kilo y medio de salmonetes en la pescadería. Y lo mismo cuando sexualizamos a los demás:[51] prestamos atención a detalles de su lenguaje, gestos o cuerpos en los que habitualmente no reparamos mientras interactuamos de ordinario con ellos. Predisponernos al encuentro sexual siempre implica un cambio en el foco, poner la atención en lugares distintos de los habituales y, a menudo, también supone arrancar los motores de la imaginación para ver a nuestro amante con unos ojos que lo deseen. Vamos, que nos montemos nuestra propia película. Y aquí puede aparecer un problema: quizá tu película y la mía no sigan el mismo guion, o ni tan siquiera sean del mismo género. Tú quieres un wéstern y yo una de jedis, y si somos lo suficientemente asertivos, empáticos y flexibles, a lo mejor llegamos al acuerdo de jugar a *The Mandalorian* para satisfacción de ambos.[52] Pero tal vez no somos nada

51. Doy por sentadísimo que hablamos de sexualizar a una persona que, en ese momento, quiere ser sexualizada por ti y que te corresponde en el mismo sentido. Y por «sexualizar» claro que no me refiero a que pienses en lo buenísimo que está el tío que va sentado frente a ti en el metro, esto es humano y natural. Me refiero a que vayas más allá, le hagas una foto sin permiso y la subas a tus RR. SS. o a que abordes sexualmente a personas que no han mostrado la menor intención de solicitar tu comentario.

52. Para quienes no la conozcáis, es una serie, protagonizada por Pedro Pascal y creada por Jon Favreau y Dave Filoni, que recoge todos los elementos del wéstern y los desarrolla dentro del universo de *Star Wars*, toda una mezcla de pelis de vaqueros y de jedis.

de eso y acabamos teniendo sexo y pensando cada uno en cosas diferentes para mantener la excitación y corrernos. Es el riesgo del sexo casual: si nuestras fantasías no coinciden, este puede acabar siendo gratificante únicamente a nivel físico.

Si el sexo casual solo resulta gratificante a nivel físico, no pasa nada, está bien así. Yo mismo soy mucho más fan de normalizar las cosas que de romantizarlas. O al menos, de no romantizarlas continuamente. Y con ello he aprendido a ver lo bello de las pequeñas cosas dándome cuenta de que no necesitan que las adorne para convertirlas en extraordinarias: las vivencias cotidianas no compiten con otras para ganar el premio a la más sobresaliente. Un polvo con un vecino no necesita ser IM-PRE-SIO-NAAAN-TE para gustarme, simplemente ha estado bien, me he corrido y he hecho un amiguete. Y así está perfecto. No necesita hipérboles, no necesita aditivos. Lo que está bien no necesita ser excepcional para que lo recuerde con agrado. Si necesitas que todo sea hipermegaultrasuperguay en tu vida porque estás desencantado de la normalidad, te doy un consejo de amiga: revisa tu autoestima, el valor que otorgas a tu vida y a tu persona.

Respecto a tener fantasías desiguales, solo se convertirá en un problema si uno deposita sobre los hombros del otro la responsabilidad de cumplir sus fantasías eróticas en un encuentro sexual. Hay hombres que te dan la brasa con peticiones tan definidas como: «A mí me gustan los *daddies*, quiero que juguemos a que eres mi vecino maduro y que vienes a buscar a mi padre, te digo que no está en casa y que lo esperes en el salón. Entonces te pongo la televisión, sale una porno donde le están chupando la polla a un maduro y tú te empalmas y yo me acerco y...». ¡Maricón, que es tu fantasía, no la suya! Ese hombre probablemente se sentirá ridículo interpretando el papel de hetero mal follado que se desahoga con el hijo de su vecino.

Claro que me pongo en el lugar del que tiene la fantasía. Claro que comprendo que, en muchas ocasiones, para tener sexo hace falta algo más que el simple aspecto físico. Si tu pareja de esta tarde fuese la encarnación milagrosa de todos tus fetiches corporales reunidos en un solo hombre, seguramente se te caerían las bragas al suelo nada más entrar en su casa y follarías con tanto entusiasmo que tendrías un orgasmo bestial después de un delicioso rato de placer. Pero probablemente él sea un hombre normal, con algunos rasgos que encontrarás muy atractivos y otros que te resultarán indiferentes. Para excitarte necesitas imaginación, yo lo sé. Pero no puedes pretender que él satisfaga al cien por cien tus fantasías. No le cargues con esa responsabilidad, no le hagas sentir que lo está haciendo mal cuando lo único que no está haciendo es dejarse imponer el guion de alguien al que no conoce de nada. Ponte tú también en su lugar. Si tienes una fantasía muy marcada, busca compañeros que te complementen, pero no pretendas convertir a todo el que te cruces en el cumplidor de tus sueños eróticos. Y si eres tú al que le proponen la historieta, aprende a decir: «Mira, me encantan los juegos sexuales, pero esto que me propones no es algo que me excite, probablemente me sentiré ridículo». ¿Que ambos coincidís en los fetiches? Entonces seguro que los dos agradecéis que uno de vosotros tenga tanta imaginación como para crear ese guion o cualquier otro. ¿Que no coincidís? Pues hacéis otra cosa o no quedáis, ¡no es ningún drama!

Por eso es muy útil describir nuestros juegos favoritos en tu perfil. Está genial entrarle a alguien escribiéndole: «Hola, bonito perfil. A mí también me gusta jugar al *wrestling* y tengo mallas en casa. Si te apetece, me encantaría invitarte a jugar conmigo una tarde de estas». Es fantástico, en mitad de una conversación en Grindr, decirle a tu interlocutor: «¿Te parece si nos contamos nuestras fantasías por si coincidimos en alguna?».

Comprendamos y naturalicemos que el sexo casual se puede quedar un poco cortito si el otro no nos gusta mucho mucho mucho. Al fin y al cabo, quedar con un desconocido es un poco artificial. Si os hubieseis conocido en un bar, hubieseis charlado, os hubieseis despertado mutuamente la curiosidad y os hubieseis acercado y seducido, seguro que os habríais deseado mucho antes de iniciar el camino a la cama. Pero un encuentro fugaz, con el ánimo de descargar y poco más, surgido de una aplicación digital, no de un contexto humano habitual, necesita que le echéis imaginación. Pactada, no impuesta. Jugamos a lo que nos guste a los dos.

Viva la fantasía consensuada y los hombres que saben consensuarla comunicándose.

10

Mejorar la comunicación es posible

Si te cuesta ser asertivo en tu vida cotidiana, no quiero ni saber cómo debes pasarlo en Grindrburgo, donde es necesaria dosis y media de habilidades sociales. Incluso aunque sepas hacer respetar tus ideas y preferencias presencialmente, a menudo la comunicación en las RR. SS. no te será tan fácil: la modalidad escrita del lenguaje se presta a muchas más confusiones que la oral, ya que carece de elementos como la entonación o los gestos faciales que complementan las palabras emitidas y permiten entender mejor la intencionalidad de los hablantes. A no ser que poseáis un dominio tremendo de la expresión y la comprensión escrita, es muy probable que se produzcan equívocos entre vuestro protoligue y vosotros, así que trataré de evitaros unos cuantos con los consejos de este capítulo.

Comienza bien tu descripción: ¿cómo eres follando?

Si eres lector habitual mío, sabrás que suelo hablar de los estilos sexuales y definirlos como «la manera particular con la que cada uno de nosotros folla», y que este estilo se manifiesta en varias dimensiones: intimidad, número, directividad, sumisión/dominación, intensidad, fantasía, verbalidad, género y complementos. Incluso sabrás que hasta diseñé un test para que evalúes tu propio estilo, en *El Kamasutra gay del siglo* XXI. Conocerlo te ayudará a describirte en tu perfil y a saber qué buscas. Por si no los recuerdas, a continuación te resumo las dimensiones más habituales de nuestros estilos sexuales.

1. Intimidad. ¿Cuánta confianza necesitas con alguien para desinhibirte sexualmente ante él? Si necesitas bastante, probablemente explicitarás en tu perfil que antes de irte a la cama quieres tener citas para charlar y conoceros. Si, por el contrario, lo que necesitas para sacar tu calentura es que el otro no te conozca en absoluto, probablemente te vaya bien anunciar en tu perfil que quieres «sexo ya» o los juegos anónimos.

2. Número. Habrá quienes tengáis un estilo sexual individual y quienes lo tengáis multitudinario. Los últimos sois candidatos geniales para quedar con parejas[53] o participar en orgías. Y también para cerrar Grindr y meteros en un *sex-club,* con cariño os lo digo.

3. Directividad. Hay hombres muy directivos, que solo hacen en la cama lo que ellos tienen planificado en su guion mental, y otros que solo gozan dejándose llevar por lo que el otro les propone sin hacer ningún tipo de sugerencia. Explicar esto en Grindr puede ser tan sencillo como escribir «me gusta dejarme llevar» o «me pone cachondo que me sigas el juego».

53. Por cierto, anécdota-dedicatoria. A mi paciente Aarón, su amigo Pedro le dijo en una ocasión: «Si quieres quedar con dos, pero que te hagan todo el caso a ti y nada entre ellos, lo mejor es que quedes con una pareja de novios». Consejo de marica experimentada, jejeje.

4. Sumisión/dominación. Esta dimensión alude a la verticalidad de la relación, implicando el sometimiento de uno a los deseos del otro. Aunque están relacionadas, directividad y dominación no son idénticas. De hecho, hay sumisos muy directivos. Alguien con poca directividad puede ser inseguro o inexperto, que no sabe desenvolverse en el sexo y se deja llevar, pero un sumiso solo se excita cuando el otro toma el mando. Lo que de verdad le pone cachondo a un sumiso es que el otro adopte el rol complementario, el de dominante. Tenemos tan naturalizada esta dimensión que no nos parece extraño en absoluto leer en un perfil «Busco dominante» o «Me gustan sumisos».

5. Intensidad. En Grindrburgo solemos hablar de intensidad con términos como «cañero» o «fuerte» para referirnos al sexo intenso (no necesariamente BDSM), y usamos «vainilla» o «relajado» para el sexo suave. Aquí estamos hablando de poderío físico: «intenso» es darte como a un cajón atascado.

6. Fantasía. Nos movemos dentro del continuo realista-imaginativo, donde el primero se ciñe a lo que tiene delante de sus ojos, mientras que el segundo está siempre introduciendo fantasías que aumenten la excitación. Estos últimos son los que escriben en sus perfiles algo como: «Me gusta el *role-playing*».

7. Verbalidad. Para muchos, el sexo debe ser sonoro, lleno de exclamaciones y de la narración de lo que está sucediendo. En el otro extremo, hay hombres que apenas musitan durante el sexo. La pregunta que debemos hacernos para valorar esta dimensión es: ¿Cuánto me excita hablar o que mi pareja hable durante el sexo? En nuestros perfiles solemos hacer explícito nuestro nivel de verbalidad con afirmaciones como «Quiero hacerte gemir» o «Hazme gritar».

8. Género. También está presente en nuestros juegos sexuales y, mientras sea como un elemento que fomenta la excitación y no como un agente de opresión, sigamos jugando todo lo que nos apetezca. En Grindrburgo podemos encontrar muchos mensajes que hablan de cómo vivimos el género, ya sea para buscar hombres con roles parecidos («masc x masc») o complementarios («zorrita para macho»).

9. Complementos. La mayoría podemos tener sexo sin necesidad de complementos (dildos, arneses, *sling*), pero reconocemos que algunos de estos elementos aumentan el placer y la excitación. Una foto en arnés ya indica que te gustan, súbela a tu perfil.

No es necesario que emplees las dimensiones, ni la nomenclatura, ni nada de lo anterior, pero sí te aconsejo que las tengas en consideración para describirte. ¿Tú sabes cuántos miles de perfiles anuncian «Me gusta el sexo cañero» o «Primero una cerveza y luego ya veremos»? Seamos un poquito originales. Como verás en el capítulo 15, los humanos no somos nada buenos describiéndonos y solemos tirar de clichés y frases hechas, lo cual no te permite destacar entre el resto. Y no, no es una competición, es querer ser visible. ¿Para qué carajo querrías estar en una app de contactos y que no te viera nadie? Pues eso, aprende a describirte bien. Para tal fin, hasta Grindr ha creado un recurso denominado «Glosario de *tags*»[54] que, en plan amiga, te aconsejo leer…,

54. <https://help.grindr.com/hc/es-419/articles/4483168490131-Glosario-de-Tags>, consultado el 22 de mayo de 2023.

pero más para que te rías que para documentarte porque incluye definiciones como: «Macho: Da la impresión de tener una estética rústica. Por lo general, se usa para describir personas que disfrutan de estar al aire libre».

You say what, sister? Pero ¿esta gente está hablando de un semental o de un olivo (rústico y al aire libre)? Mira, mira, ¡mira! La definición no está bien ni en su idioma original, ¿qué tiene que ver ser macho con estar al aire libre, maricón? Pero ¿quién ha discurrido esta definición? ¡Ay!

¿Y qué me decís de esta otra? «Flexible: Esta persona es físicamente flexible. También podría estar refiriéndose a su sexualidad».

Estoy bastante seguro de que la mayoría de los usuarios que emplean la palabra «flexible» se refieren a su personalidad, a que están abiertos a probar cositas nuevas o a que son «hetero pero», no a que son capaces de abrirse de piernas como una muñeca rota.

Otras definiciones son, digámoslo desde el cariño, un pelín deficientes. Como esta: «Bi: Abreviación de bisexual. Tiene atracción por uno o más géneros».

Criatura que has escrito esta definición: te sobra un fragmento. No tiene «atracción por uno o...». Si se siente atraído por un género, es monosexual (hetero u homo), pero no es bisexual, coño, ¡a ver si pensamos antes de escribir!

En cualquier caso, puesto que el número de términos que aparece en este listado ronda los ciento cincuenta, raro será que no encuentres alguna que otra palabreja que te ayude a describirte en tu perfil; dale un vistazo por si acaso.

Lo importante es que seas asertivo a la hora de exponer tus apetencias. Mientras dos personas estén de acuerdo, cualquier cosa que les apetezca hacer está bien. La lluvia blanca, la dorada, los sudores, los latigazos, los ligueros, los cueros, las capuchas están geniales, así que ofrece y/o pídelos. Si te tropiezas con alguien que no tiene nada mejor que hacer esta tarde que entrar en una app para dedicarse a criticar a las personas que exponen sus preferencias, fetiches y fantasías en un lugar creado ex profeso para tal cosa, es que te has tropezado con un imbécil muy imbécil. Y a los imbéciles muy imbéciles hay que bloquearlos, como te aconsejaré cuando analicemos los troles en el capítulo correspondiente.

Si tu autoestima no está muy bien, es probable que te sientas avergonzado cuando alguien critique algo que eres o haces porque la autoestima bajita tiene esa *malafollá:*[55] crees que eres tú el inadecuado. Sin embargo, como ya hemos visto (y repetido), si solo estás expresando una fantasía inocua y consensuada, el inadecuado es el tipejo que se entromete o critica. Con la autoestima un poco más alta, tu respuesta será la del empoderamiento o asertividad. Algo así como: «Disculpa, pero estoy en mi derecho de disfrutar de los juegos sexuales que mis compañeros y yo decidamos. Ni ellos ni yo tenemos por qué tolerar ningún juicio de valor por parte de desconocidos», o tal vez más como: «Vete al carajo, gilipollas, follo como me sale de los cojones», según el humor con el que te pille. Lo importante, repito, es que te sientas legitimado para expresar tus apetencias sexuales en un lugar como Grindrburgo, donde se va a eso. Y a quien no le guste, que se largue. Tenemos derecho a espacios seguros, y eso también se consigue expulsando a quienes los perturban.

55. Si buscas el origen de este término, te sorprenderás; casi todo el mudo piensa en una connotación sexual que nunca tuvo.

No escribas con faltas, maricón

Sé que este apartado y el siguiente pudieran recordarles a algunos los consejos de una institutriz. Para otros, no serán más que la constatación de lo evidente. El lenguaje escrito es como las mascotas: algunos las adoran y cuidan, y otros apenas se acuerdan de darles de comer. Yo soy de los primeros, no me escondo: incluyo las comas pertinentes hasta cuando envío mi ubicación por WhatsApp.

Cuida tu ortografía. Excepto en algunas palabras escritas de manera que denotan un fetiche o pertenencia a un grupo, como *perrako* o *shoshito,* trata de escribir sin faltas, porque ¿sabes qué piensa alguien cuando lee un perfil con errores ortográficos?

«Alguien que escribe con faltas suele ser una persona poco leída. Y no me creo lo de que es una persona que no ha tenido oportunidades. A estas alturas del siglo XXI, con varias generaciones habiendo pasado por la enseñanza obligatoria gratuita desde los 3 a los 16 años, las faltas de ortografía no son atribuibles a la falta de oportunidades, copón ya con el victimismo. Mi abuela no pudo ir al colegio porque nació en un cortijo, mis padres aprendieron poco más que a leer y las cuatro operaciones aritméticas en la España de Franco, pero ¿nosotros? Nosotros hemos ido todos al colegio y al instituto. Entiendo los errores ortográficos en alguien que no sea nativo en mi lengua, pero ya está. Y vamos a ver, ¿sabes manejar un dispositivo para abrirte una cuenta en Grindr pero no sabes escribir? No cuela. Si escribes con faltas, es porque lees poco y por eso desconoces la grafía de muchas de las palabras que verbalizas. Si lees poco, es porque apenas te informas. Si apenas te informas, al final me voy a tener que molestar en explicarte qué es la

PrEP, la no monogamia, la homofobia interiorizada, las prácticas no normativas, el cuestionamiento del género y veintiocho cosas más que deberías tener ya trabajaditas. Me da pereza. Bloqueado».

¿Ves cómo te conviene escribir con corrección? De nada. ¡Si hasta el puto WhatsApp viene con corrector ortográfico! No te pido que emplees correctamente todas las tildes diacríticas, tampoco las comas o los puntos y coma (mi editora, justo en este momento, se está meando de la risa y pensando: «Ay, lectores, ¡si yo os contara!»). Tampoco tienes que demostrar que posees un léxico megaflorido. Solo hace falta que lo que escribas no arañe la vista. No escribas «poya», «navo», «ogete» ni «uevos», a no ser que pretendas dar la imagen de cavernícola poco domesticado, de modo que las deficiencias ortográficas, acompañadas de tu pecho velludo y esos brazos como remos de barca, busquen denotar que eres igual de bruto follando que escribiendo. Si todo ello es parte de tu avatar, entonces la caracterización te ha salido niquelada. Y si no es un avatar, tranquilo: con esa pinta, a más de cuatro no les importará que no tengas conversación. Pero si más allá de un polvo esporádico pretendes mantener el contacto y una buena comunicación con tus vecinos..., no está de más comenzar por cuidar tu ortografía. No insisto.

La buena redacción

Y no solo la ortografía es importante. Busca una página web de relatos eróticos. Lee unos cuantos. Encontrarás algunos que estructuran la historia, separan los párrafos, son suficientemente descriptivos, adecúan el léxico a la intensidad de la escena que están describiendo, ponen en boca de los protagonistas palabras que podría emplear una persona normal y relatan sucesos verosímiles. También encontrarás relatos escritos en un solo párrafo, todo lleno de puntos seguidos, con expresiones infrecuentes, sin comas que te permitan saber si «no me corro» quiere decir «no puedo experimentar un orgasmo» o «no, detente, por favor; me estás precipitando a un orgasmo». ¿Con cuáles te excitas? Con los primeros, ¿verdad? Ea. Pues entonces, ¿cómo pretendes poner cachondo o ni siquiera interesarle a alguien si escribes como en el segundo tipo de relato? ¿Lo ves? Que no, que no te estoy aconsejando que hagas un curso de escritura. Pero sí que cuides un mínimo qué y cómo escribes. Separa las frases con puntos. Emplea las comas, que siempre vienen bien para marcar las pausas (y el paréntesis para añadir aclaraciones). Y también es útil utilizar emojis para precisar el tono con el que te estás expresando: no resulta fácil interpretar a nuestro interlocutor si apenas lo conocemos (guiño). No necesitas mucho más.

Aparte de lo meramente formal (y me refiero a la forma, no a los formalismos), un buen comunicador se interesa por los demás. No seas como esos que entran a los grupos de WhatsApp a soltar su rollo y salen sin ni siquiera haber preguntado a los demás cómo les va. Interésate por el otro sin convertir la conversación en una entrevista, causarás mucha mejor impresión. Puedes acabar las frases con una pregunta: «A mí, la verdad, me excita mucho que mis parejas hablen y me digan guarradas, ¿y a ti?». Le estás revelando una de tus preferencias y, al preguntarle si él la comparte, estás emplazándolo a seguir comunicándose contigo y compartir algo más de su intimidad. Estás mostrando interés en lo que le gusta, presumiblemente con la intención de satisfacerlo en ese juego sexual en el que ambos participaréis si la conversación fructifica.

Por último, recuerda que los modales siempre son un plus, al menos antes de que os pongáis verracos. Los «Por favor» y «Gracias, eres un amor», como respuesta a «¿Quieres una foto de mi culo?» y «Te queda muy bien ese *speedo*», suman varios puntos a tu favor, úsalos.

Algún consejo extra

Buscando recomendaciones para compartir con vosotros, encontré una página que no es que aporte mucha información, pero que me hizo gracia porque enumeraba características de la buena comunicación escrita que comenzaban todas por c:[56] clara, concisa, concreta, correcta, coherente, completa y cortés. Se me ocurrió seguirles el juego y añadí «caliente» y «consensuada», aunque seguro que se os ocurre una multitud de términos más. Alguno de ellos, como «completa», «cortés» o «correcta», ya los hemos tratado, así que no insistiré en aras de la concisión (y, de paso, os sirvo un ejemplo de la misma). Hablemos, pues, del resto de características.

En general, es preferible evitar las ambigüedades, aunque en Grindrburgo es habitual jugar con el doble sentido de las expresiones o de las imágenes. Si tu interlocutor te comenta que le gustan tus piernas y que seguro que haces muchas sentadillas, es muy probable que le respondas que

56. <https://negotiantis.com/las-7-claves-de-la-comunicacion-escrita-eficaz/>, consultado el 26 de mayo de 2023.

irías encantado a su casa para hacer unas cuantas más «porque hoy no he terminado de entrenar y me faltan unas cuantas series». Lo más seguro es que él entienda que vas a cabalgar sobre su rabo, no a que te vea ejercitar los cuádriceps como en el gimnasio. Esto entra dentro del juego erótico y lo tenemos claro, ¿verdad? Vale.

Pues, al margen de estos usos picantones del doble sentido, es preferible ser claro. Decirle a alguien que te gusta «lo normal» solo añade confusión. ¿Qué es «normal» para ti? ¿Una mamada es normal, o solo el coito misionero? ¿Es normal un azote erótico? ¿«Normal» es un sinónimo de «soso»? ¿Lo que no es normal es anormal? ¿Ves? Si tu texto genera más preguntas, quizá es porque claro, lo que se dice claro, no has sido.

La concisión, por otra parte, ha ido perdiendo la batalla en las RR. SS. paulatina e irremediablemente. Los SMS con coste nos llevaron a un frenesí de abreviaciones: «CNDO KSA TK TQM», tratando de ahorrar céntimos al escribir: «Cuando estés en tu casa, dame un toque para saber que has llegado bien. Te quiero mucho». Pero luego llegó WhatsApp, que no te cobraba, y los mensajes se hicieron mucho más extensos. Nadie (casi nadie) abrevia en WhatsApp como se hacía en los SMS de los años noventa, aunque tampoco escribimos demasiado texto. Hasta que llegaron los audios..., ¡el horror! ¡Una hecatombe! En WhatsApp y otras RR. SS., como Grindr, Twitter o Instagram. Todo dios enviando mensajes hablados. Y quien dice «mensajes» dice: «Este hijoputa me ha grabado un pódcast de 8,35 minutos y pretende que yo lo escuche entero». Un supuesto pódcast que consiste en tu amigo divagando, con frecuentes ruidos de fondo porque está contándote su día mientras recoge la casa, aderezado con momentos en los que no hace otra cosa que alargar las vocales porque ni él sabe qué quiere decirte: «Entonces le contesté que bueeeeeeeeeeeeeeno... que bueno, que yooooooo... que no lo sabía yyyyy... que, vamos que yaaaaaaa..., que ya le diría...». Sí, podemos oírlo a 1,5 o a doble velocidad. Pero también podemos responderle: «Cariño, sé que no te estás muriendo porque nadie pide auxilio en un audio de casi nueve minutos. Ahora estoy haciendo la compra (men-ti-ra), mañana cuando tenga un rato lo oigo». Si tu amigo es mínimamente empático, te contestará: «Perdón, nene, que te he soltado un rollo. Todo ok, solo quería charlar, cuando tengas un rato nos llamamos», y tú te despedirás: «Si quieres, te llamo al llegar a casa». Esa noche habláis por teléfono y os ponéis al día. Todos tan contentos. Si tu amigo es un pelín pasivoagresivo te replicará: «Uy, perdón, que no me acordaba de que el señor solo quiere recibir mensajes concisos», y tú, en un alarde de esa misma concisión, le responderás: «Sí». Y meterás su chat en la carpeta de archivados hasta que se te pase el cabreo que te ha causado su impertinencia. Como regla general, os dejo la siguiente: el tiempo de tus amigos es tan valioso como el tuyo, no los fuerces a perderlo. Los audios extensos para contarle a un amigo lo que has comido hoy son innecesarios y solo tienen sentido entre novios que empiezan (y que parlotean todo el día como dos tortolitos porque están desarrollando un vínculo). Para todo lo demás, por favor, céntrate en el tema de la conversación y sé concreto. Porque en WhatsApp, Instagram o Grindr, los que no concretan nada y divagan, divagan y divagan tienden a ser esquivados con el tiempo. Pudiendo ser cualquier tipo de vecino de Grindrburgo, por favor no seas el vecino plasta.

En cuanto a lo de ser correcto, el que no se quiere poner pesado soy yo, así que no insisto de nuevo en lo de la ortografía y los modales —blablablá— y continúo con el siguiente consejo: sé coherente. La coherencia comienza en la foto de tu perfil. Como ya te he explicado, es incoherente un perfil con la foto de tu culo acompañada del texto «Busco amistad». Y también lo es anunciar que buscas amigos si a la vez que envías mensajes privados al estilo de: «Joder, qué bueno estás, quiero que me mees, necesito ser tu perra, ¿quieres reventarme el culo?». O no sabes lo que quieres, o te da vergüenza estar en Grindr y disimulas con lo de buscar amistad. Yo solo te digo que la incoherencia despierta recelos, y eso es muy poco erótico. Tú verás lo que haces.

Las conversaciones calientes deberían ser consensuadas. Bueno, las calientes, las frías y las templadas: todas. Porque, de lo contrario, sería un monólogo. Si yo no quiero hablar contigo o si no quiero que hablemos de ese tema en concreto, el que tú me lo impongas lo convertirá automáticamente en un soliloquio por tu parte. Y, bueno, que tú me des la brasa con lo caros que están los pepinos hasta puede causarme risa si me da por malpensar el porqué de tu preocupación. Pero si tomas la iniciativa de enviarme mensajes guarros sin que yo lo haya pedido, me harás sentir muy incómodo. También es cierto que Grindrburgo se presta al equívoco. Partamos del hecho evidente de que no conoces a tu interlocutor en Grindr. Cuando te ha respondido «Sí» a tu pregunta de si está cachondo, realmente no sabes si es un cachondo tipo «empiezo a notar cosquillitas en el rabo» o si es un cachondo tipo «tío, estoy cerdaco perdido, cuéntame cómo tus cojones van a rebotar en las cachas de mi culo», así que puede que tu siguiente mensaje no sea adecuado bien porque te excedas, bien porque te quedes corto. Los primeros mensajes en las apps de *cruising* tienen una función calibradora (que, mira por dónde, también comienza por c).

Sirven para tantear el grado de excitación del otro y que él conozca el nuestro. Este grado puede ser cero y eso no te impide conversar apaciblemente con un vecino sobre una posible quedada para tomar un café, pero también puede ser extremo desde el primer momento, porque resulta que hemos entrado en la aplicación en mitad de un pajote buscando quien nos lo termine y, mira qué casualidad, el vecino también ha entrado con la polla en la mano y... chimpún: mensajes guarros, paja-sexting y corrida en apenas unos minutos. Todo un ejercicio de concisión.

Así pues, no te tomes a mal si alguien entra por privado en un tono sexual diferente de aquel en que te encuentras tú. No es necesario hacer un escándalo de cualquier exceso por parte de los otros. Probablemente ese chico ha sido torpe, no malintencionado. Las conversaciones pueden transcurrir amigablemente:

Bua, tío, te petaba ese culito ahora mismo, me pones el rabo *to* duro

¡Hola!, encantado de saludarte

¿Quieres polla?

Gracias, ahora mismo solo estoy contestando mensajes, quizá en otro momento

Vale, perdona, tío, te dejo. Suerte

¡Hasta otra!

Malintencionado es el que persiste en una conversación que no deseas mantener, el que te ofende, el que te expone, el que te cuestiona. Pero quien no sabe si tú estás cachondo o no, prueba y rectifica si se ha precipitado, es un ser humano normal, corriente y decente. El consentimiento es una información que se comparte. Podemos objetar que los demás no deberían dar nada por hecho y preguntar primero. Cierto. En la calle, en el supermercado, en el trabajo o en la parada del bus. Pero en las apps específicamente sexuales de Grindrburgo puede que se dé por hecho que nuestra sola presencia ahí implica que estamos cachondos. Al fin y al cabo, nos hemos molestado en desbloquear nuestro teléfono para buscar la aplicación, apretar su icono y permanecer en ella sabiendo que es una red que sirve para encontrar folleteo con hombres de nuestras inmediaciones. Llámalo código, sentido común o como quieras. Pero también podemos contribuir a mejorar nuestros espacios de socialización siendo un poco menos tiquismiquis y no dando por sentado que todo el mundo quiere hacernos daño.

CUARTE PARTE

Los peligros en Grindrburgo y (algunas) soluciones

Introducción

Hasta ahora hemos hablado de lo menos conflictivo. Hemos conocido la razón de que necesitemos Grindrburgo, su historia, los barrios y distritos que la componen, cómo acceder a ella y cómo hacernos un perfil. También hemos hablado de cómo van a ser las primeras interacciones y alguna que otra curiosidad más. Hasta ahora todo ha sido sencillo, salvo algún encontronazo que podamos haber sufrido. Pero tanto tú como yo sabemos que las cosas son un poco más complicadas de lo que he descrito y por eso quiero darte herramientas para que, lejos de una jungla, Grindrburgo sea un jardín que te guste visitar. O, al menos, un lugar que no odies y te permita conocer gente interesante. Hablaremos de los peligros de Grindrburgo y de cómo afrontarlos con éxito. Una tarde en casa, esbozando este bloque de contenidos, me dio por preguntarle, en plan frikada, a ChatGPT cuáles eran los principales problemas que encontraban los usuarios de Grindr y el muchacho me devolvió la siguiente respuesta:

> Como modelo de lenguaje entrenado por OpenAI, no tengo acceso a datos o información específica sobre quejas de los usuarios de Grindr. Sin embargo, puedo decir que, como en cualquier aplicación, es posible que los usuarios tengan diversas quejas y preocupaciones, tales como:

1. Problemas técnicos. Algunos usuarios pueden experimentarlos con la aplicación, como problemas de conexión, de carga de perfiles o dificultades para enviar mensajes.

2. Comportamiento inapropiado. Puede haber usuarios que actúen de manera inapropiada o acosadora, lo cual puede ser una fuente de quejas para otros.

3. Seguridad y privacidad. Algunos usuarios pueden tener estas preocupaciones sobre la aplicación, especialmente en relación con la información que comparten y cómo se maneja.

4. Limitaciones. Algunos usuarios pueden sentir que la aplicación tiene limitaciones en términos de funciones o características, lo cual puede ser motivo de quejas.

5. Políticas de la aplicación. Algunas políticas, como las reglas de conducta y los términos de servicio, pueden ser motivo de descontento para algunos usuarios.

Estuvo *sembrao* el *jodío*, la verdad. Esta IA toma información de internet y elabora un resumen, así que los cinco puntos anteriores pueden considerarse la síntesis de las quejas de los usuarios de las aplicaciones de *cruising*. Como veis, los principales problemas suelen estar relacionados con que la app funcione mal o con que sus usuarios se comporten como gilipollas. Hasta tal punto está extendida esta opinión que muchos de vosotros, en cuanto os mencionan cualquier cosa que tenga que ver con las apps de *cruising*, pensáis automáticamente algo así como: «Buf, ¡la mierda de Grindr y la gente que hay dentro!». Muchos estáis resabiados de tanto haber leído testimonios de otros hombres a los que les han tratado fatal en estas aplicaciones. Pero a la vez y con un sentimiento de impotencia, reconocéis que, tal y como nos comunicamos actualmente, las RR. SS. son un trago por el que no os queda más remedio que pasar si queréis socializar, follar o encontrar pareja.

Por ese motivo, en consulta trabajo el uso de apps de *cruising*, ya que es una más de las herramientas que mis pacientes emplean para comunicarse y relacionarse con otros hombres gais (frecuentemente, la única a su disposición). Por ese mismo motivo conozco muchas de las quejas y/o problemas que padecéis en Grindrburgo y sé que estos tienen que ver, más allá de lo que diga la IA, con cinco elementos: el mal uso del tiempo, no recibir mensajes ni respuestas, los troles, los problemas de comunicación y el deterioro de la autoestima. Los cinco son habituales, pero el último aparece muy frecuentemente. También aparecen otros problemas como la ubicuidad de las drogas o el manejo de Grindr cuando se está en pareja abierta o permeable. De todos ellos hablaremos a partir de ahora. Si cuando viajas a determinados países, las agencias de viajes te advierten de posibles peligros y contratiempos para que los evites, eso mismo voy a hacer yo en las siguientes páginas: te avisaré de las principales dificultades que sufrirás en Grindrburgo y confío en que les demos solución.

11
Algoritmos y burbujas

Uno de los primeros problemas que necesitamos aprender a solventar guarda relación con el algoritmo de la red en la que nos encontramos, especialmente las de Neogrindrburgo. Muchos de vosotros ya tendréis claro que un algoritmo es ese «conjunto de instrucciones concretas y detalladas mediante el cual se consigue una acción determinada», tal como lo define la web de la facultad de Informática de la Universidad de Granada.[57]

En la cultura popular asociamos este término a las RR. SS., pero los algoritmos están en todas partes, son un modo de proceder. Una receta de cocina es un algoritmo. ¿Qué quiero conseguir y qué pasos debo dar para ello?, eso es un algoritmo. Escribiendo este libro he aprendido que existe multitud de tipos de algoritmo como, por ejemplo, el «Divide y vencerás», que fracciona un problema en otros más pequeños y cuyas soluciones se combinan para resolver el problema inicial. Otros son los algoritmos de «fuerza bruta» (prueban todas las soluciones posibles hasta encontrar la mejor), el algoritmo «aleatorio» (que prueba números al

57. <https://ccia.ugr.es/~dpelta/ProgOrdenadores/glosario.html>, consultado el 9 de septiembre de 2023.

azar hasta que da con la solución) y otros más como el algoritmo «voraz», el de «vuelta atrás» o el de «programación dinámica»... En resumen: que hay muchas formas de abordar tareas y que, por tanto, el mundillo de los algoritmos es muy amplio. Puntualizado lo anterior, y centrados en las RR. SS., un algoritmo es el conjunto de reglas que deciden si una publicación se muestra mucho o poco, a quiénes sí y a quiénes no, e incluso cuándo se muestra.

No todas las redes tienen el mismo tipo de algoritmo y, aunque se supone que las empresas deben hacerlos públicos, la verdad es que nadie se cree que lo que Meta o TikTok revelan sobre sus algoritmos sea la verdad al cien por cien, pero simplificando podemos afirmar que las RR. SS. procuran conocer tus intereses y mostrarte contenidos afines. El *machine learning* permite a cada red aprender qué contenidos son los que habitualmente buscas. Cuando entras en la red, exploras determinados hashtags o palabras e interactúas con determinado tipo de cuentas. El algoritmo extrae información de esas acciones y de su frecuencia. Si realizas diez búsquedas con el descriptor #fitness y una con #cueva, es muy probable que Instagram te llene la sección «Para ti» de contenido fitness aunque incluya alguna foto de cuevas en las que contemplar estalactitas. Si acostumbras a ver *reviews* de juegos en YouTube, pero ayer te dio por mirar un vídeo sobre astronomía y tras verlo saltaste a varios vídeos relacionados, es muy probable que la próxima vez que abras esta red te ofrezca bastantes contenidos sobre planetas y estrellas. Las páginas porno, tal y como acabas de darte cuenta, también emplean este algoritmo de sugerirte nuevos vídeos según tus últimas búsquedas y visualizaciones.

Así, el algoritmo logra que permanezcas durante horas en la red presentándote vídeos, fotografías o noticias de tu interés y, mientras tanto, les regalas tus datos para que ellos comercien (te lo explico en el siguiente capítulo). Si no somos muy paranoicos, no parece mal asunto, ya que ellos mismos se encargan de buscar materiales que te gustará visionar y eso optimizaría tu experiencia como usuario. Pero al margen del peligro que entraña tener la atención secuestrada mirando vídeos o fotos sin hacer ninguna otra cosa durante horas, puede conllevar otro riesgo no menor: la creación de una cámara de resonancia o burbuja.

Cuanto más contenido de un determinado tipo consumes, más contenido similar se te ofrecerá, y acabarás por no salir de ahí. Si estuviéramos hablando de vídeos sobre cómo hacer manualidades con abalorios, tampoco estaría tan mal porque no pararían de llegarte sugerencias para nuevos collares o pulseras. Pero si hablamos de consumir contenidos de corte político, la tendencia será que solamente aparezcan artículos u opiniones que coincidan con la tuya, que ceben tus creencias, que te impidan ver que existen otras formas de analizar una misma cuestión y que todas las opiniones respetables pueden tener matices (me da pena tener que puntualizarlo, pero, efectivamente, no me refiero a aquellas que cuestionan los derechos humanos). Sin embargo, estas burbujas tienden a polarizarnos e incluso radicalizarnos, siendo este un efecto de las RR. SS. ampliamente estudiado. Por suerte, la mayoría de los seres humanos somos suficientemente moderados como para no tomarnos la justicia por nuestra mano ni promover violencias de ningún tipo. Pero este efecto, en personas poco sociables o psicopáticas, puede ser peligroso, como puede deducirse de aquellos casos de radicalización que terminan en atentados.

También, en un ejemplo mucho menos grave, las cámaras de resonancia en redes son la razón por las que muchas personas se quedan sorprendidas de los resultados electorales y hacen afirmaciones en Twitter al estilo de: «¿Cómo es posible que hayan salido estos resultados si todo el mundo a mi alrededor pensaba votar...?». Es muy probable que esta persona haya creado una burbuja, seguramente sin darse cuenta, porque solo se relaciona con personas que opinan igual que ella.

En el caso de los maricones, nos encontramos con muchos chicos a los que les resulta muy difícil darse cuenta de que hay múltiples maneras de vivir las relaciones, la sexualidad, la salud, el ocio, y están siempre enfadados con los que no piensan como ellos. Chicos que manifiestan actitudes que incluso podemos considerar homofóbicas y que en ningún momento han querido experimentar otras formas de entender las relaciones entre hombres homosexuales, nuestra historia, los objetivos y necesidades políticas, etcétera. Son personajes muy radicales y muy molestos que se ven reforzados por su burbuja. Pueden llegar a ser insufribles, y rara vez sus discusiones terminan bien.

Pero, además, hay otro gran riesgo: el algoritmo puede detectar tu vulnerabilidad a las *fake news*. Si el algoritmo detecta, por ejemplo, que tú eres un votante de izquierdas y que tiendes a indignarte ante las noticias de las propuestas de la derecha, sabe automáticamente que eres víctima fácil para difundir los mensajes más ultras. Las formaciones políticas de ultraderecha consiguen relevancia gracias a la indignación que generan. No tienen más que promover una noticia falsa o decir alguna burrada, promocionar ese contenido pagando un módico precio y conseguir que llegue selectivamente a usuarios como tú, que vas a comentar su contenido logrando que su repercusión sea mayor que la que hubiera alcanzado con el anuncio pagado. Entre tú y todos los que reaccionáis le hacéis la campaña de publicidad. Así funcionan, en España, el partido VOX y las organizaciones HazteOir y Abogados Cristianos, quienes, por cierto, ya han recibido un par de reprimendas serias por parte de los jueces debido a que se dedican a presentar demandas absurdas, sin ningún fundamento jurídico y con la única pretensión de ganar relevancia, sin importarles el entorpecimiento que puedan causar a las labores habituales de la Justicia.

Este efecto puede volverse en nuestra contra si no planificamos bien nuestras actuaciones y respuestas, o si estas no obedecen a una finalidad sincera. Te contaré una anécdota personal, aunque ya la he compartido en otros lugares. La primera vez en mi vida que yo conocí el libro de Richard Cohen *Comprender y sanar la homosexualidad,*[58] lo encontré en la web de una librería LGBTI. Yo estaba haciendo una revisión de títulos para recomendárselo al voluntariado que estábamos formando en la organización LGBTI a la que pertenecía en aquellos años y me sorprendió encontrarlo allí aunque en la página se argumentaba claramente: «Si queremos defendernos bien de quienes nos ofenden, es imprescindible que conozcamos lo que afirman sobre nosotros». Me pareció una explicación muy razonable. Años más tarde un grupo organizó un boicot contra una conocidísima cadena de grandes almacenes porque supuestamente vendía este libro. La realidad es que ni siquiera estaba en las tiendas, solo aparecía en el motor de búsqueda de la web de los grandes almacenes. Un motor de búsqueda que detecta los títulos mediante el ISBN. Era una campaña que iba en con-

58. Deliberadamente no incluyo la referencia (guiño).

tra de los grandes almacenes, no de un libro que ni siquiera estaba en sus estanterías.[59] Viendo sus intenciones y preocupado por si la campaña acababa otorgando relevancia al libro, me quejé de lo que estaban haciendo. Siguieron adelante, evidentemente no me hicieron ni puto caso. El resultado fue que Richard Cohen, al que antes nadie conocía, se hizo viral, se convirtió en el mártir de la ultraderecha católica y, con la promoción que le hicimos los maricones españoles, consiguió despertar tal interés que le costearon el viaje a nuestro país para impartir tres talleres. ¿Fuimos estúpidos en aquella ocasión? Bueno, la inmensa mayoría de la gente reaccionó con su mejor intención, indignada de que hubiera quienes consideran que la homosexualidad es una enfermedad que debe ser curada. Pero algunos promotores de aquella campaña solo pretendían colgarse la medallita de luchar contra la homofobia y acabaron poniendo en el mapa a un señor del que nadie sabía su nombre y dando difusión a su mensaje (andad, colgaos esa medallita también). Por eso, en el plano del activismo me parece importante reflexionar sobre cómo los homófobos pueden aprovecharse de nuestra indignación y yo animo mucho, muchísimo, a que las organizaciones LGBTI busquen asesoramiento donde corresponda y creen unas guías para el activismo colectivo o individual en las RR. SS., de manera que no les hagamos el juego a ninguno de nuestros enemigos. Aunque al final las indicaciones se resuman en no interactuar con las cuentas que buscan la polémica, no re-

59. Que se podía haber hecho de una forma muy honesta y directa publicando que los dueños de la empresa en cuestión pertenecen al Opus Dei y que comprar en sus tiendas equivale a financiar esta organización que tanto nos ha atacado. Se llama al boicot directamente y nos quedamos todos tan anchos y tan tranquilos. Se ve que para eso no hubo... tiempo.

tuitearlas ni citarlas (limitarnos a hacer capturas de pantalla para comentarlas) y crear contenidos que vayan en la dirección opuesta y que sirvan como educación. Dad difusión a la necesidad colectiva que tenemos de ofrecer una respuesta inteligente a las provocaciones de quienes nos odian. Es solo una idea, pero ¡ahí la dejo!

El algoritmo puede jugar de formas muy perversas y por eso es importante que lo tengamos presente a la hora de interactuar en este tipo de redes, y también es bueno que tratemos de sortear los peligros de caer en una cámara de resonancia. Sé que es un poco paliza tener que estar diversificando contenidos, aunque solo sea para marear al algoritmo, pero también podemos consultar informaciones procedentes de diferentes ámbitos ideológicos y teóricos. Por ejemplo, si tus contenidos preferidos versan sobre la salud, no sigas a un único influencer, procura aprender de diferentes profesionales ¡y así, con todo! Hay una frase que te sirve tanto para los chicos que estás conociendo en Grindr como para los negocios que puedas emprender, la gente a la que vas a seguir en las RR. SS. y para algún *fetish* curioso: «Nunca pongas todos los huevos en la misma canasta».

12

Los ojos con los que nos ves: tus propios sesgos

La primera habilidad de la alfabetización mediática que vamos a aplicar a Grindrburgo tiene que ver con nuestros propios sesgos, y vamos a comenzar con uno que todos tenemos: las expectativas. La creencia de que algo va a suceder es un sesgo. Por una parte, esta es una tendencia natural en los seres humanos, todos nos proyectamos en el futuro, nuestro cerebro trata de predecir los acontecimientos para estar preparado y responder adecuadamente cuando suceda lo que ha previsto. Estas *adivinaciones* se basan en nuestras experiencias previas y en la información de la que disponemos. Las expectativas forman parte de nuestra naturaleza, nuestro cerebro rellenará los vacíos de información con lo que estas aportan. Existe una abundantísima evidencia a favor de esta explicación sobre nuestro funcionamiento cognitivo (Oeberst e Imhoff, 2023). Funcionamos así, es el modo de operar de nuestras mentes,[60] y cuesta un poquito

60. Hay un capítulo muy interesante del programa *El cazador de cerebros* en el que entrevistan a Daniel Kahneman y que explica muy bien este funcionamiento. Está en la web de RTVE: https://www.rtve.es/play/videos/el-cazador-de-cerebros/daniel-kahneman-pensamiento-rapido-lento/6641848/, consultado el 21 de septiembre de 2023.

controlar esta tendencia. Y esto es un problema gigante en Grindrburgo porque aquí hay que aparcar las expectativas a la entrada y deambular sin sesgos.

Solemos entrar en Grindrburgo con unas previsiones (buenas o malas) de lo que va a suceder, y estas estimaciones van a sesgar nuestra interpretación de lo que acontezca. Si voy con la expectativa de encontrar novio, saldré decepcionado porque «todo el mundo va a lo mismo: a follar», o puede que salga más convencido si mis expectativas eran que «en Grindr todo el mundo es salvaje y rudo con los demás». El problema es que las cosas nunca son como las interpretamos, están contaminadas por nuestros sesgos. Por decirlo de un modo coloquial, nuestras conclusiones no son más que nuestra versión de la experiencia, no la experiencia real con todos sus matices y protagonistas.

¿Cómo podemos evitar esta contaminación? Pues, la verdad, ya me gustaría a mí que existiera una fórmula sencilla y universal para saber cuándo nos estamos equivocando y cuándo estamos evaluando correctamente una interacción. Yo dedicaría un capítulo completo a listar las situaciones y sus resultados, y tú tendrías una guía superchachi de lo que sí y lo que no hacer en Grindr. Algo como:

1. Si él te dice tres veces seguidas «Me gustas», es un intenso; huye.

2. Si a la primera ocasión que le propones veros te dice que quiere llevarte a una cafetería preciosa que él conoce, sigue porque este chico va en serio.

Pero la realidad es más compleja. Por ejemplo, en el primer caso, a lo mejor el chico solo pretendía ser enfático con su «Guau, me gustas, me gustas, me gustas mucho, ¡qué divertido eres!», y en el segundo caso, resulta que te quiere llevar a la cafetería donde pasaba horas con su exnovio más reciente porque pretende que tú lo sustituyas. Por cierto, ¿verdad que estos ejemplos te suenan a *tips* de influencer? Para que veas que muchos de los consejos que oyes en RR. SS. son tan simples y estúpidos como los que se daban en las revistas para adolescentes de los años ochenta y noventa. Esto significa dos cosas: que los consejos megabásicos, simplistas y aparentemente lógicos, pero llenos de puntos ciegos, que encontramos en TikTok ya tenían sus antecedentes en aquellas publicaciones, y por otro lado, que todo lo que explique en este capítulo y en los siguientes estará lleno de matices y de dependes.

Si entras a Grindrburgo con la expectativa de que sea un catálogo de hombres disponibles para tu esparcimiento o enamoramiento, te llevarás una hostia enorme. En realidad, esta app tan solo es una ventana a la calle. Una ventana a la que *mágicamente* le hemos aplicado un filtro que hace que, cuando te asomas por ella, solo veas hombres homosexuales.[61] Pero Grindrburgo, jamás-nunca-en-la-vida puede prometerte que encontrarás ni sexo, ni amor, ni amigos, ni el fetiche que más te excita. Ni nada. Porque no hay app, ni red social, ni plataforma que pueda garantizar semejante resultado a sus usuarios. Necesitamos caernos del guindo de una vez por todas: Grindrburgo solo te permite explorar tu entorno, nada más. Repito: nada más. Esta es toda la expectativa que puedes tener al entrar en Grindrburgo. De hecho, si te fijas detenidamente en las publicidades de las diferentes aplicaciones de nuestra comarca, comprobarás que se describen con verbos sinónimos de «conocer» o «conectar». En

61. Y otros HSH (hombres que tienen sexo con hombres), heterocuriosos, mujeres trans, etcétera.

algún caso incluyen «tener encuentros» porque, efectivamente, tras conectar solemos quedar. Algunas publicidades se atreven a incluir «hacer amigos» porque es algo que posiblemente suceda. Otras incluyen descripciones que sugieren que su app es una buena forma de contactar con los residentes de las ciudades que visitamos para pedir consejo sobre restaurantes, bares y otros puntos de interés. Y hasta aquí. Nadie puede prometerte el amor de tu vida, ni la follada que te deje seco para tres días. Porque, una vez puestos en contacto y como he dicho desde el principio, lo que ocurra a continuación no es culpa (ni mérito) de la app, sino tuya, mía, suya. No es Grindr, somos nosotros. Y aquí, para contrarrestar nuestros sesgos, necesitamos aplicar el pensamiento crítico a nuestros propios comportamientos.

¿Que a muchos les resulta imprescindible tener un chivo expiatorio sobre el que cargar toda la responsabilidad de lo malo que les ocurre y jamás aceptarán su parte de responsabilidad en sus propias mierdas? Ya te digo yo que sí. ¿Que muchos hablan de las RR. SS. como mi tatarabuela, que no quería que sus nietos fueran al cine porque era un «invento del demonio»? Sí sí, sin duda. Y tampoco dudo de que suenan igual de viejunos que la abuela de mi abuela. ¿Que si le ponemos la etiqueta «consumo», «producto», «oferta» al describir Grindrburgo parece que estas plataformas están al servicio del despiadado neoliberalismo capitalista que ahora ha venido a meterse en nuestras vidas sexuales? Sí, claro que lo parece. ¿Y que los mismos que afirmamos que «el lenguaje no es inocente» somos los primeros que empleamos un lenguaje connotado para dar un peso a unas afirmaciones que suenan muy revolucionarias pero que deberían verse avaladas por los hechos y no por la vehemencia con la que yo chillo? Sí, lo afirmo. Y que estoy hasta el potorro de los «revolucionarios de Twitter», también te lo digo. Porque ojalá todos los estragos del capitalismo despiadado se pudieran solucionar poniendo mi teléfono en modo avión y charlando con ese señor que acabo de conocer en este bar. O desinstalándome una app.

Ni santa ni puta, ni inocente ni culpable. El mundo real navega entre los extremos. Y el mundo digital también. Claro que hay empresas que sacan beneficio de que tú sientas el impulso de socializar o de follar. Por ejemplo, los moteles de carretera, ¡esos sí que llevan décadas sacando tajada de los maridos infieles! ¿Los moteles han creado la infidelidad o han sido cucos para entender que los maridos infieles están dispuestos a pagar por lugares discretos donde ir con sus amantes? Cada vez que describimos el mundo, estamos diciendo más acerca de lo que nosotros somos capaces de ver que del mundo en sí. Y esto ocurre a causa de nuestros propios prejuicios y sesgos, y porque el mundo es tan inabarcable que nuestros ojitos solo pueden ver un fragmento. O lo que es lo mismo y para finalizar: que lo que dices de Grindrburgo tiene que ver con tus filtros previos y con lo que pueden abarcar tus ojos. Y si tus filtros te impiden que socialices en un mundo como el marica, donde lo digital se ha convertido en el modo principal de contacto, aún estamos a tiempo de limpiar esos filtros.

Hay un primer sesgo emocional que debemos tener presente para mejorar nuestra experiencia en redes y que puedes resumir en: «No entres en Grindr si no tienes el chichi para farolillos».[62] Si a cualquiera de nosotros nos invitan a

62. Amigo americano, esta expresión la utilizamos mucho en España para referirnos a aquellas situaciones en las que estamos tan susceptibles que

una fiesta un día que estamos, por cualquier razón, enfadados o tristes, habitualmente nos disculpamos y decimos que no asistiremos: «Hoy estoy un poco cruzado, no voy a ser la mejor compañía». Nuestro interlocutor seguramente trate de animarnos con que, una vez que estemos allí, se nos pasará el enfado y que nos vendrá bien para distraernos. Lo importante no es si acudimos o no, sino el hecho de que somos conscientes de cómo nuestros estados emocionales pueden interferir en nuestras interacciones sociales hasta el punto de que preferimos evitarlas si sabemos que no vamos a estar participativos o ni tan siquiera abiertos a charlar con otras personas. Si esto lo tienes tan claro en tu vida cotidiana presencial, ¿por qué no lo tienes tan claro en tu vida digital? Cuando no estamos de humor es preferible evitar unas interacciones que quizá no sepamos manejar. O, en el caso que nos ocupa, abrir la aplicación, pero siendo conscientes de que cualquier tontería que en otro momento no nos perturbaría ahora puede molestarnos mucho, de modo que será preferible no hacernos demasiado caso a nosotros mismos. No es tan difícil, ¿verdad? Te preguntas a ti mismo: «¿Tengo el coño *pa* farolillos?». Si la respuesta es afirmativa, adelante con la app. Si respondes que no, mejor no entres o tómatelo todo con una enorme distancia.

Otro sesgo habitual tiene que ver con la actitud que

---

cualquier salida mínima de tono por parte de nuestro interlocutor puede hacernos enfadar muchísimo. Los farolillos son unas lámparas de papel con las que se suele adornar el techo de las casetas en las ferias y que asociamos a eventos festivos. El «chichi» se refiere, eufemísticamente, a los genitales femeninos cisexuales. Así que la frase vendría a significar que uno no está de humor como para que le vengan con tonterías. Es un equivalente a decir «No estoy de humor para soportar que me rompan las bolas». Solemos emplearla tanto mujeres como gais.

presentamos ante este tipo de aplicaciones. Si estamos mediatizados por opiniones ajenas que describen Grindrburgo como poco menos que una selva donde todo el mundo actúa salvajemente, es probable que interpretaremos en esa dirección cualquier interacción mínimamente complicada que sostengamos. A mí me gusta ejemplificar este sesgo actitudinal con dos personajes entrañables de mi pueblo. Eran dos mujeres, ambas casi en la sesentena, sin familia directa y con un grado leve de discapacidad mental, a las que los servicios sociales habían dado plaza en una residencia de ancianos gestionada por una congregación de monjas. Eran dos personajes peculiares que, al tener parecida edad, se hacían compañía la una a la otra, por lo que era habitual encontrarlas paseando por las calles de San Fernando. La característica más importante de estas chicas es que una de ellas era tremendamente optimista y la otra, tremendamente pesimista. Esta anécdota sucedió en el Paleolítico, en mi época de estudiante, cuando yo aún no había asumido mi homosexualidad y tenía novia. La cuestión es que mi chica las conocía porque su madre trabajaba como auxiliar en aquella residencia y nos las cruzamos un 6 de enero por la calle. Ese día la pregunta habitual era: «¿Qué te han traído los Reyes?», así que eso mismo fue lo que mi novia les preguntó. La pesimista le respondió:

—Un tarro de colonia, ¿tú te crees? Lo mismo que el año pasado, ¡desde luego! Las monjas ni se molestan en saber qué te hace falta, te endiñan una colonia y a la mierda.

Mi novia la miró con cara de «Bueno, al menos han tenido un detalle», y le preguntó a la otra: «¿Y a ti qué te han traído?». La respuesta de la otra señora fue:

—Ay, un tarro de colonia, qué bien, hija, ¡que ya se me había terminado el del año pasado y no tenía *pa* echarme!

Cuando explico esto de los sesgos actitudinales en consulta suelo preguntaros: «¿Cuál de las dos muchachas quieres ser tú?». Es tal cual, ¿en qué quieres poner tu atención? No hablo de evaluar comportamientos delictivos ni inmorales, sino de evaluar la vida cotidiana con sus luces y sus sombras, con sus tesoros y sus mierdas. Todo tiene un lado bueno y otro malo, ¿en cuál quieres fijarte? Está muy bien hacer una denuncia, es necesario exponer los fallos de algo si tenemos el propósito de ayudar a mejorarlo. Pero si, de las cuatro interacciones que tienes en Grindr, una resulta ser mala y te obsesionas con ella en lugar de tener presentes las otras tres agradables, igual es que hay un filtro tuyo que te conviene subsanar desarrollando tu ignorancia crítica.

Existen algunas verdades incómodas y, a veces, mi papel es ponerlas encima de la mesa para que nos las tomemos en serio. Una de esas verdades es que los hombres homosexuales somos especialmente susceptibles al rechazo, y existe un modelo capaz de explicar este fenómeno (Feinstein, 2019). Las continuas experiencias de rechazo que todos hemos sufrido a lo largo de nuestras vidas dan origen a una representación mental donde el mundo es un lugar hostil y en el que vamos a ser rechazados o atacados, lo que se denomina «victimización terciaria» (podéis ampliar esta información en *GE,* allí ya lo abordamos).

Esta representación o modelo mental incluye también, por supuesto, el mundo de Grindr, así que en nuestras cabezas damos por sentado que Grindrburgo es un lugar donde recibiremos rechazo y/o agresiones. Feinstein explica que emociones anticipatorias como el miedo harán que estemos especialmente en guardia y que percibamos las interacciones sociales como mucho más violentas o discriminatorias de lo que realmente son. En circunstancias muy extremas incluso puede que veamos agresiones donde no existen. En estos casos, te recuerdo: si te han agredido, yo mismo te acompaño a poner la denuncia, pero si tu malestar es más producto de tu susceptibilidad que de lo que el otro ha hecho, entonces te conviene trabajar tus filtros mentales porque a nadie le deseo una vida en la que continuamente se sienta atacado. Si siempre-siempre-siempre tienes problemas y todo-todo-todo el mundo es malo, quizá tú tengas parte de la culpa y te convenga hacer algo al respecto. Porque sí, es tu responsabilidad, y te pido que repases las explicaciones sobre homofobia interiorizada y manejo de nuestras emociones en mis libros anteriores. Confío en que tanto ellos como este libro te ayude a tener una visión un poco más constructiva sobre Grindr y que el capítulo sobre los troles te ayude a neutralizarlos. Para que, al final, tu vida no esté llena de enfados ni miedos. Y, por favor, no retuerzas este consejo argumentando que se promueve el trato inadecuado porque lo que sucede es que tú ves agresiones donde solo hay malos entendidos y proyectas en los demás una maldad que no tienen. A tu alrededor deben estar agotados de pasarse la vida dándote explicaciones por cosas que tú has interpretado equivocadamente. También estarán hartos de que los acuses de una mala leche que no los caracteriza. Retuerce mis consejos cuanto quieras, pero luego no te sorprendas si todo el mundo huye de tu lado.

Piensa en lo siguiente, ¿te cae bien todo el mundo? No. En tu vida presencial solo te gustan unas pocas personas, las más afines a ti. Las demás te somos indiferentes o no te gustamos. ¿Significa eso que el mundo está lleno de idiotas? Probablemente lo pienses en más de una ocasión pero, cuando lo razonas, tú mismo concluyes que todos tenemos un mal día, incluyendo tus amigos más queridos. Ellos (y tú) también dicen alguna chorrada importante en algún momento de sus vidas cotidianas. ¿Terminas odiando el mundo y queriendo escaparte a una casa aislada en la montaña donde no tengas que interactuar con nadie? Sí, a veces (jejeje), pero luego te recompones y recuerdas que los demás también tienen sus momentos fabulosos, y acabas por razonar que no te puedes tomar el mundo demasiado en serio, y que resulta preferible quedarte con la parte buena y pasar de los gilipollas sistemáticos.

Lo mismo sucede en Grindr. Así pues, si llevamos décadas siendo capaces de controlar nuestras actitudes en el trato presencial con los demás, eso significa que nada nos impide hacer algo similar en el trato digital. Sobre todo si, al no tener otra opción, de ello depende nuestra socialización o la posibilidad de desarrollar nuestra sexualidad o encontrar posibles parejas sentimentales. Hablamos de asuntos muy serios que no pueden verse bloqueados por nuestros sesgos.

13

La economía de la atención. Tu tiempo es oro para las RR. SS. y te lo roban a manos llenas

¿Te suena eso de «Si te ofrecen algo gratis es porque tú eres el producto»? Pues las RR. SS. son el ejemplo paradigmático. Para que los millones de usuarios diarios de cada una de estas redes tengan el adecuado servicio, resulta necesaria una estructura inmensa de hardware y software, así como una legión de programadores, gestores y otros trabajadores. Sabemos que se necesita mucho dinero para pagar todo eso y nos consta que estas empresas obtienen beneficios millonarios año tras año. Si nadie paga por emplearlas, ¿de dónde sale toda esa pasta? Marta Peirano[63] nos lo explica perfectamente en uno de sus libros (Peirano, 2019) cuando describe el modelo de negocio que hay tras la «economía de la atención». Las empresas consiguen dinero vendiendo tus datos (y también colándote publicidad). No venden tu nombre, pero sí otros datos como la localidad desde la que navegas, el tipo de contenidos que captan tu atención, las búsquedas que realizas y cualquier otra cosa que hagas en línea. Detalles como el tipo de titular sobre el que clicas o la can-

63. Twitter: @minipetite.

tidad de segundos que permaneces ante determinadas fotos son datos importantes, ya que pueden elaborar perfiles tremendamente precisos sobre los potenciales consumidores para las empresas tradicionales.[64] Un ejemplo simple: quieres abrir en Santander una agencia de viajes enfocada al público gay. Si compras los datos a Grindr o Instagram (o Wapo, Tinder o SCRUFF), te proporcionarán un perfil exactísimo sobre el tipo de hombre que reside en esa ciudad y alrededores: edades, tipos físicos que les interesa (para elegir los modelos de tu publicidad), sobre qué países buscan más información (para saber qué destinos ofertar) o los horarios en los que tienen más tiempo libre (porque pasan más horas conectados). Hasta puedes saber su nivel adquisitivo infiriéndolo de si suben muchas fotos en restaurantes, haciendo compras o yendo a conciertos (todo lo cual cuesta dinerito). No te imaginas la cantidad de información que proporcionas en tus RR. SS., información que las compañías venden a las empresas que están interesadas en ti como cliente.

Otro ejemplo con el que seguro que tú no contabas es la elaboración de noticias falsas, esas que sirven para polarizar aún más la opinión pública y de las que luego hablaremos. Los que fabrican estas noticias están ávidos de conocer bien el perfil de aquellos a los que se va a dirigir el mensaje y, por

64. Muy recientemente, en Europa, se ha forzado a las empresas de Meta a que no se apropien de los datos de sus usuarios. Desde noviembre de 2023, la compañía ofrece un sistema dual cobrando una cuota mensual a aquellos usuarios que no quieren compartir sus datos y permanece gratuita para quienes no tienen problema en la cesión de su información. La Unión Europea, al igual que otras organizaciones y gobiernos, está tratando de evitar a sus ciudadanos problemas debidos a las RR. SS. Sirva como ejemplo la ley de Servicios Digitales.

eso, están especialmente interesados en conseguir tus datos. Cuanto más tiempo pasemos en estas redes, más y mejor material tienen para comerciar, así que se esforzarán en mantenernos dentro de sus respectivas aplicaciones hasta límites que, en algunos casos, pueden rayar lo problemático. Esa es la «economía de la atención»: sacar dinero de la atención que les prestas a las RR. SS., aunque puedas acercarte a (o superar) la «adicción».[65] Y es que, como bien dijo Noemí Argüelles: «Si eres lista, el Tinder da dinero. ¡Joder si da!».[66]

65. La palabra «adicción» aparece entrecomillada por varias razones, comenzando por recordar que la psicología pop la utiliza de maneras muy indebidas para referirse a comportamientos intrusivos, compulsivos o extremos pero que no cumplen el criterio de «adicción» según la psicología. Por otro lado, quería traeros a colación que muchos *tuit-star* e influencers hablan sin parar de la dopamina y sus efectos en nuestro cerebro, pero muchos utilizan este término tan a boca llena como equivocadamente. El 90 por ciento de lo que se afirma por ahí acerca del efecto de este neurotransmisor en nuestra conducta es in-ven-ta-do, una suposición, una hipótesis sin mucho apoyo científico. Al igual que he venido haciendo a lo largo del texto y siguiendo con la alfabetización mediática, os animo a descubrir verdaderos investigadores sobre las adicciones. En Twitter os recomiendo seguir al profesor de la Universidad de Granada, José César Perales (@JCesarPL), autor de un hilo tan sencillo como esclarecedor sobre la dopamina: https://twitter.com/JCesarPL/status/1282825165160747011, consultado el 15 de octubre de 2023.

66. De la serie *Paquita Salas*, 3.ª temporada, episodio 4. Como anécdota que supera la ficción (aunque desconozco si es cierta o se trata de una leyenda urbana), aquella que compartía el tuitero Jorge Eduardo Castrillón (@ElEscribidor_) el 9 de octubre de 2023 en <https://x.com/ElEscribidor_/status/1711165155340427739?s=20>: «Sorprendido por la historia de un hombre que creó un perfil falso en Tinder y concertó muchas citas en la misma cafetería. Nunca llegaba, mientras la cita esperaba allí durante media hora y consumía. Resulta que el tipo era ni más ni menos que el propio dueño de la cafetería». De verdad, si eres listo, ¡Tinder da dinero!

¿Qué mecanismos emplean las RR. SS. para mantener tu atención? Todos, son creativas de cojones. Estas empresas innovan a cada rato y sería imposible dar un repaso a todas sus técnicas, por lo que me voy a centrar en los métodos que utilizan con más profusión: *clickbait,* contenido inspiracional, malestar y polarización. En las apps de *cruising* se secuestra tu atención mediante el reforzamiento intermitente y otros elementos como la reducción de la incertidumbre o el miedo al rechazo presencial (Bonilla-Zorita, 2022; Corriero y Tong, 2015). Todas son estratagemas basadas en principios psicológicos tan elementales que, precisamente por lo básicos que son, impactan en la mayoría de los seres humanos.

Clickbaiting

«No vas a creer lo que el paso del tiempo ha hecho con estos quince actores y actrices de los años noventa», promete un anuncio en Facebook. Clicas en el titular y saltas a una nueva página con un texto introductorio que amplía el titular inicial: «El paso del tiempo ha dejado huellas en actores y actrices que fueron estrellas en aquella década, ¿quieres ver cómo lucen ahora?». Debajo aparece el botón «Siguiente». Si lo pulsas, verás las fotos de esos famosos que han envejecido fatal. Tu parte mala y morbosa piensa: «Sí, quiero verlos. Quiero ver a esas estrellas que fueron tan guapas convertidas en feas. Necesito saber que no soy el único al que el paso del tiempo ha tratado tan mal». Para ti sería un alivio ver a Cameron Diaz con más papada y ojeras que tú. Los editores de la web saben que necesitamos ver a las estrellas convertidas en una sombra de su pasado para sentirnos menos mal con nosotros mismos, se aprovechan de nuestras debilidades (humanas pero oscuras). Así pues, clicas en el botón de «Siguiente». Tu navegador salta a otra página donde aparece la foto de un actor secundario de una teleserie estadounidense del que ya no te acordabas. «¿Y este quién coño era?», te preguntas. La cara se le ha llenado de arrugas y ha engordado veinte kilos. Tu sed de venganza estética comienza a saciarse con esta foto, pero aún necesitas más. Eso sí: los actores no salen todos en la misma página, debes avanzar a otra clicando de nuevo en el botón de «Siguiente». Lo haces porque necesitas regodearte en la decadencia de todos estos personajes. Se abre una nueva página y la que aparece ahora es una actriz que fue *sex-symbol* y ha perdido todo su atractivo. Más botones de «Siguiente». Entre los trece famosos restantes hay algunos que te hacen exclamar: «¡Ajá, fulanito!, ¿pensabas que la belleza era eterna? ¡Pues te jodes, que no lo ha sido!». Continúas pulsando y presenciando el desfile de personajes que se han vuelto viejos y feos. Eso es el *clickbaiting*: hacerte morder el anzuelo a base de clics y pescarte para que pases mucho tiempo en la web. Y veas su publicidad.

Con cada clic, aparecen más y más anuncios en tu pantalla. Las empresas de marketing son listas y saben que, si estás gastando tiempo en esta información, eso significa que te interesa el envejecimiento (¿o deberíamos decir «preocupa»?), y ahí están ellas dispuestas a calmarte con publicidad sobre antiarrugas, liftings y bótox. Su mensaje oculto es: «Si no quieres parecerte a los famosos de este artículo, compra nuestras cremas». Quizá hoy no compres nada, pero el anunciante ya ha instaurado en tu mente la asociación entre sus productos y «evitar el envejecimiento». Cuando pienses en una antiarrugas, recordarás la de su anuncio y será esa la que compres.

Los usuarios nos hemos quejado del *clickbaiting* y cada vez caemos menos en él, pero los expertos en marketing se las saben todas. Imagina que en lugar del anzuelo de «siguiente, siguiente, siguiente», lo que tienes ante ti es un reportaje en una sola página sobre el paso del tiempo en las estrellas de los noventa. La propia experiencia de navegación por su web ya les proporciona información suficiente. Siguiendo con la analogía marinera, mientras tu mirada surca el texto y las fotos, bajo la superficie ocurre algo muy suculento para los anunciantes gracias al trasvase de información que realizan esas herramientas submarinas que analizan al milímetro tu comportamiento en la web. ¿Cuánto tiempo dedicas a leer los textos sobre las actrices? ¿Y a los de los actores? Ellos lo averiguan midiendo el tiempo que un texto queda fijo en la parte central de tu pantalla. ¿Dónde detienes tu ratón? ¿Clicas sobre algún enlace? ¿De qué tipo? ¿Compartes este contenido en alguna de tus RR. SS.? ¿Lo guardas? ¿Se lo envías a algún contacto por e-mail? La página recopila información sobre cada mínima interacción que realizas y concluye que eres un hombre, que te fijas más en las fotos de hombres y que te preocupa el envejecimiento. A partir de ahora y gracias a las cookies, van a personalizarte la publicidad y enviarte anuncios sobre *antiaging* y belleza masculina. Te saldrán en cada web por la que navegues en el futuro. Y tú creyendo que Alexa espía lo que hablas en casa. ¿Espiarte, maricón? Por supuesto que sí, pero, en cualquier caso, tampoco necesita hacerlo, ya que tú mismo regalas tu información cuando haces la pausa del café y te entretienes mirando famosas envejecidas.

Aquí tenemos uno de los aprovechamientos de nuestras debilidades humanas: necesitamos ver que los demás envejecen (o se divorcian o pierden sus trabajos) para sentirnos mejor con nuestras vidas. Las RR. SS. aprovechan esta debilidad y la fomentan dándonos la carnaza con la que alimentar nuestros maltratados egos. Mientras la consumimos, ellos aprenden sobre nosotros. Por eso encontramos tan menudo este tipo de contenido en redes.

Contenido inspiracional

Siendo justos, es cierto que también existe el *clickbaiting* aspiracional y que las redes quieren captar la atención tanto de los que gozan viendo el padecimiento ajeno como de los que quieren encontrar inspiración en un modelo. Por eso también hallarás *clickbaits* con cebos como: «No vas a creer lo jóvenes que se conservan estos quince actores y actrices de los noventa». Aparecen fotografías de estrellas que permanecen bellísimas treinta años más tarde. Fotos que te hacen preguntarte: «¿Cuál será su secreto?, ¿estará a mi alcance?». «Claro —parece decirte la publicidad de ese sérum con efecto lifting que aparece en el banner—, está a solo un clic de distancia de tu casa». Desde luego, esta gente sabe vender.

Sin embargo, hay un gran gran gran problema con el contenido inspiracional. Un problema que alguien resumía muy bien diciendo: «Cada día me levanto temprano para meditar veinte minutos antes de salir a correr cinco kilómetros. Luego vuelvo y desayuno unas deliciosas tostadas de pan integral con aguacate y huevos poché acompañados de té matcha. Tras eso, me voy a mi trabajo, que disfruto porque es mi vocación. A la vuelta estudio una hora de canto, luego veo a mis amigos en el bar de siempre, donde nos tomamos unas cañas. De allí regreso a casa y disfruto de la compañía de mi familia y, tras una deliciosa y *healthy* cena, me acuesto para entregarme a ocho horas de sueño reparador. Es muy fácil hacer todo esto SI MIENTES».

Esta es la trampa: buena parte del contenido inspiracional se basa en una mentira: hacerte creer que tu vida puede ser perfecta si sabes cómo perfeccionarla. Naturalmente, el método para lograr esa perfección es único. Único de cada uno de esos tres millones doscientos setenta y cinco mil cuatrocientos veinticuatro gurús que te venden cómo convertir tu vida en un oasis de paz. ¿Hace falta que te explique que todo es mentira o ya sospechaste algo al enterarte de que Marie Kondo no tiene los ovarios de mantener ordenada la habitación de sus propios hijos? Tu vida puede ser tan satisfactoria y tranquila como para que te sientas a gusto en tu piel y seas consciente de que otros menos afortunados están peor que tú, pero ¿perfecta? La perfección, además de arbitraria (¿quién determina lo que es perfecto y lo que no?), es im-po-si-ble y, debido a ello, te pasarás toda la vida buscándola... y pagando a los vendehumos que te la oferten. Negocio redondo. Y mira que esto te lo está explicando un psicólogo, que mi profesión es una de las que más humo y soluciones mágicas vende en los libros, ¡que hay cada autor absolutamente infumable! Yo me he dado paseos por las secciones de Psicología y autoayuda de algunas librerías y se me ha caído la cara al suelo de la vergüenza ajena.

¿Recuerdas aquel anuncio de un coche donde un ingeniero salía a describirnos las características técnicas del vehículo y nos convencía de lo conveniente de su compra gracias a lo bien que nos explicaba por qué la máquina era tan potente y fiable? ¿No? ¿No lo recuerdas? Claro que no. Porque en la puta vida han anunciado un coche (ni ningún otro producto) enumerando sus bondades. Al menos, no en los últimos cincuenta años de campañas publicitarias. La publicidad te vende emociones positivas, nunca te habla de la ingeniería del coche, sino del placer de conducirlo a través de... bosques infinitos cuyo aroma a naturaleza impregna el interior del habitáculo mientras tu mano hace olas, fuera de la ventanilla, sobre el suave y cálido aire que ondula al paso de tu auto. Tal como hacen los influencers: venderte productos inútiles o perfectamente sustituibles a costa de hacerte creer que si los consumes serás tan dichoso como lo aparentan ellos en sus fotos y vídeos. La bebida que publicitan sabe a estiércol, pero supuestamente es riquísima en no sé cuántos minerales, vitaminas, oligoelementos y macronutrientes. Bastantes menos que el delicioso gazpacho que puedes preparar por litros tú mismo. Solo que su bebida viene en un envase glamuroso y te la muestra en una casa con piscina en la que te encantaría estar, en lugar de en tu diminuta cocina pringándolo todo mientras pasas tres kilos de hortalizas trituradas por el colador chino. Pagas por soñar o por la comodidad, no por un producto mejor.

Aspiramos al confort que nos prometen ciertas marcas. Pero también aspiramos a la paz mental que nos prometen los gurús de la autoayuda y por eso atesoramos cada frase suya como si fuese la llave de la serenidad eterna.[67] También

67. En mi caso, siempre me sorprende cuando algún seguidor o paciente me dice que le encantaría aprender a llevar su vida como he hecho yo partiendo de ser un hombre intersexual maltratado. Pero no tienen en cuenta elementos que han ayudado a mi éxito profesional o personal y que no estaban en mis manos. Por ejemplo, mi vida habría sido diferente si hubiese nacido en un país sin sanidad ni educación gratuita, o si mi hermana no se hubiera casado con un catalán y me hubiera ayudado a mudarme a Barcelona. Como veremos, debido al «error fundamental de atribución», muchas personas se olvidan de que, si bien supe aprovechar la oportunidad, también

aspiramos a ser esa pareja feliz que llena sus días de momentos románticos. O ese matrimonio con hijos que vive cada día como una exquisita aventura grupal. Los gurús nunca tienen un día depresivo. Las parejas de Instagram nunca discuten por dejarse los calzoncillos tirados en el suelo de la ducha. Las familias de TikTok nunca desean soltar a los niños en un campamento de verano y descansar de ellos una quincena. El contenido aspiracional nos mantiene ligados al sueño, nos dice que sí podemos tener esa vida que la publicidad nos ha incrustado en la mente. Por eso engancha, porque nos promete el ideal. Un ideal que publicistas y propagandistas saben que no existe y que tú perseguirás, perseguirás, perseguirás... dejando horas y horas de tu vida en las RR. SS., siguiendo los consejos inservibles de los influencers y comprando productos inútiles a precio de caviar.

Malestar

No creas que esto se termina aquí, ¡qué va! Como te digo, los (y las) publicistas saben que ya que no puedes alcanzar tu sueño, más tarde o más temprano comenzarás a experimentar malestar. Y saben que a tu descontento también se le puede sacar partido y rendimiento económico. Hasta el punto de que algunas RR. SS. ya no se cortan en promover ese malestar y se han convertido en estercoleros de los que, paradójicamente, no queremos salir hasta que rebasamos

estuve en el lugar y el momento adecuados. Las circunstancias de cada uno son diferentes y las experiencias son extrapolables solo parcialmente. La inspiración debe ser cogida SIEMPRE con pinzas.

muchos límites. ¿Cómo es eso posible? Pues porque los seres humanos somos peleones y más vale que nos vayamos dando cuenta para tratar de ponerle remedio. Te lo explico con un ejemplo, imagina una conversación entre dos amigos que se quieren. Algo así:

—Jo, tío, cómo admiro tu bondad.

—Gracias, eres un amor. Y yo admiro la tuya... y tu entusiasmo.

—Gracias, guapo, de verdad. Pero es que también eres muy inteligente, además de bueno, qué alegría me produce ser tu amigo.

—Joder, yo pienso lo mismo de ti, que eres superlisto y que tengo mucha suerte de ser tu amigo.

—¡Qué va! Tú eres más inteligente.

—No, tú.

—No, en serio, tú eres mejor. ¡Qué buena persona estás hecho!

—De verdad que, además de admirarte por todo lo bueno que eres, te tengo que querer por reconocerme lo que soy yo...

Todos sabemos que esa conversación es muy poco probable si no es bajo los efectos del MDMA. Pero, además de lo inverosímil que resulta, un diálogo tan meloso solo tiene dos posibles finales. En el primero, se dan un abrazo bien apretadete como demostración mutua de afecto y luego siguen con otro tema. En el segundo, uno (o los dos) bromean algo sobre lo pastelosos que están y ahí se termina todo. El buen rollo se demuestra con un par de frases y luego nos dedicamos a otra cosa. Sin embargo, ¿qué sucede si la conversación transcurre entre dos personas que se ofenden mutuamente? ¿Crees que si se estuviesen insultando el diálogo sería cortito? ¡Y una mierda! Van a pasarse horas soltándose improperios a cuál más grande. ¿Dejar la discusión? ¡Hasta que no se despellejen mutuamente no abandonarán la conversación! El *hate* dura días. Las hordas de amigos de uno y otro se atacan entre sí, llegando al linchamiento digital si es necesario, tal como en demasiadas ocasiones ha demostrado el *fandom* tóxico de algunas drags, actores/actrices o de algunos participantes en Eurovisión (y los hinchas y seguidores de algunos futbolistas, pero de los problemas de los heteros que se encarguen ellos). Así, mientras dos usuarios se destrozan públicamente lanzándose burradas que muy probablemente no se dirían en persona, las redes acumulan horas y horas de permanencia durante las que, mientras los contrincantes y sus respectivos bandos se atacan y contratacan, siguen navegando y proporcionando información sobre sus intereses y llenando las estadísticas del DAU para venderse como redes atractivas donde las empresas pagarían por anunciarse. Cuanto más te cabreas, más dinerito les proporcionas.

Polarización

Y del cabreo pasamos a la polarización. Dos maricas insultándose solo generan contenidos para un par de días. Las RR. SS. necesitan mucho más. Necesitan usuarios peleándose unos con otros todos los días del año. Gente convencida de que su opinión es la más correcta, gente tremendamente motivada por demostrar a los demás que se equivocan: las redes necesitan *opinólogos*. Recuerdo la Gran Recesión de 2008, una monstruosa crisis (económica, social y política) que en España tuvo su peor momento entre 2010 y 2016. Por aquellos años yo entraba a Facebook o a Twitter y pensaba *(ironic mode ON)*: «¿Cómo es posible que España sea el culo de Europa con la cantidad de expertos en economía y política que tenemos?». Los problemas se han sucedido y los opinólogos han mutado. Las sucesivas crisis económicas, de Gobierno, territoriales y sanitarias han contado con su correspondiente legión de *econominólogos, gobiernólogos, territoriólogos* y *sanitariólogos.* Y a escala marica, algo semejante ha ocurrido con los eurodramas, los dragadramas y los melones sobre el edadismo, las parejas abiertas, la PrEP y el *cruising.* Todo el mundo lo sabe todo de todo. Porque los opinólogos están convencidos de que tienen un criterio formado. No son personas que reconocen sus limitaciones, que comparten sus opiniones y ya. Son gentes que defienden a capa y espada sus pensamientos ¡atacando a los que no opinan lo mismo! Cada día hay un motivo para enfadarse con lo que dicen los demás y una excusa para demostrar al mundo lo insuperables que son los argumentos propios. Cada día caemos en debates absurdos planteados en términos excluyentes, como si las dos opciones en disputa fuesen las dos únicas explicaciones posibles (spoiler: hay muchas más aunque tú no las veas, pregunta a los expertos y sorpréndete). Cada día se recurre a falacias, a argumentos no sustentados por las evidencias y a análisis tan superficiales que caben en un único tuit. Cada día se discute durante horas y horas. Todo esto les va genial a Twitter, Reddit y Facebook. Porque cada puto día entraremos a esas redes a discutir sobre lo que toque ese día y regalarles nuestro tiempo e información. Estas empresas lo saben y lo necesitan hasta el punto de que lo fomentan: sus algoritmos favorecen la polarización. Algunas como Twitter incluso amplifican el malestar de sus usuarios (Milli *et al.*, 2023) porque les favorece económicamente.

Jaron Lanier, un exgurú de Sillicon Valley, publicó un libro muy interesante, *Diez razones para borrar tus redes sociales de inmediato* (Lanier, 2018). Jaron fue uno de los pioneros de la realidad virtual y en la actualidad se le considera un personaje controvertido. Muchas de sus afirmaciones son un tanto agoreras, pero es lo que suele ocurrir cuando pedimos a alguien que haga predicciones globales sobre el futuro que nos espera: todos tenemos nuestros sesgos, ya sabes. La cuestión es que Lanier repasa los grandes problemas que nos plantean las RR. SS. y describe muy bien el que nos ocupa: las redes están diseñadas para fomentar la confrontación. Los algoritmos dan más relevancia a los contenidos que desencadenan más interacciones, y como los humanos interactuamos más con contenidos que nos cabrean, acabamos dando aún más relevancia a esos materiales. Si clicamos en un tuit insultante porque queremos saber qué coño le pasa a quien lo ha escrito, ya le estamos dando relevancia. El algoritmo detecta nuestro clic y aumenta el valor del tuit. Este mayor valor hace que el mensaje se muestre en más y más sitios, lo que conduce a más y más interacciones. Hasta que se convierte en viral y hace momentáneamente famoso a quien lo ha publicado. Así aumenta su número de seguidores. Lo siguen incluso quienes opinan lo contrario pero quieren estar informados de lo que dice su enemigo para rebatirlo. Esta persona se convierte en una *tuit-star* (o en una *facebook-star*) y aparece más veces como sugerencia de «A quién seguir». Como la persona es consciente de que su aumento de popularidad ha partido de un tuit controvertido, es muy probable que repita este tipo de contenido a causa del reforzamiento conductual que le supone tal viralidad. La rueda de mierda ya está girando.

Si te fijas, esta es la estrategia de algunos partidos, especialmente de la ultraderecha y de la izquierda rojiparda: lanzar contenidos provocadores gracias a los cuales se hacen virales recibiendo una publicidad gratuita que no podrían costearse. Estas organizaciones no solo se aprovechan de este sesgo de las RR. SS., sino que amplifican su alcance con bots y troles. Tanto Lanier como Peirano hablan de estos últimos, y hay otro libro que también te interesará mucho si quieres saber más sobre troles y bots: *Confesiones de un bot ruso*, publicado bajo seudónimo (Bot Ruso, 2022). En este ensayo se describe así esta estrategia de la que acabo de hablar:

> El *astroturfing* es una estrategia de marketing digital basada en dos pilares: esconder al responsable de una campaña y dar impresión de espontaneidad. El objetivo es lograr el máximo apoyo a una determinada causa, empresa, entidad o partido político, entre otros actores posibles. Para ello se llevarán a cabo distintas actuaciones en busca de la viralización y masificación del mensaje, que buscan ampliar la base de usuarios reales favorables a los intereses de la estrategia.

No se trata solo de que un determinado mensaje se extienda mediante una red social, sino también que parezca casual, como surgido espontáneamente de la gente y sin que nadie sospeche que se trata de una estrategia dirigida por un lobby. Esto se consigue coordinando los tuits de cientos, tal vez miles, de cuentas falsas a las que denominamos «bots». Un bot (apócope de «robot») se define como una cuenta controlada no por una persona real, sino por software. La estrategia basada en bots es fácil de detectar, así que en la actualidad se prefieren estrategias de *content seeding* basadas en troles. Esta estrategia, explicada sucintamente, consiste en que un troll alfa lance un mensaje que tanto los bots como un ejército de troles «guerrilleros», así como las personas reales que siguen al troll alfa (muchas sin saber que se trata de un troll), difundirán con retuits, posts y comentarios. El troll alfa suele mostrar posturas muy polarizadas y viscerales con el fin de desencadenar muchas interacciones que le otorguen relevancia en el algoritmo y más difusión (y dinero, que desde 2023 los tuiteros con *blue-check* ganan pasta por sus interacciones aunque muy recientemente se ha introducido la medida de desmonetizar automáticamente aquellos tuits que sean corregidos por las «Notas de la Comunidad»). Todo ello, al final, se traduce en horas y horas de permanencia de usuarios reales que se ven implicados en la controversia bien como participantes, bien como espectadores. La polarización provocada por este ejército de bots y troles consigue dos objetivos: el propio del lobby implicado (sesgar la opinión pública a su favor) y el de la propia red a la que regalas tu atención durante el máximo tiempo. Joder con el visionario de Platón y su mito de la caverna, explicando cómo las gentes se pasan su vida distraídas observando las sombras de objetos y no los objetos en sí mismos. Aunque también digo una cosa: si llevamos 2.500 años cayendo en lo mismo, igual un poquito de responsabilidad sí tenemos en que nos tomen por tontos, vamos a espabilar ya, ¿no?

Antes de terminar, quiero puntualizar que, aunque la polarización no es algo que habitualmente se encuentre en Grindr, Tinder, SCRUFF y demás apps de *cruising,* las discusiones polarizadas que encuentras en Facebook o Twitter sobre este tipo de aplicaciones pueden mediatizar tu experiencia en las primeras. Como todos somos usuarios de varias redes, es habitual que leas en Twitter críticas muy duras (y no siempre fundamentadas) a las aplicaciones de folleteo, afectando negativamente a la manera en que te relacionas en estas. Has visto tanto odio en la forma en que se polemiza sobre Grindr en Twitter que, cuando entras en la primera, estás ya muy sesgado por las opiniones que has leído en la segunda. Dicho de otro modo: la gente polarizada de Twitter está decidiendo, sin que te des cuenta, cómo será tu experiencia en Grindrburgo. Esto es un hecho contrastado en redes como YouTube, donde los comentarios dejados por anteriores espectadores sesgan la interpretación que hacen de un vídeo aquellos que lo ven por primera vez (Krämer *et al.*, 2021). ¿Te imaginas que buena parte de los sesgos con los que entras en Grindrburgo (y de los que hablamos en el capítulo anterior) provengan de la polarización con la que has leído sobre Grindr en otras RR. SS. como Twitter? No lo imagines, mejor reflexiónalo, con todo el sentido crítico que puedas. Necesitas informarte y aprender de las experiencias de otros, pues gracias a ello optimizarás tu resultado (socializar, follar, conocer a alguien para una relación estable, etcétera), pero si permites que opiniones polarizadas (y totalmente personales) te sesguen contra la herramienta, esta jamás te conducirá a donde quieres. Ahí te lo dejo.

Reforzamiento intermitente

Centrándonos en las apps de *cruising*, la forma más conocida de mantenerte en ellas es lo que conocemos por «reforzamiento intermitente», un tipo de refuerzo del que ya me ocupé en libros anteriores (*GS*, páginas 285-286):

En psicología, un «refuerzo» es un elemento exterior que modifica una conducta. Explicado de forma muy sencilla: si el refuerzo es positivo (un premio), la conducta aumenta, pero si es negativo (un castigo), la conducta desaparece.[68] El refuerzo intermitente es el clásico de los juegos de azar. A veces hay premio, a veces no, sí, no, no, no, sí, no, sí, sí, no, no, no, no… En este tipo de situaciones, llega un momento en que un no sirve como refuerzo porque, como creemos que los síes y los noes se van intercalando, cada vez que sale un no, nuestra mente interpreta que el sí se está acercando. Es lo que ocurre, por ejemplo, con los que juegan a las máquinas tragaperras y van echando monedas por más que no saquen ningún premio. Justifican su proceder afirmando que «la máquina está calentita», o lo que es lo mismo: creen que si no ha dado aún premio, seguro que saldrá pronto y él debe seguir delante de la máquina, echándole monedas, para ser él quien se lleve ese inminente premio. Traduce este proceder a Grindr. Les entras a hombres distintos, algunos contestan y otros no. De los que contestan, algunos siguen la conversación y otros no. De los que siguen la conversación, algunos se convierten en cita y otros no. De muchos noes siempre sale algún sí y hay polvo. Al estilo de las tragaperras, cada no que recibes es interpretado por tu cerebro como un sí inminente. Y sigues, sigues, sigues intentándolo con la esperanza de que, cuando menos lo esperes, saldrá tu premio en forma de cita sexual. Así te pue-

68. Repito la nota al pie de *GS*: «En realidad, se considera refuerzo positivo tanto la aparición de un premio como la retirada (o la evitación) de un castigo. Se considera refuerzo negativo la desaparición de un premio o la aparición de un castigo. A veces un mismo elemento actúa de castigo o de premio según la persona o las circunstancias. A veces el premio es simbólico. A veces depende de los beneficios/perjuicios a corto, medio o largo plazo, etcétera. La psicología del aprendizaje es muy compleja».

des pasar horas y más horas sin hacer nada más que estar pendiente de la pantalla de tu móvil.

Al hablar de reforzamiento intermitente solemos definirlo en función de la razón y/o del intervalo. La razón es el número de veces que tienes que hacer algo para lograr tu recompensa. Por ejemplo, eso de «Por cada cuatro consumiciones, te regalamos una copa», en términos científicos se describiría como un «reforzamiento intermitente de razón fija 4». Pero igual que los hay de razón fija (una copa gratis a razón de cuatro consumiciones pagadas), hay reforzamientos de razón variable: a veces el premio llega a la tercera, a veces a la séptima y a veces a la trigésimo novena vez que realizas la acción. Este es el caso de Grindrburgo, donde nunca sabes cuántas veces tienes que decir «Hola» para que surja una conversación. Pues atento: se sabe que este tipo de impredecibilidad aumenta la conducta pero, a la vez, genera ansiedad e incertidumbre. O lo que es lo mismo, este reforzamiento te genera más ganas de permanecer en Grindr tratando de iniciar una conversación con alguien, pero poniéndote más nervioso cada vez.

Algo similar ocurre con los intervalos de reforzamiento, los cuales no son otra cosa que el tiempo que transcurre entre la conducta y su recompensa. A veces el premio aparece a los tres minutos, a veces aparece casi de inmediato y a veces se retrasa un día. Si siempre aparece tras el mismo periodo de tiempo, hablamos de «intervalo fijo», pero, como ya habrás supuesto, la mayor parte de las veces no tenemos ni idea de cuándo recibiremos una respuesta, por lo que casi siempre el reforzamiento en Grindrburgo se presenta en un intervalo variable que es, precisamente, uno de los que afianza más las conductas y, por eso, muchos hombres se sienten enganchados a Grindr. Si ese es tu caso, te he dejado unos cuantos consejos en el siguiente capítulo sobre el manejo de los intervalos.

El resumen de este apartado sería: el tipo de reforzamiento que recibimos en Grindrburgo tiene todo lo necesario para conseguir que permanezcamos horas en la aplicación ¡y ellos lo saben! No es la única causa, desde luego, pero es bastante potente.

Reducción de la incertidumbre

Según nos explican Corriero y Tong (2015), «los individuos reaccionan negativamente a la incertidumbre y, por tanto, están motivados para buscar más información en un esfuerzo por reducir esa incertidumbre». O, lo que es lo mismo, las RR. SS. triunfan porque son una fuente constante de información. El trabajo de Bonilla-Zorita (2022) explora todas las formas en que las aplicaciones de ligue pueden reducir la incertidumbre y descubre que, para sorpresa de ningún maricón, Grindr permite, gracias a las fotopollas, fotoculos y chats, conocer de antemano al otro y reducir la incertidumbre de si me gustará/le gustaré. Después de intercambiar fotos y conversaciones guarras en estas aplicaciones, la mitad del trabajo ya está hecho cuando se produce el encuentro presencial. Y recuerda que quien dice Grindr dice Instagram o Twitter.

El marco teórico sobre el que se sustentan los autores mencionados, la URT,[69] dice que nos resulta mucho más

69. Sigla de Uncertainty Reduction Theory, teoría de la reducción de la incertidumbre.

agradable interactuar en una red si en principio sabemos a lo que vamos y nos permite, con tan solo unos minutos de chat, saber todo lo que necesitamos antes de quedar con alguien. El proceso de toma de decisiones se acelera, y esto a los humanos, en el fondo de nuestro ADN, nos encanta. Recuerda que tenemos sesgos porque nuestro cerebro rellena los vacíos en la información añadiendo datos de su propia cosecha. A nuestra mente no le gusta nada-nada-nada la incertidumbre.

Sin embargo y en un *plot-twist* tan interesante como únicamente aplicable a Grindrburgo, Corriero y Tong (2015) concluyeron que los usuarios de Grindr y similares preferimos mantener cierta incertidumbre sobre la personalidad de nuestros contactos, ya que «la incertidumbre puede proporcionar a las personas que se citan una forma de preservar las ilusiones positivas sobre sus parejas sexuales al evitar información adicional (y potencialmente desagradable) sobre ellos». O como hemos comentado muchas veces: a veces mola seguir creyendo que el tío que te está empotrando vehementemente en la ducha de tu casa es un camionero que acaba de dejar el vehículo aparcado a dos calles, y no otro maricón normal y corriente como tú y como yo. Grindrburgo es el país de la fantasía, donde ni queremos ni necesitamos toda-toda la información sobre nuestros vecinos. El interés por tener mucha información de la otra persona solo se da en aquellos que emplean aplicaciones como Tinder, a las que se supone una finalidad romántica.

En resumen: (1) si solo buscas novio, vas a pasarte horas conversando con él antes de vuestra primera cita porque te interesa saberlo todo del posible candidato a «hombre de tu vida»; y (2) si lo que quieres es follar, no necesitas saber mucho del otro, pero permanecerás horas en una aplicación como Grindr (y similares) buscando polvo para esta tarde.

En ambos casos pasaremos mucho tiempo en unas apps que nos obligarán a ver anuncios en su versión gratuita…, anuncios con los que la empresa gana dinerito, *of course.*

Miedo al rechazo presencial

Existen los *textrovertidos,* que son personas muy introvertidas en la vida presencial pero muy extrovertidos en las RR. SS. (si también eres extrovertido presencialmente, eres extrovertido a secas y punto). Muchas de estas personas tienen pavor a ser rechazadas en un bar o en una conversación en mitad de una fiesta o cafetería. Pero siguen siendo tan homínidas como tú y como yo, así que también necesitan el contacto social. Las redes se lo han puesto a huevo para socializar sin sufrir por ser rechazadas. Muchos prefieren dedicar días y días (semanas y semanas) a conversar contigo «para conocernos bien» antes que quedar presencialmente. Y, de hecho, suplen la ausencia de contacto real con las toneladas de mensajes, memes, canciones, audios, enlaces y toda suerte de contenido que te envían con la intención de mantener el interés por tu parte mientras siguen reticentes a quedar.

Mención aparte merecen las personas neurodivergentes. Tengo entendido que muchas de ellas prefieren este tipo de contacto, y está bien que cuenten con una herramienta que facilite su comunicación a través de un canal que les haga sentirse cómodas y les permita graduar la intensidad del contacto hasta que les apetezca verse presencialmente. Pero si este no es tu caso, ni el de tu interlocutor, los mensajes, canciones, memes y demás que le envíes se quedarán muy cortos. A no ser que la distancia lo impida porque hay cientos de kilómetros entre vosotros (e incluso así), vas a querer quedar en persona. Y aquí reaparecerá tu miedo al rechazo. Entonces puede que canceles o puede que le hagas *ghosting* a tu interlocutor y vuelvas a iniciar conversaciones con otro chico. Y, de nuevo, todo será muy divertido hasta que se aburra y prefiera seguir hablando con alguien a quien sí conocerá en persona. Y vuelta a empezar. Hasta que te des cuenta de que todas esas horas que pasas online se deben a que te aterra el contacto real.

Algún día te convendrá solucionarlo.

Besos.[70]

70. Supongo que no esperabas de mí que te dijera: «Adelante, sigue encadenando abandonos por parte de tus contactos en las RR. SS.».

14

Trucos para que no te roben (demasiado) el tiempo

Si tras leer el capítulo anterior se te ha quedado un poco de mal cuerpo porque te has sentido demasiado identificado, bienvenido a la lista de personas normales: las RR. SS. enganchan fácilmente a cualquiera de nosotros y por eso nos serán útiles algunos consejos. El primer paso siempre es reflexionar sobre la función que cumple esta aplicación en tu vida, qué te proporciona. ¿Suple o complementa mi necesidad de socializar? ¿Satisface mi curiosidad? ¿Me proporciona estímulos sexuales? ¿Me entretiene cuando estoy aburrido? ¿Es mi ventana al mundo de la cultura? Una forma de saberlo es evitar las redes durante 24-48 horas para comprobar qué es lo que más echas de menos. ¿Durante ese tiempo no sé de mis amigos? Quizá las empleo para comunicarme y mantener el contacto con mis seres cercanos. ¿Me aburro? Quizá me entretienen con sus memes y microvídeos. ¿Las masturbaciones no son lo mismo? Quizá me proporcionan fantasía. ¿Qué has notado tú?

Si la función que cumplen es la de sustituir algo en lugar de completarlo, vamos mal porque estamos en el camino de depender de la RR. SS. Solo en caso de que no puedas obtener algo de ninguna forma, las redes son un reemplazo adecuado. Por ejemplo, si es absolutamente imposible hallar parejas sexuales, entonces tirar de Grindr para hacer sexting es una opción más que razonable. Recuerda que así fue para media humanidad durante los confinamientos a causa de la COVID-19. También es funcional decidir que ya no quieres quedar con hombres porque te agota todo el tinglado que tienes que montar para un polvo que ni sabes si será bueno o un desastre y prefieres aliviarte con el OnlyFans de ese actor. Pero si solo te haces pajas viendo porno porque estás acomplejado de tu cuerpo o tienes nosofobia, entonces tienes un conflicto para el que las redes pueden servir como alivio momentáneo, pero jamás como solución.

Regresando al gasto de tiempo, alguno de los consejos que puedo darte para que no lo pierdas innecesariamente son tan evidentes que me da vergüenza escribirlos. Por ejemplo este:

El *clickbait* no tiene ningún interés y cualquier información que pueda aparecer tras esos diez clics seguro que aparece en un buscador de noticias, ya ha sido trending topic, o es una soberana gilipollez, así que no te molestes en clicar porque lo que leerás al final no te aportará nada novedoso. Tan obvio que todos lo sabemos..., pero yo debo incluirlo.

Manejar el contenido inspiracional puede ser un poco más complicado: hasta que no te informas a fondo sobre cualquier tema, eres vulnerable a la información poco veraz. Formarse un buen criterio lleva tiempo, pero si algo te interesa no te molestará dedicarle horas a contrastar lo que dicen unos y otros informantes. Y sabrás encontrar expertos (de los que tienen un currículum que avala sus afirmaciones) a los que consultar. Pero la regla básica es: «Nada te hace feliz por completo», así que no creas a los que te ofrecen toneladas de felicidad a bajo coste. Ni adelgazar sin pasar hambre. Ni ganar dinero durmiendo. Ni que te crezca la polla cinco centímetros a base de masajes. En fin: que no existen los milagros.

Suprimir las notificaciones

Otro consejo elemental es que elimines todas las notificaciones de tu móvil. Entra en su configuración y selecciona la opción de no permitir notificaciones de ninguna aplicación. La regla de oro es: «Si fuese importante de verdad, me llamarían», y esto se aplica tanto a si tu madre está hospitalizada como a si tienen que avisarte los de la alarma del piso porque han entrado a robar. Nadie avisa de algo urgente con un wasap. Nadie con dos dedos de frente, claro. Al principio te sentirás nervioso y tú mismo entrarás a la app para ver si te han escrito. Estás habituado, no te rayes, es normal que sigas pendiente. En cuanto lleves una semana sin notificaciones, verás que el tiempo que aguantas sin prestar atención al teléfono se hace más y más largo cada vez. Vas por buen camino.

La utilidad de un registro

Cuando tenéis problemas con el tiempo que pasáis en las RR. SS., lo primero que hago es pediros un registro de ese tiempo. Es muy fácil obtenerlo porque la mayoría de los dispositivos te lo calculan ellos mismos y puedes consultarlo en la pantalla «Tiempo de uso», pero también puedes apuntarlo tú mismo. ¿Entras a todas horas o en una franja de tiempo determinada? ¿Cuánto tiempo real permaneces en esa red? ¿Más, menos o parecido a lo que sospechabas? Recuerdo un paciente que, tras anotar el tiempo diario que dedicaba a Instagram, me dijo en la siguiente sesión: «Pues me acabo de dar cuenta de que no tengo un uso abusivo: entro solo después de trabajar y en el rato muerto que me queda antes de cenar; me dedico a ver las fotos de mis amigos para saber cómo siguen y charlo con ellos para contarnos cómo nos ha ido el día a través de la mensajería de la aplicación, como si fuera WhatsApp. En el fondo, lo que estoy haciendo no es más que aprovechar un rato tonto en el que no tengo nada que hacer para ponerme al día con gente que me importa». Convinimos en que, si ese era su uso mayoritario, aunque de vez en cuando pasara más tiempo del habitual, tampoco era grave, ya que usaba Instagram como una herramienta para mantener el contacto con personas que formaban parte de su círculo social presencial. Pero si este no es tu caso y descubres que derrochas tiempo deslizando el dedo por la pantalla mirando imágenes de vidas ajenas a la tuya, puedes limitar el tiempo de uso de estas aplicaciones en la configuración de tu teléfono.

Limitadores de tiempo de uso

Las limitaciones que te ofrece la propia configuración de tu dispositivo son fáciles de sortear; en los casos más graves de atención *secuestrada,* necesitaremos unos limitadores más potentes. Existen utilidades que bloquean el teléfono si excedes el tiempo de uso diario que has programado para determinadas aplicaciones. Te puedo recomendar algunas como OFFTIME o App-Detox, pero es probable que se hayan quedado obsoletas (o hayan desaparecido) cuando leas este libro o que no estén disponibles en tu país, así que lo mejor es que tengas clara su función y busques aplicaciones similares que puedas emplear. Con estas funciones instaladas, si sobrepasas los minutos diarios que has decidido permitirte en Grindrburgo, tu teléfono se bloqueará hasta las cero horas del día siguiente, por lo que más te vale no excederte. A grandes males, grandes remedios.

Define tú los intervalos

Si uno de los elementos que nos engancha a Grindr es la variabilidad del intervalo con el que nos llegan las respuestas del otro, una forma de evitarlo es definir nosotros cada cuánto tiempo queremos ver las notificaciones. ¿Cómo? Una notificación es un estímulo visual/sonoro que te provoca que interactúes con el móvil. Es un estímulo que llega de fuera de ti para conducirte a una actuación; decide por ti y aparece cuando quiere otra persona. Una forma fácil de definir tú el intervalo es decidiendo cuándo vas a interactuar con tu móvil y negarte a hacerlo en cualquier otro momento. Por ejemplo, entras en Grindr a mediodía mientras te tomas el café en la oficina y por la tarde cuando regresas a casa. No entras cada vez que te llega una notificación, sino en unos momentos que tú has destinado a tal fin. Parece fácil, ¿verdad? Pues no lo es tanto, así que vayamos por pasos.

En primer lugar, es importante aclarar que en este apartado me estoy refiriendo exclusivamente a las interacciones para conocer chicos en la aplicación, y no a las conversaciones que mantienes con hombres que ya conoces. Otra excepción se dará cuando alguien de los contactados te guste de verdad, haya *feeling* y estéis ultimando una quedada.

Confío en tu inteligencia para darte cuenta de que, en este caso en que se supone que la conversación será productiva y no una pérdida de tiempo, estás legitimado a permanecer atento a sus mensajes. Aunque también entiendo que a esas alturas ya os habréis pasado los WhatsApp y estaréis hablando por esta otra red. Sentido común, cariño, siempre sentido común. Lo que quiero que te quede claro es que lo importante es que tú decidas cuándo y cuánto quieres entrar en Grindr, y no que sea esta app la que decida cuándo va a secuestrar tu atención.

Para comenzar a practicar, entra en Grindr, observa al vecindario, escribe a los que te interesen y cierra la aplicación. Pon una alarma a la media hora y no entres de nuevo hasta pasado ese tiempo. Se supone que has quitado las notificaciones (o que no les haces ni puto caso). Cuando transcurra ese tiempo, entra en la app y contesta a los que te han respondido.

A partir de aquí comienzan las excepciones y matices. Supongamos que en tu barrio no hay muchos maricones y que se liga más en la zona en la que está tu trabajo. Claramente prefieres grindear cuando estás en horario laboral porque se pescan muchos más maromos. Pero no es plan de perder el tiempo de tu jornada laboral explicándole a ese chulo lo profundo que le vas a mamar el rabo, así que vamos a intentar dar un uso sensato a Grindr. Comienza por asegurarte de que tu perfil diga algo como: «No siempre contesto inmediatamente, pero trato de responder a todos», o cualquier frase por el estilo. Aprovecha una visita al baño a media mañana para entrar en la aplicación, contesta los mensajes pendientes y ciérrala al volver a tu puesto. A la hora de comer regresa a Grindrburgo y responde los mensajes de nuevo. Los que busquen «sexo ya» se quedarán con las ganas porque, evidentemente, no abandonarás tu puesto para irte a follar y...

(... un momento, un momento...

... pues anda que no hay maricas que se dan una escapadita para visitar al de la oficina de al lado...

... RECTIFICO):

Si tú perteneces a ese grupo de maricones que se contiene la calentura en horario laboral y no te escapas de la oficina para tirarte a un maromo del barrio, entonces aprovecha la hora de la comida para responder amablemente los mensajes recibidos con algo tan sencillo como: «Ey, ahora entro en una reunión, estoy en el trabajo, te escribo esta tarde desde casa», y cierra la aplicación, ¡ya has pescado! En tu piso, una vez acabada la jornada laboral, conversa con esos chicos y queda con ellos para otro día. Una analogía nos ayudará: ¿tú te sientas delante de la lavadora mientras funciona? ¿A que no? Ponemos la máquina en marcha y, mientras se hace la colada, aprovechamos para realizar otras tareas o para disfrutar de un libro o una serie. Por más que observes tus calzoncillos dando vueltas en el tambor, ni se van a lavar mejor ni se van a lavar antes. Pues algo parecido: en lugar de estar pendiente de cuándo te entra una notificación, deja la aplicación abierta y que vayan llegando. Ya las mirarás cuando de verdad tengas un rato libre. Así es como defines tú los intervalos: entras a Grindr cuando te conviene y no cuando te llegan los avisos.

Reconoce lo obvio y no retrases más lo ineludible

A lo mejor lo que sucede es que andas más caliente que los palos de un churrero. En ese caso permanecerás horas y horas en Grindr buscando polvo. No te gastes: vete de *cruising*, a la sauna, tira de follagenda o cáscate una buena paja. Porque ese estado emocional tan intenso (estar cachondo) dirigirá tu conducta. Cuando estamos ligeramente enfadados podemos continuar con nuestras vidas a pesar de este enfado. Cuando estamos levemente tristes, también podemos continuar con nuestras actividades cotidianas a pesar de nuestro tono decaído. Cuando estamos contentos, nuestra vida habitual se enriquece de este extra de alegría. Sin embargo, cuando estamos absolutamente furiosos, totalmente deprimidos o brutalmente eufóricos, difícilmente podremos continuar con nuestras vidas hasta que no gestionemos esta emoción canalizándola, permitiendo su expresión. ¿Qué te hace pensar que iba a ser diferente con la excitación sexual? Pues eso, si tus hormonas, tu falta prolongada de sexo, tu ansiedad o el motivo que sea te tienen tan necesitado, mejor haz una pausa y busca sexo de la manera más directa que puedas. ¿Te imaginas estar muerto de hambre y dedicarte a mirar durante horas la carta de un restaurante? ¿O pasar la tarde llamando a diferentes sitios esperando que alguno te lleve la comida a casa (no todos tendrán ese servicio) y que después no te guste el plato o la ración sea tan escasa que no satisfaga tu apetito? Seguirás con hambre, y vuelta a buscar comida. ¿Acaso no sería más inteligente prepararte un buen plato o acudir a algún restaurante que sabes que te satisfará? Y si esto te parece tan lógico, ¿por qué no aplicas la misma lógica a Grindr? Reconoce que estás cachondo, que Grindr solo te sirve para explorar y que, ante una necesidad imperiosa de follar, mejor ir a tiro hecho y no perder el tiempo: paja, follamigo o sauna. Punto.

Por último, a veces no es el sexo lo que nos mantiene

durante horas y días deambulando por Grindrburgo, sino la búsqueda del amor, sobre todo en aquellas aplicaciones como Tinder en las que se supone que se puede encontrar novio. En ese caso, y siempre que no caigamos en eso que llamamos «comportamientos dependientes», empatizo con la necesidad humana de buscar compañía sentimental, pero te recomiendo muchísima calma y paciencia, así como que te organices la agenda. Tal como suena: dedica un día a la semana a tener citas o un rato cada día, a unas horas definidas, a conocer a hombres que quieran tener una cita contigo. En serio: los martes de Tindr. Los lunes y los miércoles vas a clases de portugués, los jueves haces una hora más en el *gym* porque vas a spinning y el viernes duermes un poco antes de salir de fiesta o vas al curso de cerámica si no sales de noche. Pero el martes te preparas unas palomitas y abres un refresco, entras en la aplicación y conoces a tipos nuevos. Hablas con tus *matchs* y les pasas el WhatsApp a los que superen el umbral de tu interés. Ponte una alarma de finalización: a las nueve se cena y se corta la conversación (o conversaciones). Si crees que alguno de ellos merece el intento, proponle una cita y descarta los que solo quieren marearte. A partir de aquí no perderás el tiempo en Grindrburgo, sino, en todo caso, «con un tipo que conocí y, después de varias citas, no quedamos en nada». Pero esto te habría ocurrido igualmente si lo hubieras conocido en el cumpleaños de una amiga, ya no es un problema derivado de que pierdas el tiempo en las aplicaciones.

Dite a ti mismo que está bien querer tener pareja, pero que no vas a permitir que ello te impida disfrutar del día a día o que no te deje tiempo ni para tus amigos ni para tu familia. Hay una gran diferencia entre «estar abierto a» y «estar obsesionado con». Llevar una soltería saludable tal como te enseñé en *CAM* te ayudará muchísimo a no perder el tiempo en estas redes.

No hagas famoso a un gilipollas

A veces quienes te hacen perder el tiempo son los análogos en redes, a esos que llaman «vampiros energéticos» en la vida presencial: los «vampiros de casito», que reciben mucha más atención de la que merecen. Admito sentir cierta satisfacción malsana cada vez que cae en las RR. SS. alguien que me disgusta pero que previamente ha sido endiosado por el público. Es como constatar: «Por fin se han dado cuenta de que este tipo, que va de graciosete, no es más que un señoro». Y es malsana porque nadie es ni tan malo ni tan bueno como para ser llevado ni a los infiernos ni a la gloria redera, así que mi propio reduccionismo no puede ser sano (trato de ser consciente de mis propios sesgos y no responder a ellos). Intentaré explicar esta situación con algunos ejemplos y, si me lo permites, en este caso emplearé uno sobre mis propias fobias personales. En una ocasión, alguien muy famoso narró su experiencia con los psicólogos y nos puso a caer de un burro. En realidad, su mala experiencia había sido con un solo psicólogo (no hizo una investigación sobre la funcionalidad de nuestra profesión), en su primera cita (ni siquiera mantuvo una relación terapéutica), tras la que no regresó ni a la consulta de ese psicólogo ni a la de ningún otro. A partir de ahí y desde su potente altavoz en redes, elaboró una crítica a nuestra profesión. Ole. Soy el primero en reconocer que nos hace falta un buen lavado de cara y que debemos ponernos en serio a quitar magufos de nuestras filas, ya me lo habéis leído y oído antes. Pero hacer una generalización a partir de una experiencia tan limitada es, digámoslo con un eufemismo, osado. Este famoso había demostrado en su carrera tener un pensamiento ágil (o muy buenos guionistas), pero no un pensamiento muy profundo, así que, para mis adentros y de acuerdo con su trayectoria previa, juzgué: «Probablemente este hombre no dé para más». Dejé de seguirlo porque no me aportaba nada (ni siquiera risas, a pesar de que se suponía que esa era su profesión), y listo. Dado que se trataba de alguien con gran proyección pública, hubo compañeros y compañeras de profesión que le contestaron. Si hubiese sido un mindundi con menos de cien seguidores (como tantos hay), nadie le habría hecho ni puto caso. Meses más tarde fue noticia porque soltó una cagada in-men-sa en relación con el feminismo y muchos vieron lo que yo creía haber visto antes. Y ahí sí que le cayó la del pulpo, aunque curiosamente muchas personas parecieron darse cuenta en ese momento de que este señor no tenía ningún tipo de capacidad ni conocimiento de base como para hacer buenas críticas sociales, económicas, políticas, que era a lo que se dedicaba en los últimos años.

Este es un ejemplo paradigmático de cómo hacemos famosas a personas que pueden destacar por un talento y esperamos, debido al efecto halo, que sea talentosa en todo (aquí tenemos otro efecto psicológico en acción, ¿te das *cuen*[71] de que hay muchos?). El efecto halo es muy frecuente en los humanos y consiste en atribuir prominencia global a personas que destacan en una característica concreta. Sole-

71. Lector americano, esta expresión es un recuerdo cariñoso al humorista Chiquito de la Calzada.

mos pensar, por ejemplo, que las personas muy bellas son también muy simpáticas, muy buenas y muy inteligentes (sonido de bocina vieja y la palabra «FALSO» parpadeando en letras de neón). Esto es así hasta el punto de que las personas con buen físico suelen conseguir mejores resultados en las entrevistas de trabajo. Pero también solemos pensar, por ejemplo, que un compositor grandioso es una maravillosa persona. Pues no, a menudo las grandes sinfonías provienen de tremendos conflictos mentales o morales. Chaikovski era pederasta, le iban muy, pero muy, jovencitos. Sexualmente era un cabrón de mierda (y en la actualidad un delincuente), pero componía música maravillosa. Y podemos decir lo mismo de muchos otros genios de la historia: eran absolutamente insufribles como personas y no es de extrañar que sus contemporáneos terminasen dándoles de lado o se vieran obligados a blanquearlos para seguir vendiendo su obra. Eso sin contar aquellos que se comportaban «como todo el mundo en su época» y hoy nos quedamos perplejos al saber cómo actuaban (aunque debemos tener cuidado de no caer en el presentismo). Los humanos estamos mediatizados por este sesgo que extiende como un halo una característica destacable de alguien sobre el resto de su personalidad. Un ejemplo marica cotidiano de este efecto es algo tan común como el hecho de que si el tipo está bueno, le reímos todas las gracias y le damos la razón en todo lo que dice, ¡como si también fuese ingenioso e inteligente! Evidentemente, nos equivocamos.

Que alguien sea muy bueno en un área no lo convierte en experto en ninguna otra cosa, pero ahí están los *todólogos* y tertulianos que lo mismo te hablan de pactos políticos que de repercusiones económicas de la invasión de Ucrania, o del porcentaje exacto de chocolate que debe llevar un *cou-*

lant. Paralelamente, ahí estamos nosotros esperando a que una persona opine de todo por más que tan solo sepa de algo concreto, ¡la de veces que me han pedido que opine sobre temas que quedan fuera de la psicología afirmativa gay!

¿Qué podemos hacer? Los efectos psicológicos suelen ser formas rápidas (automáticas o semiautomáticas) de procesar la información, por lo que reflexionar sobre ellos y razonar sobre lo inadecuadas que son sus conclusiones nos ayuda a superarlos. Seguramente mejoraremos el contenido de las RR. SS. si aprendemos que a un experto solo se le puede pedir que nos informe adecuadamente de su tema, así como si los expertos aprendemos a decir: «De eso no tengo ni puta idea, pero tampoco estoy obligado a saberlo, ya que no es mi campo». Ser conscientes de nuestros sesgos, efectos, filias y fobias nos ayudará a mejorar nuestra experiencia, a no decepcionarnos o a no dejarnos guiar por personas que, sabiéndolo todo en su área de conocimiento, no saben nada de esa otra parcela sobre la que nos están aconsejando.

Y es que, por más que los consumidores de contenidos puedan desarrollar su capacidad crítica para saber qué sí y qué no merece la pena ser tenido en cuenta, también serían necesarias unas buenas dosis de humildad en aquellos que tienen seguidores. Muchos influencers son personas con demasiadas ganas de que les den casito, capaces de las cosas más estrambóticas con tal de mantener la atención de su audiencia. Puedo entender esto en alguien que se dedica al entretenimiento, pero no en alguien que se dedica a la divulgación. Incluso dentro de los primeros, algunos entran en el peor terreno cuando juegan con la confrontación y la creación de malestar entre sus seguidores o rentabilizan los ataques a otras personas y colectivos.

Y, bueno, luego tenemos a los personajes anónimos (no famosos) que pretenden que les presten atención contando sus mierdas, quejándose de su mala suerte, de lo difícil que es hacer amigos, lo malo que es el mundo, etcétera. Y, por favor, quiero puntualizar que bajo ningún concepto me estoy refiriendo a quien, de manera esporádica, comparte su malestar en un momento determinado, sino de personas cuyos contenidos están siempre enfocados a despertar lástima y conseguir la atención de los demás. Como me decía un paciente (que a su vez era psiquiatra), con estas personas hay que «aplicar extinción», que —lejos de lo que pueda parecer— no se refiere a la persona, sino a su comportamiento demandante de atención, el cual se extinguirá en el momento que deje de reportarle el beneficio de la atención ajena. O, lo que es lo mismo, que le apliquemos un «no le des casito» de libro. A este respecto te aconsejo que sigas la cuenta de Twitter @nolesdescasito y, ya de paso, que entres a su proyecto *La intersección.net* para documentarte sobre estrategias contra el odio en redes.

En resumen: selecciona muy bien a quién seguir y tómate en serio solo aquello que tenga que ver con su especialidad. El resto de las cosas que diga tienen tanto valor como la opinión de tu tío el contable cuando habla de fontanería: cero unidades. Si ves que el personaje quiere que le hagan caso y lo tomen en serio incluso en asuntos sobre los que no tiene ningún criterio bien formado, procede a silenciar, al unfollow o al bloqueo. Así evitarás *infoxicaciones* y que te hagan perder el tiempo con contenidos sin mayor validez.

Para tratar a aquellos personajes que buscan relevancia en el algoritmo generando polémica y/o insultando a personas o colectivos, hay otros consejos muy útiles. En primer lugar, no interactúes con esa persona o hazlo lo mínimo posible. Las RR. SS. van a detectar que lees un post, así que solamente por el hecho de enterarte de qué coño está pasando ya habrás dado relevancia a ese tuit, post de Instagram o Facebook o vídeo de TikTok. Pero ya que es inevitable darle relevancia, al menos que sea la menor posible. Para evitar darle más peso en el algoritmo, puedes hacer una captura de pantalla del tuit original y, sobre esta captura que Twitter identificará como una imagen de tu teléfono, hacer todos los comentarios y aportaciones que consideres necesario. Así podrás comentar un tema de actualidad o refutar algo con lo que no estás de acuerdo sin dar relevancia al usuario que ha iniciado todo. Incluso puedes cubrir su nombre de usuario. Es una manera de evitar darles publicidad a personas que solo buscan eso, bien por la fama, bien por la monetización (o ambas). También puedes aludir, sin mencionar ni hacer ningún tipo de captura, a personajes o situaciones que son de sobra conocidos porque son trending topic. De este modo, puedes hablar de ellos sin darles relevancia y explicar a tus seguidores cuál es tu opinión o criterio formado, así como el error del tuit/post/vídeo original. Entre todos conseguiremos *stop making stupid people famous*.

Ten una vida

Siento mucho sonar tan brusco, pero lo mejor que puedo hacer es decírtelo: para no perder el tiempo en las RR. SS. lo mejor es que tengas una vida. Si día tras día dedicas horas y horas a pasear por Grindrburgo, es imposible que tengas mucha vida. Grindr está cubriendo un vacío. En este caso, un vacío de actividades y de contacto humano. Si cuando sales de trabajar aprovechas para darle un empujón a la lectura de esa novela que te ha enganchado o para hacer la compra o ir a ese curso que tanto te apetecía (o al *gym*) o para ver una de tus series favoritas o para hablar con (o visitar a) tu familia o tus amigos antes de prepararte la cena y acostarte, ¿me quieres decir cuándo te queda tiempo para grindear? Si los fines de semana arreglas tu casa, haces la compra, ves a los amigos, viajas, te vas de fiesta y/o visitas a tus padres, ¿te queda mucho tiempo para estar en Grindr? Cuando Grindr consume nuestro tiempo es porque ese tiempo no estaba dedicado a otras actividades y personas prioritarias. Es importante preguntarnos si no estaremos un poco desequilibrados en lo que se refiere a nuestra vida social y nos convendría apuntarnos a más actividades sociales (spoiler: sí). Al principio cuesta, pero te prometo que con un poquito de planificación y perseverancia podemos llenar nuestra agenda de algo más que chats con desconocidos.

La receta que te ofrezco se parece a cuando el nutricionista te dice: «La mitad del plato de verduras, la cuarta parte de hidratos y el cuarto restante de proteínas». Pues yo lo mismo: «En un día laborable, un tercio del tiempo será para el trabajo o el estudio, un tercio para el sueño y el otro tercio para ocio. Y el ocio, que sea un tercio relax, un tercio socialización y un tercio actividades gratificantes». Cuando digo «tercio», por favor, entiende «una fracción orientativa» y ten presente que los tercios no se darán el mismo día. No es posible que tus tardes se distribuyan equitativamente entre el curso de cocina, la cerveza con los amigos y el capítulo de tu serie tumbado en el sofá. Lo más frecuente será que una tarde vayas al curso, a la tarde siguiente te tomes un café con tu amiga para poneros al día y que el tercer día te tires en el sofá a ver series. Y que este día, entre capítulo y capítulo, visites Grindrburgo. Si al cabo de la semana haces recuento y resulta que has dormido bien, has cumplido tu horario de trabajo (o los objetivos para ese día si estás jubilado), has disfrutado de la lectura, el cine o las series, has visto a tus amigos y te lo has pasado guay con ellos, has hablado con tus familiares, has aprendido algo y tu casa está limpia, la ropa planchada y la nevera llena, ya puedes haber pasado rato en Grindrburgo, que resulta imposible que haya sido un tiempo excesivo, ¡el reloj no tiene tantas horas! Si cuidas tu vida, estarás bastante a salvo de engancharte y de las pérdidas de tiempo. De hecho, es MUY fácil que te sorprendas a ti mismo diciendo: «Joder, ¡qué pereza me da meterme ahora en Grindr!» (guiño, guiño, emoji con sonrisa).

15

~~No le gusto a nadie...~~
Mi avatar no es llamativo

Cariño, no es que TÚ no le intereses a nadie, sino (en todo caso) que la imagen que presentas en Grindrburgo no resulta atrayente, y eso puede deberse a múltiples factores comenzando por tener un avatar mal elaborado.

Un avatar, en el ámbito informático, es la representación generada por computadora de una persona o de un bot por medio de la cual interactúa con los demás usuarios (Nowak y Rauh, 2005). Estos avatares suelen ser fotografías, emoticonos o incluso imitaciones de la forma humana (Fox, Bailenson y Tricase, 2013). En el mundo virtual no eres tú, sino tu avatar, quien se relaciona con los avatares de los demás usuarios. Esto es muy importante: en internet no sois personas, sois representaciones simplificadas que no transmiten la complejidad de la personalidad de cada uno de vosotros. Hay una limitación derivada de las propias restricciones que impone la tecnología: las fotos no son nuestra imagen en relieve y los mensajes de texto no alcanzan el nivel de detalle que introduce la paralingüística en nuestra comunicación oral.[72] La información que ofrece

72. La paralingüística son todos esos otros elementos que acompañan al

un avatar es muy reducida en comparación con la que proporciona una persona real, por eso es tan conveniente tener avatares lo más enriquecidos posible. Aprovecha, pues, cada resquicio para dar una descripción lo más amplia y fidedigna de tu persona con, por ejemplo, los textos que acompañan tus fotos en Grindr. Todo forma parte de la personalidad que transmites a los otros, incluso el modo en que estableces el contacto o cómo respondes a los demás. Todo es parte de la información sobre ti de la que disponen otros usuarios y que hace que quieran conocerte o mantenerse lejos de ti.

Bueno, pues resulta que, a pesar de la importancia que tienen, parece que no somos muy buenos construyendo avatares competentes.

La veracidad de los avatares

Ellison *et al.* (2006) revisaron los estudios publicados hasta ese año sobre cómo gestionamos la impresión que despertamos en los demás cuando nos relacionamos en webs de citas. Estas autoras recopilaron información importante sobre la veracidad de los avatares, las mentiras en las aplicaciones de ligue, cómo podemos demostrar que somos sinceros y cómo descubrir las mentiras ajenas. Para sorpresa de nadie, descubrieron que la mayoría de las personas tiende a crear una imagen idealizada de sí mismas cuando se

mensaje verbal y que complementan su significado: el tono de voz, los gestos con las manos, las expresiones faciales, la postura corporal, ectcétera. Las verbalizaciones sin ese otro contexto pueden perder mucha capacidad informativa.

relacionan en las RR. SS. y, sobre todo, en apps de ligue. Esto resulta contradictorio con otro de los hallazgos de la revisión: la mayoría pretendemos que los demás nos vean y acepten como lo que realmente somos, especialmente si nuestro objetivo es hacer amigos o encontrar pareja (que fue otro de los hallazgos).

¿Te das cuenta de cómo somos los humanos? Queremos que nos acepten tal y como somos pero mentimos al describirnos para parecer ideales. ¡Tócate los huevos! Claro que esto tiene una explicación igual de humana: a muchas personas les resulta difícil resolver el conflicto entre querer mostrar una imagen perfecta y querer ser auténticas. Por mi consulta han pasado centenares de hombres homosexuales que falsean sus perfiles porque creen que, si se muestran en Grindrburgo tal como son, nadie querrá follar con ellos, pero a la vez se frustran por sentirse obligados a aparentar lo que no son. Viven en una contradicción y, a causa de ello, cada nueva visita a Grindrburgo les resulta más aversiva que la anterior. En terapia solemos enfocarlo aprendiendo a no necesitar gustar a todo el mundo, conocer y superar nuestros propios sesgos, depender menos de las alabanzas de desconocidos y tomarnos con más ligereza las interacciones en las apps. Y fortaleciendo sus autoestimas en el sentido que explicaré en el capítulo 18.

Quizá a estas alturas te dé risa que te vuelva a hablar de otro efecto, pero en lo referente a los avatares existe uno llamado «efecto extraño de paso» (Rubin, 1975), que muchos habéis experimentado en más de una ocasión y que ya he mencionado en diferentes libros: es más fácil contarle nuestras intimidades a un desconocido que compartirlas con alguien a quien veremos en más ocasiones. En un cuarto oscuro o con un perfil anónimo, nos atrevemos a hacer y decir un montón de deliciosas guarradas, pero nunca en un perfil con foto de nuestra cara. Esto es así debido a la misma razón por la que eres reticente a pedirle al primo de tu amiga que te escupa mientras te empotra, no sea que lo cuente. Sin embargo, no tienes ningún reparo en pedirle a cualquier desconocido de Grindr que te haga eso mismo. Solo añadiré que el nombre de este efecto se debe a que se estudió observando el comportamiento de los viajeros en un aeropuerto: les contaban a los extraños de la sala de espera aspectos de su vida que no se atrevían a compartir con personas más cercanas. Si Dios creó al hombre a su imagen y semejanza, Dios está lleno de imperfecciones e incoherencias..., o igual esas incongruencias son los que nos hacen divinos (guiño).

Que en Grindrburgo se miente es un hecho constatado. Ahora bien, las razones son de lo más variopintas: van de la maldad pura y dura a la estrategia más sensata. En primer lugar, Ellison *et al.* (2006) concluyeron que muchos usuarios de estas apps están convencidos de que todo el mundo adorna sus características cuando está en un lugar de flirteo casual. Lo cierto es que eso sucede tanto en el mundo virtual como en el mundo presencial: a menudo follas con alguien que te cuenta un rollo sobre su vida mientras compartís la cerveza pospolvo y, tres meses más tarde, te enteras de que todo era falso. Hay gente mentirosa en Grindr igual que en el resto del mundo. Pero además de los embusteros habituales, muchos vecinos de Grindrburgo sacan toda su creatividad a relucir cuando redactan su descripción y exageran sus cualidades: ni somos tan altos, ni tan cultos, ni tan apasionados, ni tan divertidos. Ante este panorama, muchos consideran que, si todos los demás mienten, ellos estarán en desventaja si son sinceros. Por lo que, al final, todos mentimos con tal de no quedarnos atrás en esta carrera de *bienquedas*.

Otro tipo de semimentira habitual en Grindrburgo son los tópicos. Muchas descripciones son clichés que se repiten sin cesar. En Grindrburgo todos somos «deportistas, cinéfilos, amigos de nuestros amigos» y amamos disfrutar «de una buena bebida en la compañía adecuada». Sí, claro. Los cojones. Vas al cine a ver la última de Spiderman y eres cinéfilo. Y yo, teólogo porque grito: «¡Ay, dios!», cada vez que me empotran. Tiramos de frases hechas al describirnos, aunque también es cierto que la mayoría no lo hace con ánimo de engañar a los demás, sino porque están convencidos de que esa descripción es precisa. Y es que, siendo honestos, la mayoría no tenemos demasiada conciencia de cómo somos realmente, ¿por qué crees que muchas personas lo descubren tras una terapia?

Una vuelta de rosca a esta tendencia general es lo que yo llamo el «efecto Bimbambún». ¿Recuerdas el personaje de la serie *Aída* que, treinta años más tarde de haber triunfado como vedete, seguía creyendo que tenía un cuerpo «para el pecado» y el rostro más irresistible del barrio cuando la realidad es que sus vestidos de artista ya solo le servían para limpiar y de bellezón ya le quedaba poquito? Pues lo mismo pero en maricón: hay hombres que se describen como si siguieran siendo los chicos bellos y musculados que fueron hace quince años porque se siguen viendo a ellos mismos como entonces. Están convencidos de que conservan una belleza que ya no existe en la actualidad. Evidentemente, Ellison *et al.* (2006) no le dan este nombre en su artículo pero, leyendo la descripción que hacen de esta razón para mentir, yo no pude evitar pensar en ese personaje que sigue viendo en el espejo un yo que lleva décadas desaparecido y que Marisol Ayuso bordó en la serie mencionada.

La última razón que encontraron las investigadoras para mentir en las apps tiene que ver con optimizar los filtrados. Por ejemplo, las apps suelen dividir a sus usuarios en franjas de edad. Si yo tengo 53 años, me van a incluir en el intervalo de 51-60 años y si algún hombre de 49 hace una búsqueda filtrando por hombres de su edad, ya no apareceré en su franja (que sería la de 41-50 años), a pesar de que estoy cronológicamente más cerca de él de lo que lo están los hombres de 41 años que sí figurarán como candidatos. Cuando estás en los límites de las franjas de los filtros, a menudo ayuda quitarse un par de años para tener opciones con hombres más cercanos a tu edad. No se hace por mentir o porque no se acepte la edad, sino con la pretensión de sortear las limitaciones de los filtros. Eso mismo ocurre si haces mucho deporte y tienes un aspecto y personalidad más juvenil de la cronológica (o viceversa). Si a tus 45 años sales siempre de fiesta hasta la mañana siguiente, bailas como un loco y te sobra la energía, pocas parejas de tu edad van a llevarte el ritmo, así que preferirás conocer a gente que encaje mejor contigo en este aspecto y obtendrás mejores resultados si te quitas unos años en la app. Algo similar les ocurre a los jóvenes que se aburren con las conversaciones de gente de su franja de edad, seguro que buscarán hombres mayores aunque para ello deban hacerse pasar por alguien de más años. Y sí, además de esta explicación buenrollista que acabo de proporcionarte sobre los motivos para falsear la edad, también existen los maricas que se quitan años porque no soportan el paso del tiempo, los depredadores que buscan jovencitos a los que manipular y los jovencitos con muy pocas ganas de trabajar que buscan a un *sugardaddy* que les financie sus caprichos. ¿Cómo negar su existencia? Todos ellos también mentirán sobre su edad.

Si no queremos que los demás piensen que nosotros también engañamos, es necesario desarrollar estrategias para hacer patente la veracidad de nuestros avatares. Hay quienes ponen mucho más énfasis en la demostración que en la descripción. No solo escriben: «Soy runner», sino que además suben fotos suyas corriendo e incluyen hasta sus marcas personales. Tampoco escriben: «Me gusta pintar en mis ratos libres», sino que suben fotos con sus cuadros al fondo. Nada de «Me gusta la montaña», foto en el Pirineo.

Por último y gracias a que las apps lo permiten, muchos incluyen enlaces a otras RR. SS. como Instagram. Como en esas redes solemos tener mucho contenido, los demás pueden hacerse una mejor idea de la persona que hay detrás.

Cazando mentirosos

Con este panorama, no resulta sorprendente que hayamos desarrollado estrategias para cazar mentirosos, como por ejemplo ponernos insistentes con eso de: «No me voy a eternizar charlando por aquí, quiero contacto real sí o sí». Los mentirosos suelen desaparecer cuando ven que tú tienes intención de conocerlos en persona y valorarlos en función de lo que son. Y los que dudan sobre qué imagen transmitir suelen ser más auténticos online cuando saben que están abocados a un encuentro cara a cara.

Otra de las estrategias habituales es la de leer entre líneas. Como damos por hecho que la información que ofrecen el texto o las fotos no es suficiente o puede no ser fidedigna, prestamos atención a detalles como la ortografía o el entorno donde se ha hecho las fotos para recabar pistas y ver si hay algo sospechoso en ese hombre. Un ejemplo buenísimo: hay un youtuber machirulo-fitness-*couch* que se ha hecho famoso por ser gilipollas y ofender a la gente con menos dinero y más barriga, que vende cursos para enriquecerse pronto y fácilmente, y que se hace fotos con supuestas modelos. En una de ellas recibió un troleo épico porque una de las chicas que lo acompañaba sobre la cubierta de un yate llevaba un bañador estampado que costaba 7,21 euros en Aliexprés. Total, que el CM *(community manager)* de la empresa reposteó la foto del individuo y la chica haciendo coña: «Igual no eres tan millonario si compráis saldos».[73] Esto no va de burlarse de quienes tienen menos poder adquisitivo (algunos, de hecho, odiamos gastar dinero innecesariamente en ropa y preferimos vestir marcas de gama baja). Esto va de coherencia y de que, si presumes de lo que no eres, existen maneras de cazar tus mentiras.

Otra estrategia que aconsejan las autoras de esta investigación que estamos repasando es que los demás usuarios puedan introducir *reviews* en los perfiles, algo que yo propuse de coña en uno de mis vídeos:[74]

> Yo creo que Grindr debería hacer como Amazon con las reseñas y que los perfiles tengan la opción de que nosotros pon-

73. <https://twitter.com/AliExpressES/status/1688903482676256769>, consultado el 25 de septiembre de 2023.

74. *Tipos raros de Grindr 1.*

> gamos comentarios del tipo «Una estrella: cuando llegó a mi casa, el rabo le medía 8 cm menos de lo que prometía en la fotografía. Una estafa, no quedes con él, ¡qué decepción!». Porque, claro, ¡uno está expuesto a que lo engañen!

¿Os imagináis que se hiciese realidad? ¡No! No quiero ni pensar lo que harían los exnovios cabreados, y los movidones cada vez que echaras un mal polvo y el otro te culpase a ti cuando fue él quien se movió menos que el marco de la puerta. Sería campo abierto para la venganza, el *body-shaming*, el *slut-shaming* y todos los *shamings* que seamos capaces de inventar. Yo lo propuse como broma en un vídeo de corte humorístico, no puedo imaginar la clase de sociedad en la que nos convertiríamos si pudiéramos incidir digitalmente en la reputación de los demás. Bueno, sí: en una distopía como la de Nosedive.[75]

La conclusión final a la que llegan Ellison y su equipo es que la mayoría de los usuarios intentan ser sinceros, aunque como ellas mismas admiten: «Este estudio destaca el hecho de que crear una representación veraz de uno mismo en línea es un proceso complejo y en constante evolución en el que los participantes intentan atraer parejas deseables mientras se enfrentan a limitaciones como las que plantea el diseño tecnológico y los límites de su autoconocimiento».

En resumen: ni nos conocemos tan bien a nosotros mismos, ni somos tan habilidosos haciendo descripciones. Para colmo, las apps presentan limitaciones como búsquedas poco flexibles o poco espacio para detallar lo que uno es.

75. Episodio 1 de la 3.ª temporada de *Black Mirror*. En España se tituló «Caída en picado» y en Hispanoamérica, «Caída en picada».

Con todas estas complicaciones, en más de una ocasión terminamos con la sensación de que los demás nos están intentando vender la moto o que no terminan de conocernos bien. Y es que crear un buen avatar, ser habilidoso en la comunicación digital requiere un aprendizaje que aún estamos realizando todos, to-dos. Estamos tan perdidos que en nuestro intento de desenvolvernos en Grindrburgo acabamos aplicando la máxima de «Donde fueres haz lo que vieres» y terminamos siendo víctimas del efecto Proteus.

Proteus no es un villano de Marvel (aunque podría)

De Proteo se cuenta en la *Odisea* que era uno de los hijos de Poseidón y solía salir del mar a mediodía para echarse una siestecita cerca de la orilla. El tipo tenía unas dotes espectaculares para la predicción pero le daba mucha pereza eso de hacer de pitoniso y, cada vez que alguien se le acercaba con la pretensión de pedirle que le echase la buenaventura, Proteo se escaqueaba a lo grande. El tío se metamorfoseaba en un león, un árbol, una serpiente, ¡en agua!, lo que fuera con tal de no verse obligado a profetizar. Tenía tal arte para el transformismo que hubiera ganado cualquier temporada de *RuPaul's Drag Race*. Por tal motivo, al efecto que consiste en que amoldemos nuestra personalidad a algo que no somos pero que creemos que nos representa se le ha llamado «efecto Proteo» (aunque en la literatura científica mayoritariamente lo encontraremos en su forma inglesa: Proteus).

El efecto Proteus no tiene que ver con que mintamos y creemos un avatar que represente un yo ideal, sino con que terminemos comportándonos como el avatar. Te lo explico con algunos ejemplos. En un experimento muy curioso, Czub y Janeta (2021) pusieron a varias personas a hacer *curl* de bíceps con barra. La mitad de los participantes realizaba el ejercicio mirándose en un espejo, como en los gimnasios, mientras que la otra mitad llevaba unas gafas de realidad virtual en las que se veían a ellos mismos como un avatar lleno de músculos que reproducía sus movimientos. ¿Qué crees que sucedió? Pues que los que se veían como personajes musculados ¡hicieron más repeticiones sin cansarse! Aquellos que se veían como tipos fuertes realizaron más ejercicio y sin tener la sensación de haber necesitado esforzarse más que los participantes del otro grupo. Todos tenían (más o menos) los mismos cuerpos y los mismos niveles de glucosa en sangre, la única diferencia entre ellos estribaba en cómo se veían a ellos mismos. ¿Te ves como un toro? ¡Haces bíceps como un toro!

Estos resultados y otros obtenidos en distintas investigaciones (Kim *et al.*, 2020) tienen unas implicaciones muy positivas no solo en el deporte (sobre todo en el de élite), sino en la rehabilitación de personas que han sufrido lesiones, en la psicoterapia y en la educación. Y también son un ejemplo claro del efecto Proteus y lo poderoso que puede resultar vernos como algo más fuerte (o más bello, o más inteligente, o más paciente) de lo que somos.

¿Qué tiene que ver el efecto Proteus con Grindrburgo? Bueno, la nuestra es una comarca donde se muestran alegres cuerpos, pollas y culos. En un lugar donde todos se sexualizan y donde, por imitación, yo también sexualizo mi imagen, ¿terminaré comportándome como ese avatar mío sexualizado? El efecto Proteus dice que sí, debido a mecanismos como la autopercepción y el efecto *priming* (Praetorius y Görlich, 2020) amén de otros elementos como el feedback.

Según la teoría de la autopercepción (Bem, 1972), las personas inferimos nuestras actitudes y creencias al observarnos a nosotras mismas como si fuéramos un tercero. Investigadores contemporáneos como Ratan *et al.* (2020) han aplicado esta teoría para explicar el efecto Proteus y su interpretación va en la línea anunciada: si entramos en entornos sexualizados, probablemente sexualizaremos nuestro avatar en imitación de los otros y, a continuación, ajustaremos nuestro comportamiento a lo que creemos que se espera de ese avatar sexualizado. Si estamos rodeados de hombres sexualizados, probablemente sexualizaremos nuestra imagen y nuestras actuaciones, de la misma forma que si estamos rodeados de hippies *flower-power*, nos dejaremos arrastrar por sus cánticos y abrazos. Para la mayoría de los seres humanos, el propio comportamiento se ve permeado por el del entorno, tanto para bien como para mal. Somos mucho más influenciables de lo que estamos dispuestos a admitir.

Otras investigaciones como la de Dillman Carpentier *et al.* (2014) analizaron este efecto demostrando que los entornos online sexualizados facilitan el comportamiento sexualizado de sus usuarios. La autora principal, Dillman Carpentier (2016), concluyó años más tarde que los entornos donde se ofrecen pistas románticas también facilitan un comportamiento romántico por nuestra parte y que incluso inhiben nuestra conducta sexualizada. Es cierto que los estudios presentan algunas limitaciones, como que las muestras no son superiores a los 150 sujetos y que todos ellos fueron jóvenes adultos, y eso dificulta que podamos generalizar sus resultados a toda la población. Pero, con las debidas precauciones, nos ayuda a entender que muchos de nosotros nos comportemos más románticamente en apps como Tinder y más sexualmente en apps como SCRUFF.

Así, si nuestro entorno está lleno de detalles sexualizados como torsos desnudos, genitales, palabras que hacen referencia a roles o prácticas sexuales, actuaremos en consonancia siendo mucho más explícitamente sexuales. Elaboraremos avatares con nuestras fotos más sexis y redactaremos textos detallando lo que queremos en la cama. Una vez creado ese avatar, nuestro comportamiento tenderá a ser más y más sexualizado para asemejarse a lo que creemos que los demás esperan de alguien con ese avatar. Es tremendamente importante darnos cuenta de que actuamos conforme a una idea que nos hemos hecho de los demás. No partimos de lo que los demás nos han pedido, sino de lo que nosotros suponemos que ellos esperan. Esto significa ni más ni menos que Grindrburgo se caracteriza por ser una proyección generalizada: proyectamos sobre los demás y ellos sobre nosotros. Afortunadamente, siempre hay tiempo para aprender a ser uno mismo.

El éxito en Grindrburgo

A la hora de hablar sobre tener éxito en Grindrburgo, resultan necesarias una serie de precauciones. En primer lugar, ese éxito no consiste en tener 40K seguidores ni el *inbox* saturado de peticiones, sino en lograr conectar con algunos hombres junto a los que pasarlo bien durante los ratos que nos queden libres. Lo demás es postureo. Y lo digo en serio, muy en serio, no despectivamente. Si tienes un trabajo, una afición, una casa que mantener ordenada, comida que comprar y cocinar y unos amigos a los que ver, no te queda tantísimo tiempo para follar. El poquito tiempo que te quede libre lo pasarás con el par de ligues de esa semana porque los días no dan para más. Los que dicen que follan cada día laborable o mienten o tienen demasiado tiempo libre... y un montón de vecinos calientes en su barrio, porque no me salen las cuentas.

Otra precaución es que, como ya hemos ido viendo, resulta muy difícil (por no decir imposible) que un avatar te represente en tu totalidad, así que la idea que los demás se harán de ti en Grindrburgo siempre será superficial. La valoración de algo tan complejo y polifacético como tu persona no puede depender de un solo elemento. Este tema lo desarrollé ampliamente en los capítulos dedicados a la autoestima erótica en *GS*, te recomiendo su relectura. Este es un fragmento de la página 100:

> Siempre ha habido gente que gustaba mucho y gente que no gustaba tanto. Esto solo se convierte en un problema cuando la autoestima no tiene más punto de apoyo que la propia belleza. Como cuando alguien hace malabares mientras trata de mantener el equilibrio apoyando solo un pie sobre una pelota. Ahí el riesgo de caída sí que es inminente.

Lo que acabo de afirmar nos parece una obviedad, ¿verdad? Pues no lo tendremos tan claro cuando muchos de vosotros empleáis Grindr para reforzar vuestra autoestima. Le estáis dando un uso inadecuado a la herramienta. Y esta es una de las claves: algunos estáis empleando las apps de follar para algo con lo que ellas no tienen nada que ver.[76]

76. Tampoco te fustigues, que hay gente igual en todas partes. La hermana pequeña de un conocido se presentó a un puesto de trabajo en Mango solo para comprobar que estaba lo «suficientemente buena» [*sic*] como para ser

Sin duda, este es uno de los principales errores que observo dentro del colectivo: queréis que Grindr sea el refuerzo de vuestra autoestima. Spoiler: sale MAL. Grindr te abre una ventana a los demás chicos gais de la zona. Te permite conocer sus gustos y evaluar vuestra compatibilidad. Te permite enviarles un mensaje y, si contestan, quizá tener una cita sexual (o para charlar). Nada más. Na-da-más.

Un tipo con una autoestima erótica saludable sabe que ni es un adonis ni falta que le hace. Sabe que, cuando entre en Grindrburgo, gustará a unos cuantos tipos de su entorno pero no a todos (y menos mal, porque no tiene tanto tiempo libre como para pasarse todas las tardes follando). Sabe que las aplicaciones limitan mucho la comunicación y preferirá quedar en persona tras algunos chateos. Si va muy caliente, se hará un pajote viendo porno y se quedará tan tranquilo en lugar de frustrarse tratando de conseguir una cita a toda costa. Sabe que a veces ligará enseguida y a veces tardará días. Y, sobre todo, sabe que los tipos de la app no le conocen de nada, por lo que no pueden evaluar su auténtica valía. Su autoestima reposa lejos de Grindr.

Pregúntate cuánto te pareces al hombre que acabo de describir. Si tu respuesta es «poco» o «nada», plantéate si no te conviene pausar las visitas a Grindrburgo hasta que tu autoestima esté mejor. Y haz lo que tengas que hacer para mejorarla. Nosotros te esperamos.

---

dependienta de esa cadena. Pasó la entrevista y rechazó el empleo porque no estaba interesada en el trabajo, pero celebró «poder ser chica Mango si quisiera». ¿A quién no le sube la autoestima poder decir: «Me entran un montón de tiarrones en Grindr»? Somos humanos, y los humanos en ocasiones damos mucha risa. No nos tomemos demasiado en serio a nosotros mismos.

Otra vez los sesgos dando por saco

Si quieres follar con alguien, solo tienes tres opciones: que lo obligues, que le pagues o que le gustes. Doy por sentado que no quieres violar a nadie e imagino que no quieres recurrir al sexo de pago (al menos no siempre). Por ello entiendo que quieras parecer atractivo en Grindr, pues no hay otra forma de que consigas algún polvete. Sin embargo, a la hora de valorar nuestro éxito en Grindrburgo, aparecen problemas por culpa de nuestros sesgos mentales, especialmente dos que se encarnan en los «es que» que te describiré a continuación, seguidos de una formulación alternativa. Si los sesgos de un paciente suponen que este procese la información en una dirección errónea, nuestro deber como terapeutas es ofrecerle interpretaciones diferentes a las que ha realizado.

1. «Es que los hombres a los que yo les gusto no me gustan a mí, y los que me gustan no me hacen ni puto caso porque yo no tengo un cuerpo como el suyo». Que se traduce como: «Centro mi atención en los cuerpos. No me gusta el mío pero sí me gustan los hombres con cuerpos que yo no tengo, razón por la cual creo que no tengo posibilidades con ellos y eso me frustra». Si somos conscientes del sesgo, a lo mejor, en lugar de enfadarnos nos pondríamos a trabajar para tener una mejor relación con el cuerpo propio y ajeno, así como para interiorizar que para echar un polvazo lo que menos importa es el cuerpo, y lo que más, la actitud. También entenderíamos que esto de gustar a los que no te gustan y viceversa es lo más habitual del mundo y no le daríamos tanta importancia como si cada encuentro fuese un desastre de dimensiones cósmicas. Amor, perdona que me autocite, pero esto te lo explico los capítulos quinto y sexto de *GS*.

2. «Es que le gusto a solo unos pocos». Que se traduce como: «No sé muy bien por qué, pero me siento en la necesidad de gustar a muchos, como si Grindrburgo fuese el tribunal de un examen, de modo que hasta que más de la mitad no me dé su visto bueno no me sentiré aprobado». ¿Te das cuenta de que estás usando Grindr como cuantificador de tu belleza? Esto no es un sistema de calificaciones al estilo de: «Si le gustas a menos del 20 por ciento de la app, eres un cardo, solo se te considera pasable si gustas al menos al 50 por ciento y únicamente conseguirás el sobresaliente en belleza cuando quieran quedar contigo más del 80 por ciento de los presentes». Si tú eres de los que afirman que «la sociedad en la que hemos crecido nos ha enseñado que lo más (o lo único) que se valora es la belleza, especialmente en determinados colectivos como el gay», te doy la bienvenida a tu oportunidad de ser un adulto con sus propias opiniones capaz de hacer lo que le conviene y no dejarse arrastrar por los condicionamientos sociales como si fuese un pelele sin autoconciencia (también te doy la bienvenida al grupo de personas que preferimos no hacer generalizaciones tan desafortunadas..., pero a lo que íbamos). Confío en que algún día llegarás a decir: «Quizá mucha gente le dé importancia al físico, yo se la doy a la personalidad y lo digo sin mentirme a mí mismo». Pero si te descubres en la contradicción de enfadarte con los que hacen lo mismo que tú, también confío en tu capacidad de deconstruirte y ser el cambio que quieres ver en los demás. Y si no, no pasa nada: eres un ser humano con sus contradicciones inherentes, solo que con más honestidad y menos cabreos con los demás. Lo importante es que te sientas a gusto dentro de tu cuerpo y satisfecho follando con los poquitos tíos que caben en tu agenda semanal. En todos los casos, te vendrán muy bien los si-

guientes consejillos para ser un poquito más resultón en Grindr.

Consejillos para un avatar llamativo

1. ¿Tienes claro tu objetivo?

¿Con qué finalidad entras en Grindr? La lista de objetivos suele ser variada: follar, hacer amigos, encontrar novio, curiosear, entretenerse o hacer contactos profesionales.[77] También hay quien entra en las apps con finalidades tan curiosas como la de hacer capturas de perfiles y/o conversaciones que compartirá en otras RR. SS. Los peores entran para investigar y escribir un libro. ¿Cuál es tu motivación? Idealmente, a cada propósito le seguirá una configuración determinada del avatar. Quienes quieren follar es muy probable que empleen textos y fotos explícitas. Quienes desean conocer a personas para intentar una amistad seguramente emplearán fotos menos sexualizadas y textos en los que describan su personalidad. Los que tienen como objetivo curiosear (en sus distintas variantes) probablemente hagan uso de avatares anónimos, sin fotos y con poco o nada de texto.

Pero, tras la norma general, llegan los matices. Como muchos grindrburgueses veteranos habréis supuesto, no to-

77. En serio, maricón, que fue noticia y todo. Según el CEO de Grindr, el 25 por ciento de los usuarios lo utilizan para *networking:* <https://www.businessinsider.com/quarter-of-grindr-users-use-app-for-networking-hookups-2023-8?r=US&IR=T>, consultado el 25 de septiembre de 2023. Aunque sospecho que el porcentaje está inflado, me creo que de más de un polvo haya salido un contacto profesional.

dos los días tiene uno los mismos propósitos. Ni siquiera se mantienen idénticos a lo largo del día. A veces te levantas con ganas de socializar pero, a medida que avanza el día, te dan ganas de follar. O quieres socializar durante la semana y follar al llegar el finde. ¿Vas a tener un avatar distinto preparado para cada propósito? Hay quienes tienen cuentas distintas en la app y van cambiando de una a otra según si quieren hacer amigos o echar un polvo, aunque puede que tú no tengas ganas de complicarte tanto. Quizá una solución sería un perfil un poco flexible donde se entremezclen fotos sexis con fotos de calle y textos más o menos ambivalentes. Al fin y al cabo, esto es muy parecido a lo que ocurre en tu vida cotidiana. No es habitual estar en una discoteca bailando con el rabo fuera de la bragueta para evidenciar tu disponibilidad para follar,[78] habitualmente se recurre a códigos como las miradas, el acercamiento, contacto físico y una conversación que nos conduce a un lugar más reservado en el que follamos (si hay cuarto oscuro) o, simplemente, nos pasamos los teléfonos para quedar otro día. En Grindrburgo ocurre algo parecido y, por más que nuestro perfil no

78. Digo que no es habitual, no que sea imposible. Todos hemos visto pollas en medio de la pista a las cuatro de la mañana en algunas fiestas. Y a las tres de la tarde, en algún festival, TAMBIÉN. Pero vamos, chica, es una polla: ni es radiactiva, ni muerde, ni pasa nada por verla. Es una parte del cuerpo más (y punto). La suerte que tienen muchos es que los psicólogos no hacemos diagnósticos gratis, porque si nos diera por indagar en la historia de cada uno y averiguar de dónde proviene su fobia a los genitales o al sexo libre, más de un *debate* se acababa en 3... 2... Eso sin mencionar lo desinformados que van algunos: escandalizarse por ver imágenes de hombres follando en el festival callejero de Folsom es tan estúpido como escandalizarse por que salga gente a follar en el escenario de la sala Bagdad de Barcelona. ¡Ubícate, maricón, ubícate! Como veréis en el capítulo 17, hay demasiada monja extraviada pululando por las redes.

sea explícitamente sexual, la conversación puede conducirnos a un polvo. Y al igual que podemos hacer amigos en una orgía durante ese descanso en el que tomamos una copa tras follar, un avatar muy sexualizado no es obstáculo insalvable para que charlemos sobre música con algún vecino. Nuestra vida digital puede ser un reflejo de nuestra vida presencial, y si sabemos ser flexibles y fluir en la segunda, es mucho más probable que también lo hagamos en la primera. Al final, lo único que importa es no caer en incoherencias.

2. ¿Eres incoherente... o tienes un conflicto con tu sexualidad?

El ser humano es contradictorio y no seré yo quien se asombre de nuestras incongruencias ni las demonice. Al contrario, me gusta que seamos incoherentes, imperfectos, un poco caóticos. Pero hay maricones que de día van dando lecciones de moral o fidelidad y por la noche se comen la boca con media discoteca bastante colocados. Estos son molestos y hasta peligrosos. Si tu perfil proclama: «ATENCIÓN: no busco sexo. REPITO: no busco sexo», y luego envías privados diciendo: «Uff, papi, estás tremendo, te comía toda la polla hasta el final», pues igual resulta que papi se da cuenta de que eres un poco capullo y que necesitas sentirte especial aparentando que entras a Grindr para fomentar vínculos humanos cuando buscas carne en barra como todos. Luego no te extrañes de que a papi no le apetezca quedar con un gilipollas como tú. Es preferible que te describas como alguien que quiere «Conocer hombres y ya veremos cómo encajamos: si para amistad, para sexo, para novios o para compartir memes». Y lo mismo, lo mismo, lo mismo aplicamos a las imágenes que acompañan tu descripción: «Busco amigos» + ojete = MAL.

Lo que más me gustaría es que reflexionases si tras esas incoherencias hay un conflicto con tu sexualidad y mucho estigma interiorizado. Te lo digo desde el respeto, porque entiendo que nos han educado para avergonzarnos de algo que es tan natural como el sexo entre hombres. Y con el mismo respeto te digo que sé que eso es un problema que no te permitirá vivir tu sexualidad con placer. Piensa, por otra parte, que la coherencia es un filtro que hace que los que ven tu perfil quieran seguir conociéndote y, si lo piensas un poco más, también es un filtro para no enredarte con tipos incoherentes (ahora que ya sabes detectarlos). Si te cuesta un poquito expresar abiertamente las cosas que te gustan cuando te pones a guarrear, no es necesario que lo especifiques en tu perfil. Lo que no sería admisible de ninguna forma es que, para aparentar ser un chico que se ajusta a los cánones homofóbicos, entres a Grindrburgo dando lecciones morales a los demás para luego ser un cerdo en mensajes privados. Esa es la incoherencia que alejará de ti a los hombres sensatos y que únicamente mantendrá cerca a los que estén tan disociados como tú.

3. Por favor, explícate

¿Para qué voy a escribir ningún texto si nadie se lo lee? Pues también es cierto. Pero no seas tan *grindrcéntrico* y recuerda que Grindrburgo incluye otras aplicaciones y redes donde sí es útil (y a veces necesario) ser un poco más explícito. Ya que «una imagen vale más que mil palabras» y las fotos las mira casi todo usuario, harías bien en completar tu perfil con una colección de estampas tuyas en diferentes situaciones. Es imposible que alguien detenga su mirada en tu perfil si solo tienes una foto tuya tomada de muy lejos o, peor aún, si lo has dejado sin foto.

Procura que sean diversas: ocho selfis seguidos empachan y dan mal rollo, parecería que no fueses lo suficientemente listo como para darte cuenta de cuándo algo es demasiado. Además, eres un ser polifacético y puedes enseñar tanto carne como sonrisa, tanto el interior de tu dormitorio como los paisajes que te gusta transitar al salir de casa. Esto es importante por otra razón más: conexión. Si a mí me gusta caminar por la playa y veo una foto tuya haciendo eso mismo, es muy probable que esa imagen me haga conectar contigo y me apetezca más conocerte.

En aquellas aplicaciones enfocadas en un tipo de sexo más concreto (por ejemplo, *leather* o BDSM) es imprescindible que seas específico. En una red como MachoBB no vale eso de: «Primero quedamos y luego vemos lo que surge», porque te mandan al carajo en cero coma cuatro. Allí (y en otras similares), mejor explica claramente que te gusta ser atado a la cama o las exploraciones médicas. Grindr es como llegar a una discoteca en la que a lo mejor, tal vez, quizá, puedes conocer a alguien con quien tener sexo. MachoBB o Recon son como un club de sexo al que no vas a pasear, sino a participar teniendo claro lo que quieres. En estas últimas, como imaginarás, mejor ser franco sobre lo que buscas.

4. ¿Estás actualizado?

A ver, ¿tú no actualizas tu LinkedIn cuando buscas trabajo? Pues lo mismo con tu perfil en las apps. Igual en los tres años que han transcurrido desde la última vez que lo retocaste resulta que te has hecho más versátil o has probado los placeres del sexo en grupo. Añadir estas nuevas posibilidades a tu perfil te abrirá puertas a las que antes no te interesaba llamar pero que ahora te proporcionarán nuevos disfrutes.

Para muchos, no obstante, actualizar su perfil supone un grave problema, pues no terminan de sentirse cómodos con el paso del tiempo, especialmente si superan los 45 años. Si hace mucho que no actualizas tus imágenes, seguro que ahora tienes alguna cana más que en las fotos. Y puede que la gravedad haya causado su efecto en tu culete. Recuerda que Grindr no es la cura para los problemas de autoestima y hasta puede que se agraven si ves que, cuando llegas a casa de alguien, este te dice que no vas a entrar porque le has mentido con las fotos. Y no porque él quiera encargar chulos por catálogo, sino porque le corta muchísimo el rollo ver a alguien que no se acepta a sí mismo y que pretende que seamos los demás los que le subsanemos sus inseguridades. Por favor, no carguemos a los otros con responsabilidades propias como el autocuidado, ¡que siempre sale mal! Si no eres capaz de actualizar tus fotos, detente y reflexiona sobre tus inseguridades, no las incrementes. Mientras la muerte no lo impida, todos nos vamos a convertir en *daddies* y seguiremos teniendo público con otros *daddies* como nosotros y hasta puede que con algunos jóvenes que, como alguno de nosotros con su edad, sienten morbo por los hombres más maduros. No caigas en reduccionismos: envejecer no limita nuestras posibilidades de tener sexo, a no ser que tú te emperres en follar siempre con gente de entre 25 y 40 años. Envejecer con dignidad significa no avergonzarse de lo que el paso del tiempo hace con nosotros y mostrarlo tal cual. Si no te sientes merecedor del deseo de los demás..., reflexiona, por favor, reflexiona. Y si alguien te mira mal por haber envejecido en lugar de haberte muerto bella y joven, ¡mándalo al carajo por gilipollas!

5. Sé educado y ten actitud

Pues sí, algo tan obvio como tener modales también es importante. Da igual lo bueno que estés, lo mejor es que seas educado. Es un muy buen comienzo preguntar a la otra persona si tiene tiempo para charlar. Después interactúa con amabilidad y siendo asertivo. Cualquiera se sentirá mucho más animado a compartir sus fantasías sexuales contigo si tu trato le demuestra que eres un tipo con la cabeza sobre los hombros al que podrá dejar entrar en su casa y con el que podrá dejarse llevar por sus morbos más locos.

A menudo comienzas una charla con alguien que te interesa pero que demuestra ser un borde. En ese momento pierdes el interés en él, incluso si está tremendamente bueno, porque sabes con certeza que será un mal polvo. El sexo es actitud, personalidad, conexión. No se puede follar bien con un cretino que tiene cero unidades de simpatía. *Block*.

Por el contrario, una actitud amable ayuda a ligar en Grindrburgo. No seas tan simple de entender esto de ser buena persona como un premio de consolación («Ya que no puedo estar bueno, al menos seré buena gente»), sino como la misma y pura realidad de la vida. Excepto para ese grupillo de maricones que viven como si estuviesen en un OnlyFans las veinticuatro horas del día, lo que nos termina de atraer de alguien es su carácter. Recuerda lo que te decía en *GS*: a menudo conoces a un chico que de entrada no te parecía especialmente sexy pero cuya personalidad te gusta más y más según lo frecuentas hasta que, al final, acababas por encontrarlo muy atractivo.

¿Qué prefieres, ser muy guapo o poner cerdísimos a tus ligues? Lo segundo, ¿verdad? Pues eso, comienza ganándote su confianza gracias al buen trato que les dispensas. Esa confianza permitirá que exploréis vuestro deseo juntos y que encontréis los puntos de complementariedad. De ahí a ponerlo muy puerco solo queda un pasito: encontraros. Y seguro que le apetece porque le has despertado la curiosidad, ya que contigo podría hacer todo eso que tanto le gusta.

6. Sé paciente: menos *fast-food* y más *batch-coocking*

Grindrburgo ofrece todas las posibilidades. Si no tienes muchos escrúpulos pero sí un hambre de rabo que no puedes más, entrarás a la aplicación, mirarás el menú y te quedarás con lo primero que te ofrezcan. Todos hemos tenido una tarde loca de «sexo ya» o un momento *raro* al volver a las seis de la mañana de fiesta y colarnos en la casa del único vecino despierto. Ese al que no mirarías en el gimnasio y del que no hablarás a tus amigas, pero del que te has tragado su polla hasta los huevos en un momento de necesidad porque «mejor esto que nada». No te sientas el único: que nadie lo reconozca no significa que nadie más lo haya hecho (yo sí, he tenido veranos muy locos). Otras veces los astros se conjuran y, en menos de media hora tras entrar en la app, estás en la cama de un tío maravilloso con el que tienes el sexo más delicioso de lo que va de año. Lástima que no sea algo frecuente, ¿verdad? Muchos encuentros fugaces nos dejan un sabor agridulce. Sí, hemos follado. Pero un polvo tan improvisado no suele ser el mejor. Por fortuna, Grindrburgo también puede ofrecerte platos elaborados con tiempo y esmero a lo largo de muchas conversaciones e intercambio de fotos y vídeos hasta que, por fin, quedáis una tarde y os echáis todos los polvos que os habíais prometido.

Si pretendes que de cada primera conversación salga una follada, siento arruinarte la fantasía: Grindrburgo no funciona así. Charlaréis durante horas (la famosa «megaconversación inicial de Grindr»), os contaréis vuestras vidas, os enviaréis no sé cuántas imágenes y al cabo de varias interacciones, cuando por fin os venga bien a los dos, os encontraréis y follaréis. Grindrburgo, mira tú por dónde, es un buen sistema para entrenar la paciencia (si no tienes paciencia, vete al cuarto oscuro, mari, que te frustrarás menos, ¿será por opciones?). Grindr ofrece los mejores resultados a medio y largo plazo. Por eso, algunos hacen *batch-coocking*, que es la forma moderna de referirse a lo de hacer lentejas para toda la semana y congelarlas en táperes. Entras en Grindr, saludas a varios, mantienes unas cuantas conversaciones en paralelo, les dices que hoy no puedes quedar pero que te interesa mucho conocerlos, les pasas el WhatsApp, varias fotos, y te quedas con cuatro o cinco contactos que pueden convertirse en polvos. Así amortizas esa tarde en la que estabas demasiado perro como para salir a follar pero que aprovechaste para ampliar la follagenda.

Una pequeña autoevaluación final

Para finalizar este capítulo, te dejo este autotest que me acabo de sacar de la manga y que solo sirve para que reflexiones un poquito sobre tu perfil/avatar:

- ¿Mi perfil tiene una foto realista? De hecho, ¿he puesto una foto?
- ¿Estoy siendo simpático?
- ¿Será que mi descripción no resulta creíble? Un momento, ¿he puesto descripción?
- ¿No será que yo creo que mi comentario es gracioso pero no tiene ni puta gracia?
- ¿Doy pena para que me hagan caso?
- ¿Se habrán dado cuenta de la cantidad de filtros que lleva mi foto?
- ¿Mi perfil es uno de esos de «no tales, no cuales»?
- ¿Me he equivocado de app y busco amigos en una app de follar o viceversa?
- ¿Soy uno de los *tipos raros* a los que este libro dedica un capítulo?

Nota: sin que tenga que ver directamente con el contenido del capítulo y por motivos personales que me hacen una especial ilusión, quiero mencionar el estudio de Blanco-Fernández y Moreno (2023). Los investigadores mostraron cómo algunas personas trans exploran su identidad de género y la expresan en el entorno virtual del juego Animal Crossing New Horizons incluso antes de hacerlo en el mundo presencial, hecho que puede tener una gran relevancia como preparación para la «salida del armario» presencial. Las personas que forman parte de nuestra comunidad LGB-

TI hallan en los mundos virtuales espacios de menor riesgo que el «mundo real» donde comenzar a expresarse como lo que son y esto es algo que debemos celebrar con la importancia que merece (además de esforzarnos para que el «mundo real» también sea acogedor con ellos, ellas y elles).

16
Manejando troles

Una vez hemos abordado la pérdida de tiempo en Grindrburgo y los perfiles pocos llamativos, llega el momento de tratar uno de los mayores problemas de las RR. SS. en general: los troles. Un troll es un personaje que aprovecha el anonimato para sembrar el caos a su alrededor y hacer daño al resto de usuarios. No todos los chungos en redes son troles, algunos usuarios simplemente no saben comunicarse y también generan caos y daño, aunque no deliberadamente. El troll sí disfruta hiriendo, y puesto que nos conviene protegernos de su maldad, le dedicaremos unas cuantas páginas.

¿Qué sabemos de esta gentecilla? Pues que tienen un ramalazo psicópata, que les mola verte sufrir y que no tienen mesura. También se afirma que la mayoría de los troles son hombres, aunque eso de si existen diferencias por género en cuanto al mal comportamiento en las RR. SS. está en discusión dentro de la comunidad científica (March *et al.*, 2017). En cualquier caso y como nosotros nos vamos a relacionar mayoritariamente con otros hombres en Grindrburgo, la verdad es que nos importa muy poco el resultado de esta discusión. Lo que nos importa es aprender a detectarlos y para ello resulta fundamental conocer la Tétrada Oscura.

La Tétrada Oscura

Las características psicológicas de los troles coinciden con lo que algunos han denominado «la tríada oscura» (Paulhus y Williams, 2002) aunque otros investigadores más recientemente han ampliado el número de rasgos problemáticos de los troles y hablan de una Tétrada Oscura (Chabrol *et al.*, 2009), que me parece un nombre maravilloso tanto para titular este apartado como una película de superhéroes.

Esta tétrada se compone de maquiavelismo, psicopatía, sadismo y narcisismo. Basta con leer este listado para intuir que alguien que las presenta todas es un personaje muy pero que muy oscuro. El maquiavelismo es un rasgo de personalidad definido por la manipulación de los demás para conseguir los objetivos propios. Como aquel amigo que te hizo creer que Juan tenía ganas de follar contigo a pesar de que Juan estaba saliendo con Alberto, y que estuvo toda una noche alentándote a que te lanzaras a por Juan, de forma que, cuando lo hiciste, Alberto —cabreadísimo— le montó una escena de celos. Cabreo que tu amigo aprovechó para consolarlo y terminar follándoselo, porque lo que tu amigo quería era acostarse con Alberto y te utilizó para librarse de Juan. Ese grado de manipulación malvada de los demás para conseguir un beneficio se llama «maquiavelismo».

Cuando hablamos de psicopatía, en este caso, lo hacemos en términos subclínicos,[79] lo que significa que la per-

79. Lo cual puede aplicarse a la mayoría de las explicaciones que se ofrecen en este libro. Por ejemplo, si cualquiera de nosotros tiene un trastorno obsesivo-compulsivo, seguramente le resultará muchísimo más difícil que a la mayoría de las personas controlar su necesidad de comprobar las no-

sona presenta tal rasgo en un grado que no llega al de trastorno psiquiátrico ni al de cometer delitos, pero aun así genera malestar en su entorno con su agresividad y falta de empatía. Si alguien sistemáticamente hace cosas como comprar tres camisetas por treinta euros y os la revende una a ti y la otra a otro amigo diciendo que le han costado quince cada una, ya tiene puntos para psicópata. Y no por comerciante, sino por engañar a los amigos con los que, supuestamente, iba a ir a partes iguales en la compra de ropa. Si va diciendo que es dominante pero lo único que pretende es aprovecharse sexualmente de la sumisión de los otros y follárselos pensando nada más que en el propio placer, ya tiene otros cuantos puntos para ser un pelín psicópata subclínico. Si no tiene el menor reparo en humillar públicamente a otra persona, el ramalazo de psicópata lo tiene sin duda. Y si conoces a alguien que hace todo esto, ¡huye, maricón!

El sadismo se refiere al disfrute que experimenta alguien cuando sabe que es el causante del padecimiento de

tificaciones y se sentirá un poco tonto por creer que a él no le funcionan consejos que se supone que deberían servirle. No, esta persona lo que necesita es un abordaje mucho más complejo que el que puedo facilitar aquí y, para ello, acudir a un especialista en terapia conductual que lo ayude a manejar esos impulsos con herramientas mucho más especializadas. Algo similar ocurrirá si la persona tiene diagnosticado un trastorno de atención o algún tipo de trastorno de personalidad. En mi práctica profesional son frecuentes las ocasiones en las que, por ejemplo, alguien acude a solicitar ayuda para su nosofobia y en el proceso descubrimos que lo que le ocurre es que tiene un TOC con temor de contaminación que también está afectando a su área sexual, pero que no es exclusivo de ella. Aquí el abordaje tendrá que ser mucho más complejo. Recuerda: en psicología no hay soluciones universales y todo, absolutamente todo, debe adaptarse a cada persona.

otro ser. No está de más recordar que estamos hablando de una acepción de sadismo muy distinta de la correspondiente al contexto BDSM, donde los pactos sadomasoquistas no tienen nada que ver, puesto que el masoquista disfruta sintiendo dolor y el sádico se lo proporciona. No hay abuso, hay consenso y complementariedad; este sádico es mucho más civilizado, empático y emocionalmente responsable que cualquier troll. El sadismo al que nos referimos es el que se ejerce sin empatía ni consenso y por el placer de torturar.

Por último, el narcisismo no solo se relaciona con el orgullo excesivo por la propia belleza física (que es la acepción que más empleamos en nuestro lenguaje cotidiano), sino más bien con la creencia de que él y solo él tiene razón, que sus opiniones, argumentos e ideas son las únicas correctas y que los demás no están, ni de lejos, a la altura de su capacidad intelectual. ¿Sabes esa gente que continuamente dice: «Si no piensas como yo, háztelo mirar porque EVIDENTEMENTE tú eres el que está equivocado»?[80] Pues esa gente tiene un ramalazo narcisista. Y también el que se siente ofendido cuando no le prestan atención y es capaz de cualquier cosa con tal de que le den casito.

Todo junto nos dibuja una personalidad realmente oscura: alguien convencido de su superioridad moral e intelectual que disfruta humillando a otros, que puede ser agresivo, que es incapaz de ponerse en el lugar de los demás y que,

80. A excepción del tuitero Andrés Trasado, quien EVIDENTEMENTE siempre tiene la razón y lo que digamos los demás no es más que nuestra opinión. Dale un vistazo a @andres_trasado para saber en qué consiste una cuenta parodia y cómo se ríe de los troles. Sus tuits *cinéfilos* y *literatúfilos* son oro molido.

para rematar, no tiene el menor reparo en manipular con tal de conseguir sus fines personales. Lo llamamos «troll» porque «grandísimo cabronazo de mierda, ojalá revientes» resulta demasiado largo. Pero ya me entendéis.

Por último y para que lo sepas: los troles no tienen peor autoestima que el resto de la población. La creencia popular afirma que estas personas tienen serios problemas de autovaloración y los resuelven menospreciando a los demás. Muchas noticias en los medios (y mucho supuesto experto) han postulado esta misma explicación y de ahí que la creencia esté extendida. Esta valoración, que sin duda humaniza a los troles porque los define como «chiquitines con problemas psicológicos», no ha sido validada científicamente, sino más bien lo contrario: los troles suelen tener bastante autoestima (March y Steele, 2020). Su comportamiento ofensivo en redes está relacionado con tener una opinión tan excesivamente buena de sí mismo que se cae en el narcisismo. Pero tampoco es suficiente, se necesita el ingrediente sádico (Craker y March, 2016). Solo aquellas personas narcisistas a las que, además, les resulta gratificante infligir daño se convierten en troles si el anonimato de las RR. SS. les da la oportunidad.

Una oportunidad como que en su cuadrícula de Grindr aparezca alguien con un físico poco agraciado según los cánones imperantes. Alguien que puedes ser tú mismo. Se lanzará de cabeza a humillarte. Que si pareces una vaca, que con esa cara descuadrada que tienes no te van a dar ni la hora, que vaya mierda de calzoncillos. Tu reacción, natural y comprensible, es la de enfadarte porque esta persona pretende herirte. Aun así, mantienes las formas y le respondes que no hace falta ser tan agresivo y que a cuenta de qué te dice esas cosas si tú no te has metido con él. Él comprueba que te ha hecho daño y entra a matar. Un troll sabe dónde te duele y apunta en esa dirección. Si estás gordo o muy delgado o poco definido, hará comentarios ofensivos sobre tu cuerpo. Si eres pasivo, te tratará de humillar haciéndote sentir como un agujero para ser usado o empleará contigo comentarios denigrantes sobre poner el culo o servir únicamente para tragar pollas. Si eres mayor de 50, te llamará «viejo verde». Si eres joven, te llamará «niñato pringado». Tú, a esas alturas, estás en shock, jamás hubieras imaginado que Grindrburgo pudiera ser un lugar tan inseguro. No sabes qué hacer, así que decides bloquearlo. Sales de la app y la eliminas de tu dispositivo. Juras no volver a entrar porque «menuda mierda de gentuza hay dentro». ¿Se ha acabado tu visita a Grindrburgo? No, hombre, no, espera un poco y sigue leyendo.

Capitán Purpurina contra la Tétrada Oscura

Pues sí: hay cabronazos sueltos. En Grindrburgo y en el mundo presencial. Aunque, en este último, los muy cobardes tienden a cortarse un poco más. ¿Qué hacemos? ¿Suspendemos la visita? No te lo aconsejo. Seamos realistas: si solo nos atreviésemos con aquellas experiencias en las que se nos garantice la ausencia de problemas, ¿cuántas podríamos vivir? Poquitas. En Grindrburgo, como en cualquier otro lugar, vamos a encontrar personajes problemáticos porque esta gente pulula por el mundo deseando salpicarnos a los demás con sus mierdas.

El mundo no es lo que imaginamos. El mundo es lo que es. Hay gente mala y buena. Y en Grindrburgo se magnifica. Todos sabemos que sería maravilloso que nos tratásemos con respeto, pero hasta que tenga lugar la Revolución Mundial de la Responsabilidad Afectiva Digital, ¿qué hacemos? ¿Qué hacemos mientras el mundo se convierte en un lugar lleno de humanidad y trato afectuoso? ¿No nos relacionamos por si acaso nos hieren? Quizá nos convendría más aprender a que los encontronazos con los malvados nos hagan el menor daño posible, ¿no crees? Por supuesto que quiero un mundo mejor y más respetuoso con todos, ¿para qué mi trabajo si no? Pero mientras construimos ese mundo entre todos, te mereces poder neutralizar la maldad ajena, por si acaso no conseguimos del todo lo de la revolución amable esa, ya sabes (guiño).

Venga, pongámonos manos a la obra para superar a los energúmenos de internet. Cuando interactúes con un troll, responde a las siguientes preguntas. Si obtienes más de tres síes, probablemente estés chateando con un troll que te conviene neutralizar:

- ¿Toma la iniciativa de dirigirse a ti? SÍ☐ NO☐
- ¿Te critica? SÍ☐ NO☐
- ¿Emplea palabras duras? SÍ☐ NO☐
- ¿Es taxativo en sus afirmaciones? SÍ☐ NO☐
- ¿Escribe con faltas, sin signos de puntuación o con mala sintaxis?[81] SÍ☐ NO☐
- ¿Se entusiasma cuando le respondes enfadado y sigue atacándote? SÍ☐ NO☐

81. Otra de sus características es que emplean muy pocas palabras positivas, probablemente porque este tipo de términos reducen el conflicto (Laniado *et al.* 2012), y eso es justo lo contrario de lo que desean. Tampoco usan expresiones conciliadoras como «quizá» o «ten en cuenta que», ya que se expresan muy taxativamente. Y, curiosamente, también tienen peor ortografía y sintaxis (Cheng *et al.* 2015).

- ¿Insiste en mantener la conversación contigo incluso si pasas de él? SÍ☐ NO☐

Antes te he descrito el perfil psicológico de estos vecinos de Grindrburgo para que seas consciente de que son personas que disfrutan robando tu tiempo y llenándote de emociones desagradables, como la ansiedad o la rabia, así que ¿qué puedes hacer para desmontarlos? Muy simple: si ellos disfrutan robándote tu tiempo o poniéndote de los nervios, no les dediques ni un segundo y muéstrate sereno. Pero claro, si fuese tan fácil, todos lo haríamos. En realidad (y salvo casos de comisión de delitos de acoso cibernético, que deberás denunciar a la policía de tu país), lo único que necesitamos es entrenarnos en algunas habilidades. Este *Don't feed the troll* del que estamos hablando es, a decir verdad, una de las aplicaciones prácticas de la ignorancia crítica que te he presentado en el capítulo 1 e implica filtrar y bloquear a los usuarios malintencionados. Y como toda habilidad, evidentemente, necesita práctica. Para ello, por favor, date la oportunidad de aprender siguiendo estos pasos:

Paso uno: familiarízate

Ver capturas de pantallas con conversaciones de troles te ayudará a prepararte por si te tropiezas con alguno (internet está llena de imágenes con ejemplos de estas conversaciones). Aprendemos de nuestras experiencias y también de las ajenas. Este paso te ayudará, sobre todo, a darte cuenta de que no se trata de ataques personales, sino de insultos lanzados indiscriminadamente al primero que se cruzan: no es contra ti, es contra el mundo. No eres tú, son ellos. Te pongo unos ejemplos comenzando por esta conversación que encontré en el perfil de Twitter @grindrtrol[82] y que ejemplifica el típico troll plumófobo o que insulta a los gais *femeninos*:

Llevas mucho maquillaje

Solamente máscara [de pestañas]

Pero ¿eres un tío?

¿Y ese empeño en ser un gilipollas? Tío, no vas a hacer amigos en esta comunidad. Crece. Muchos gais usan maquillaje, no me hagas enviarte a mis amigas drags :) Te reventarán

Analicemos. Un tipo entra en el perfil de un hombre que suele usar maquillaje y se lo recrimina porque no es *masculino*. ¿Qué ha hecho el interpelado? No le ha respondido con el cabreo que el troll busca, sino que le ha devuelto la pelota recordándole que su actitud es tan desastrosa que nadie querrá relacionarse con él. Además, ha sido tan inteligente como para hacerlo con un juego muy interesante. Por una parte, ha reivindicado su derecho a usar maquillaje y le ha recordado que la comunidad gay se ha deconstruido para no dejarse presionar por los estereotipos de género, lo que le da a entender al *masculino* que se ha quedado bastante obsoleto. Pero además, sabiendo que el otro asocia masculinidad con fuerza y feminidad con debilidad, el chico interpelado le ha lanzado una broma mafiosa amenazándo-

82. <https://twitter.com/grindrtroll/status/404700440731729920?s=20>, consultado el 21 de julio de 2023.

lo con enviarle una panda de travestis para darle una paliza. El choque humorístico se produce cuando le presenta la idea de que un grupo de personas a la que un machista consideraría débiles por ser femeninas lo pueden dejar reventado a hostias (algo que algunos considerarían exclusivamente propio de machotes). Aplicando inteligencia y humor, está demostrando que se encuentra muy por encima de los ataques del troll.

Esta otra conversación se la abrieron a un chico en cuyo perfil anunciaba que es VIH+:[83]

Tío, tienes VIH, estás sucio

Sí. Estoy en tratamiento e indetectable, sano. Qué pena que no haya tratamiento para ser tan gilipollas que ni tu madre pueda quererte. Mis condolencias

En esta ocasión el chico positivo ha confrontado al otro contra su ignorancia y su maldad explicándole que, en lugar del VIH, de lo que habría que avergonzarse es de ser un estúpido con tan mala leche que ni siquiera su propia madre podría quererlo. Para rematarlo, le da el pésame remarcándole que no es más que una pobre persona que solo merece la lástima de los demás y que esa enfermedad de su personalidad sí que es incurable.

En ambos casos han respondido con mucha resiliencia e ingenio. Han dado con la clave de lo que buscaba el troll y le han respondido justo con lo contrario de lo que esperaba.

83. <https://twitter.com/PositiveLad/status/682521876623667200?s=20>, consultado el 21 de julio de 2023.

En lugar de indignación, han mostrado poderío y orgullo. En lugar de darle la razón, lo han ridiculizado con argumentos.

Paso dos: define tu experiencia como usuario

Estás en Grindrburgo para conocer chicos. Puede que para follar o para tener alguna cita romántica. Tal vez hagas algún amigo entre tus vecinos. Pero no estás ahí como terapeuta de nadie ni eres el *punching ball* de ningún agresor. La experiencia que deseas tener como usuario de una app de *cruising* es la de divertirte y conocer a gente agradable. En absoluto quieres que te amarguen. Por tanto, siéntete legitimado para no aceptar situaciones que te saquen de esa experiencia que deseas. O lo que es lo mismo y en resumen: no permitas a ningún gilipollas que te amargue la fiesta.

Paso tres: tómate tu tiempo

Es MUY frecuente quedarse en shock cuando alguien te trolea. No necesitas reaccionar inmediatamente, puedes tomarte los minutos (u horas) necesarios hasta que se te pase el lógico calentón emocional y, una vez calmado, actuar. Y si el tipo ha desaparecido, ya responderás al próximo si lo hubiese, pero no te fustigues por algo tan humano como haberte quedado en blanco.

Paso cuatro: responde (o no)

Hay quienes se quedan más a gusto si responden a la agresión con un «Lamento que estés tan amargado como para que solo te sientas mejor contigo mismo si insultas a desconocidos. Espero que mejores pronto, chaval». Y, una vez saben que el otro les ha leído, lo bloquean. Otros envían un emoji o un meme con el dedo medio levantado rollo «que te jodan». Otras personas prefieren soltarle un discurso que llegue más profundo, algo como lo siguiente:

«Mira, sé que hoy no tienes capacidad para darte cuenta de lo que haces, pero dentro de un tiempo empezarás a sentirte más y más vacío porque toda la mierda que arrastras en tu interior seguirá ahí, ya que no estás haciendo nada constructivo para sacarla. Meterte conmigo te servirá un rato pero nada más, mañana seguirás igual de amargado. Sí, estoy gordo (o soy feo o viejo o afeminado), pero sabes tan bien como yo que no es algo de lo que avergonzarse, es mucho peor tener mala leche y en eso me ganas de largo. Estás fomentando un mundo de mierda donde los frustrados buscáis víctimas fáciles para soltar su basura, y algún día alguien lo hará contigo. Y ojalá te duela mucho, para que te arrepientas y dejes de actuar así. Porque debe ser muy duro irse a la cama sabiendo que uno es un gilipollas incapaz de hacer algo mejor con su vida. Te lo digo así porque sé que, si dejo esta semilla en el montón de estiércol que eres hoy, algún día germinará y tú serás mejor persona mañana. De nada».

También hay quienes se quedan mucho más a gusto después de soltarle: «Sigue entrenando, pedazo de gilipollas, a ver si aprendes a insultar en condiciones y no la mierda de chorrada que me has soltado, so capullo sin vida propia». Como recordarás,[84] minusvalorar a nuestros atacantes es

84. *Gaynteligencia emocional* (Martín, 2021), pp. 131-134.

una estrategia que reduce nuestra ansiedad, pues reformula la situación y pasa de ser una agresión a convertirse en un simple tropiezo con un imbécil. Lo más aconsejable sería no enzarzarse en una espiral de insultos, pero cada persona es distinta y lo que a mí no me funciona igual a ti te va de maravilla. Elige si respondes o no y, en su caso, cómo.

Paso cinco: denuncia y bloquea

Tanto si le respondes como si no, lo más aconsejable es sacar al troll de tu vecindario. Es lo bueno de Grindrburgo, que si un vecino no te gusta, puedes echarlo. Cierto que, teóricamente, él puede hacerse una nueva cuenta y volver a la carga, pero no te preocupes, que no suele suceder. Tendrás más espacio en tu cuadrícula y mejores compañías. Lo que sí te recomiendo es que lo denuncies. Los comportamientos inadecuados pueden ser reportados en la aplicación y que eliminen la cuenta de esta persona. Eso será tremendamente aversivo para este energúmeno y esperemos que sirva para educarlo o, por lo menos, para que tú te quedes contento de su desaparición. Si estamos hablando de acoso grave, por favor, denuncia a la policía. Al final te darás cuenta de que tu Grindrburgo puede ser mejorado porque cuentas con unas herramientas que borran a los indeseables. ¿Te imaginas lo feliz que sería la vida en una comunidad presencial de vecinos si pudiéramos eliminar a los molestos con solo un dedo? Pues eso.

17
La pinacoteca de Grindrburgo

El mundo de los personajes complicados en Grindr no se agota en los troles. En este capítulo me acompañarás a la pinacoteca de Grindrburgo: el catálogo de hombres que son un cuadro.[85] Estos son perfiles que, sin llegar a ser tan nocivos como los troles, pueden resultar bastante molestos. Por eso es bueno que los conozcas y no te los tomes demasiado en serio. A alguno de ellos puede que ya los conozcas si eres seguidor de mi canal de YouTube, porque les he dedicado varios vídeos dentro de la serie *Tipos raros de Grindr*, donde, por cierto, hay más perfiles analizados de los que incluyo en estas páginas. Aquí recojo los más representativos (por si no has visto ningún vídeo al respecto) y añado alguno más porque no tendría sentido un libro sobre Gindr donde no se les mencionase.

85. Amigos americanos, en España la expresión «ser un cuadro» se refiere a personas desastrosas que tienden a enredarlo todo y que siempre andan metiéndose en problemas. La expresión «Eres un cuadro, como te vea Tita te compra» se popularizó en la primera edición de *RuPaul's Drag Race España* en boca de Hugáceo Crujiente y hace referencia a Tita Cervera, impulsora del Museo Nacional Thyssen-Bornemisza.

El «Asqueroso, no me respondes»

Hay personas que no llevan bien que no les respondan y lo viven como una afrenta. Yo considero que nadie está obligado a contestarnos y me explico con una analogía del mundo presencial. Imagina que en lugar de en Grindrburgo te encuentras en un bar, alguien se planta delante de ti y comienza a saludarte: «Hola... hola... hola». ¿Qué se supone que debes hacer? ¿Dejar de un lado al amigo con el que estás conversando para iniciar una charla con un desconocido? Es más, ¿tú te entrometerías en una conversación o interrumpirías a alguien que está bailando para pedirle que te preste atención a ti que no te conoce de nada? Claro, podrías argumentar que quien está en la app es porque se coloca a sí mismo en disposición de interactuar con los demás, así que se supone que si quisiera contestar lo haría y que no te responde porque no tiene educación. No tienes en cuenta que a lo mejor ese hombre entró un minuto a contestar un mensaje pendiente y salió, aunque en la app aún salga online. O que le escribe mucha gente y no puede contestar a todos. O que lleva varias conversaciones en paralelo. O que está ocupado chateando con otro. O que prefiere no decirte nada antes que un «No estoy interesado», por si acaso tú no sabes llevar bien una negativa. Por supuesto, tú no puedes adivinar si el otro está dispuesto a conversar y debes probar. Pero si no responde, ya tienes la información que necesitabas: él no quiere/puede charlar (al menos en este momento).

Imagina que yo te respondo por educación, a pesar de que tengo claro que no me interesas, pero tú interpretas en mi respuesta que sí estoy interesado. Ya la hemos liado. Porque ahora tú empezarás a preguntarme qué busco, qué me gusta, qué hago y no sé cuántas cosas más que yo no tengo la menor motivación para contestar. O te respondo de mala gana o dejo de responder. Y tú, que ya estabas emocionado, te enfadarás mucho más que si no te hubiese respondido inicialmente. Y si te digo: «Gracias, pero no estoy interesado, te contesté solo por educación», tú te soliviantarás porque por mucho que yo te haya hablado en pro de la urbanidad, tú te habías hecho unas ilusiones que te estaré demoliendo. La ausencia de respuesta es, en realidad, una respuesta mucho más digerible que un «No estoy interesado». Además, en media hora se te habrán olvidado todos los tíos que no te respondieron porque estarás entretenido charlando con uno de los que sí te contestaron, no hagas dramas. Y si tu problema es que no te responde nadie, ¿has hecho caso a los consejos sobre la construcción del avatar que te he proporcionado en el capítulo pasado?

Al final, todo es tan sencillo como entender que nadie está obligado a contestar el mensaje de un desconocido. Los que se responden por educación son los mensajes de los amigos y familiares cuando te wasapean, pero no los mensajes no solicitados de un desconocido, ¿o acaso tú respondes a todos los mensajes de spam que te llegan al correo electrónico? ¿Llamas a cada empresa que te deja un folleto en el buzón de tu casa para contestarles que has recibido su publicidad pero que en estos momentos no estás interesado en comprar un coche en su concesionario? Saludar a alguien por Grindr es similar a dejarle claro que estás abierto a conversar con él si lo desea. Si lo desea. Solo si lo desea. Y puede que no lo desee, hazte a la idea.

El problema es cuando tú necesitas que el otro te conteste porque tus inseguridades empiezan a machacarte y susurran frases como está en tu mente: «Claro, ¿cómo te va a contestar con lo canijo que eres?»; «Con esa cara que pones en las fotos, no puedes gustarle a nadie»; «Seguro que piensa que él no se rebajaría a follar con alguien como yo». Maricón, escúchame a mí y no a las voces de tu cabeza: está todo en tu imaginación. El otro no te ha respondido, no te ha dicho nada, ¡no sabes lo que piensa! Por tanto, cualquier cosa que imagines no tiene nada que ver con él, sino con tus sesgos.

El Discreto

Todos hemos estado en ese punto en el que nos aterrorizaba que se supiera que somos gais cuando aún no lo habíamos terminado de asumir. Por eso pedíamos discreción en nuestros encuentros. Otros, aunque asumidos, seguían armarizados y también preferían discreción. Y luego están los que sienten vergüenza por estar en una app de folleteo, así que piden anonimato como lo piden los que les están poniendo los cuernos al novio o al marido..., o a la novia o a la esposa. Para los dos primeros tengo una buena noticia: los maricones asumidos, después de follar, no salimos a la calle con un megáfono a gritar por las plazas el nombre y apellidos del tío que nos acabamos de tirar, nos da mucha pereza. Y eso siempre que os hayamos pedido el nombre o si es que nos acordamos de vuestra cara, relajaos. Mucho mejor si después del polvo nos contáis eso de: «Yo aún estoy dando pasitos para asumirme y vivir con naturalidad. Me gusta quedar con chicos que lo lleváis con esa frescura que ya me encantaría tener, me sirve como ejemplo de lo que quiero en mi vida. Pero no puedo ir más deprisa de lo que voy». Os daremos un abrazo y algún consejo. Justo lo contrario que si nos dais el peñazo con lo de si somos discretos. Discreta es tu madre, cariño, que hace cuarenta y seis años que sabe que eres maricón y todavía no te ha sacado el tema.

Si te da vergüenza estar en una app de follar, también te entiendo porque nuestra cultura es sexofóbica, pero mi consejo, aunque ya te lo he esbozado en capítulos anteriores, debería ser tan amplio y tocaría tantos temas que te pido que te leas mi *GS* o que vayas a la consulta de algún/a especialista que te ayude a reconciliarte con la idea de que es natural tener vida sexual y buscar encuentros a través de los medios a nuestro alcance. Incluida una app de *cruising*.

Si, por último, pides discreción porque estás poniendo los cuernos..., cari, ¿de verdad quieres que otras personas sean cómplices de tu falta de responsabilidad afectiva? Que si no quieres que tus ligues e-du-ca-da-men-te te saluden por la calle cuando vas con tu novio, tienes dos opciones: (1) deja a tu novio, pobre, y que le desaparezca la cornamenta, o (2) ¡no pongas cuernos, cabrón!

El Coleccionista de fotos

Yo tengo un lema: a la segunda petición de fotos les digo: «Mira, niño, se acabó el catálogo de IKEA, ¿compras o no compras el puto Slukaröv?». Mi perfil tiene varias imágenes, está linkado a mi Instagram y, para colmo, te he enviado por privado una foto de mi culazo peludo. Tú no quieres más imágenes para conocerme mejor, tú quieres hacerte una paja con mis fotos. Y, cuando te corras, me bloquearás y me dejarás pensando qué es lo que puede haber sucedido. ¡Anda ya, pajillero insolidario! No. Nooo. ¡No se puede consentir! Si quieres hacer sexting y cascártela con otras personas, ¡so cabrón, avisa a la otra persona y que participe! Con la de porno gratis que hay en internet y vienes a hacerme perder el tiempo..., ¡a la mierda contigo!

El Mareante

Hace varios días habéis chateado y os habéis contado lo que os gusta. Estáis de acuerdo en que sois compatibles y pensáis en quedar. No habéis concretado nada, aunque os habéis saludado un par de veces. Hoy recibes un mensaje suyo:

¿Podemos vernos?

Sí, claro

¿En media hora?

Vale

¿Vienes tú o voy yo?

Como prefieras

Un momento, voy a comprobar una cosa

Bien

Desaparece. Tres días más tarde vuelve a escribir:

Perdona, por favor, lo siento muchísimo pero
no te contesté. Es que un familiar tuvo
un problema y tuve que dejarlo todo e irme

Tranquilo, estas cosas ocurren. No pasa nada

¿Podemos vernos hoy?

Sí, claro

¿En media hora?

Vale

¿Vienes tú o voy yo?

Como prefieras

Voy yo. ¿A las cinco en tu casa?

Perfecto

Sales de la ducha y tienes un mensaje suyo enviado un cuarto de hora después de que cerrasteis la anterior conversación:

Lo siento, ha surgido un imprevisto, mañana te cuento, te lo prometo, lo siento, lo siento.

No contesta más... hasta la semana siguiente, que recibes un wasap suyo:

Hola

Mira, maricón. Te vas a la mierda y te zambulles cuando llegues. Llevas cinco conversaciones en paralelo. Me dices que sí a mí. Al cabo de un rato te responde otro que te gusta más y te vas con él, me dejas colgado a mí. ¿Tú te crees que soy tan gilipollas como tú y que no me doy cuenta? (bloqueas)

El Publicidad engañosa

Como las hamburguesas de cualquier cadena de *fast-food* o como mucha de la ropa que compras en esa famosa empresa china de venta online, aquí también podemos decir eso de «Cuando lo pides en Grindrburgo / Cuando te llega a casa», porque vaya chascos nos hemos llevado con los avatares de algunos. No es que mientan un poquillo o que se hayan puesto un filtro para atenuar las arrugas. Es que tienen siete años más que en las fotos y siete centímetros menos de polla de lo que prometían. Que está muy bien, que los *daddies* están riquísimos y que el tamaño solo importa si el señor del que cuelga el rabo no sabe moverlo,[86] pero ¡cojones!, que no mientan. Porque el problema no es tu edad ni tu fantástico rabo de 13 centímetros, cariño. El problema es que me estás dando a entender que tú eres de esa clase de hombre que resuelve sus inseguridades mintiendo. Y a mí, querido, me corta mucho el rollo un tío así, no puedo tener complicidad contigo, sé que no vamos a

86. Los que saben follar te atinan en la próstata a conciencia con pollas de cualquier tamaño. Pero si el tío no se ha molestado en aprender a follar, mejor que tenga una polla bien gorda para que te estimule la próstata sin necesidad de que Mister Torpe se mueva.

conectar, el polvo va a ser ruinoso, y para que echemos un polvo de mierda, mejor te quedas en tu casa y yo me hago una paja o quedo con otro que sea más sincero que tú. ¿Has visto qué fácilmente se entiende el motivo por el que no quiero quedar con gente que engaña?

El Desinformado

Desconoce el significado de BB y de la flecha hacia abajo de tu perfil.[87] No sabe qué es la PrEP. Se queda a cuadros si le preguntas si quiere que le folles la boca («Pero ¿lo que se folla no es el culo?»). Con suerte sabe que lo de las dilataciones no va por los lóbulos de sus orejas, aunque no termina de ubicar qué es lo que le vas a hacer. Le hablas de *poppers* y piensa que es una *boy band* coreana. El pobre mío está más perdido que el barco del arroz. Si te topas con uno de ellos, dale cariño y recomiéndale mi canal o alguno de mis libros. O el de otro cualquier maricón que le explique un poquillo de qué va esto de follar entre hombres. Y si tú eres uno de estos personajes, bienvenido a mi libro, amor. Espero serte de ayuda porque necesitas un cursillo acelerado. Un besote gordo y sigue leyendo.

87. En *Sobrevivir al ambiente* expliqué profusamente el significado de muchos de los emojis que se incluyen en sus perfiles. A este código lo denominé «grindrburgués» e incluso le dediqué un par de vídeos en mi canal. No he querido ser repetitivo y por eso no lo he incluido en este libro.

El Monja extraviada

Lo del pis le parece aberrante. Las parejas abiertas son todas, en su opinión, relaciones fracasadas que no quieren reconocer que no se aman en realidad. ¿El *fist*?, ¿qué clase de animal (según él) hay que ser para que te ponga cachondo que te metan un puño por el culo? ¿Tríos? ¿Orgías? Suele lanzar mensajes como: «Pero ¿cómo no vamos a tener los maricones esta fama de promiscuos si mira la cantidad de barbaridades que hacemos?». Si tienes tiempo y muchas ganas de discutir con una pared, explícale que ha heredado una visión sobre la sexualidad centrada en el coito reproductivo heterosexual y que todo lo que sea proporcionar placer con algo distinto a los genitales le parece aberrante debido a esa herencia. Y que lo mismo puede decirse sobre esa manía suya de no entender cómo muchos priorizamos el placer y/o no vamos buscando establecer una relación afectiva en cada encuentro. Pero, vamos, que te auguro poco éxito con él.

Hay dos tipos de monjas: las que, aunque se asustan, respetan, y las que odian y atacan todo lo que se sale de su idea de lo que debe ser. Hay chicos que se espantan de lo que encuentran en la aplicación y quisieran toparse con algún hombre un poco más *normalito,* pero respetan a los fiesteros. Las monjas malvadas harán una captura de pantalla, te expondrán en redes y abrirán el melón en Twitter sobre la «gente que no se respeta a sí misma porque quiere que le hagan guarradas en Grindr». A estas monjas, que no son más que troles con toca, les deberían clausurar las cuentas y enviarlas a las misiones. Porque no merecen ni una milésima parte de la atención que persiguen con actos de este tipo.

El Encuestador

Hay dos tipos de encuestadores. Los del primer grupo te hacen una entrevista previa para saber si encajáis en la cama entrando en detalles tan exagerados como: «En caso de beso, ¿prefieres el sabor a chicle de menta o de sandía?». Resulta desagradable porque te quedas con la sensación de estar pasando el casting para protagonizar su fantasía húmeda pero no parece nada interesado en saber cómo puede él protagonizar la tuya. Y, la verdad, corta mucho el rollo sentir que vas a follar a alguien que te supedita a su placer.

Los otros encuestadores son criaturas ingenuas que te interrogan sobre tus hábitos sexuales con la pretensión de averiguar si pudieras estar infectado de alguna ITS. Me acuerdo de un paciente que en sus conversaciones por Grindr siempre peguntaba al otro si se tragaba la lefa cuando mamaba una polla. Los demás solían contestar que sí y mi paciente los bloqueaba porque: «Si se traga la leche de cualquiera, seguro que tiene alguna enfermedad y me la va a pegar». Si tú sigues un patrón parecido, compartiré contigo la reflexión que ofrezco a todos mis pacientes nosofóbicos:

> Cuando decimos que la salud sexual es responsabilidad de uno mismo, estamos afirmando varias cosas. La primera, que eres tú quien debe procurar todas las medidas de prevención en tus encuentros sexuales: estar al día en tus analíticas, llevar preservativos y lubricante y/o tomar tu PrEP y doxiPEP.[88] Pero

88. La doxyPEP, de la que me ocupé en *GS* y a la que he dedicado algún vídeo, es una profilaxis con doxyciclina que se toma tras mantener relaciones sin condón y que reduce significativamente la probabilidad de contraer

también decimos que no te conviene tomar decisiones en función de lo que te digan los demás porque pueden mentirte o, simplemente, desconocer su estado. Alguien que esté en periodo ventana puede transmitirte el VIH con facilidad y dar negativo en algunas pruebas. Y gran parte de las demás infecciones cursan asintomáticas, de manera que el chico creerá que no tiene nada. La mejor estrategia preventiva es la combinación de preservativo (y/o PrEP + DoxyPEP), más cribados periódicos. Si lo haces así, dará igual por completo lo que te diga el otro porque no necesitas saber en qué condiciones se encuentra: llevas contigo toda la protección que necesitas.

El Comida de microondas

Está listo en menos de tres minutos y la presentación real no se parece en nada a la foto. Es importante no confundirlos con algunos chicos que se ponen nerviosos ante alguien que les gusta mucho y pueden tener eyaculación precoz. Lo habitual es que estos últimos te lo comenten y que traten de que tú también lo pases bien por otros medios (te la chupan, te piden que lo penetres) hasta que recuperan la erección y están dispuestos para un segundo asalto. El Comida de microondas pasa olímpicamente de tu placer. Él llega, se satisface en el menor tiempo posible, se limpia y se larga. Todo en tan poco tiempo que, cuando está saliendo por la puerta, tú aún te estás preguntando qué coño ha ocurrido.

---

sífilis, clamidia y gonorrea. Muy recientemente se ha aconsejado su uso en los hombres homosexuales una vez demostrada su eficacia y seguridad. <https://www.gtt-vih.org/publicaciones/la-noticia-del-dia/11-10-23/>, consultado el 12 de octubre de 2023.

El Vida hetero

Bajo esta denominación puedes encontrar dos tipos de maricón: el que tiene toda la homofobia interiorizada del mundo y el que tiene mucha imaginación. En el primer grupo está ese hombre en las primeras etapas de su aceptación que sigue saliendo con sus amigos heteros del instituto y al que, en alguna ocasión, se le ve enrollarse con alguna chica. Luego, a escondidas, se baja Grindr y busca un chico con el que mantener el sexo que desea. Como no se acaba de llevar bien con su sexualidad, el suyo suele ser un sexo descafeinado, poco participativo por su parte y, generalmente, «Comida de microondas». La calidad del sexo con él mejora a medida que se acepta, eso sí.

El segundo tipo lleva cinco años fuera del armario y no tiene problemas con que le gusten los hombres, pero se ha dado cuenta de que a ti, como a otros muchos maricones, te pone cerdo que te folle un «hetero curioso». Por eso te hace creer eso de que «En la obra donde trabajo de albañil nadie sabe que quedo con chicos». A ti se te desatan todas las fantasías de chupársela a un hetero y le abres conversación, le pasas tu ubicación, le mandas foto de tu culo abierto y hasta un Bizum[89] para el taxi (amiga, que nos conocemos). No tengo nada que objetar, al fin y al cabo Grindrburgo es el reino de la fantasía y lo importante es que él te empotre con ahínco, ¿verdad?

89. Servicio de pago entre particulares que puede realizarse con el número de teléfono. Es exclusivo de España y surge tras el acuerdo entre más de una treintena de entidades bancarias. Aquí es muy frecuente eso de «Paga tú la cuenta que te paso mi parte por Bizum». Lo explico porque no existe en otros países o, de existir, recibe otro nombre.

El que te quiere cobrar

En cuanto cumples 45 años y subes fotos con tus canas, comienzan a llegarte privados de jóvenes por debajo de los 25 que te ofrecen sus pollas para mamar a cambio de que les *regales* veinte euros. A más de uno le he contestado: «Con lo bien que la chupo, soy yo el que debería cobrarte a ti», y lo he mandado a la mierda. ¿Eso es prostitución, caradura o prejuicios contra los mayores porque piensan que no podemos follar si no pagamos? Si el chaval fuera prostituto, lo anunciaría en su perfil o estaría en una web de chaperos, así que probablemente se trate de un niñatillo sin pasta que piensa que los *daddies* estamos desesperados por lamer rabos jóvenes y quiere sacar dinero para las copas del próximo fin de semana. A ver, chaval: como tu madre se entere de por qué no le pides dinero para salir, le da un infarto. Y que sepas que el que paga es el que recibe placer, no al revés. Se ve que a ti no te han explicado bien en qué consiste eso de *trabajar*.

Al que le deberías cobrar

Llega a tu casa, te folla con tus condones y lubricante, busca su propio placer y acaba pronto sin haberse preocupado de hacértelo pasar bien a ti. Lo mínimo que se merece es que le pidas cincuenta eurazos antes de dejarle salir de tu casa. Si te ha tratado como si fueses un sexo servidor, qué menos que cobrarle, ¿no? Este sí que se merece una reseña malísima en Grindr: «¡No quedes con él, es un petardo, no vale para nada!». Ea, por egoísta.

El jordano rico

La estafa nigeriana ha llegado a Grindrburgo. Es esa en la que te llegaba un e-mail: «Soy un señor muy rico de Nigeria y necesito sacar una cantidad importante de dinero al extranjero pero debo hacerlo con mucha discreción, ¿podría ser a través de tu cuenta bancaria?». Luego te explica que necesita que le adelantes una cantidad de dinero desde tu cuenta para que todo parezca una operación entre socios (o cualquier excusa por el estilo), dinero que te rembolsará multiplicado por diez. Claro, Ndidi, lo que tú quieras, mañana mismo te transfiero esos mil dólares que tú necesitas para desbloquear tu cuenta o para lo que te salga de la berenjena, ¡faltaría más!

En la versión grindrburguesa de este timo te llega un mensaje de un tipo GUAPÍSIMO, con una hatta de cuadros rojos y blancos y una barbita recortada enmarcando una sonrisa que hace que las bragas te reboten en el suelo. El colega te cuenta que está atrapado en el aeropuerto de tu ciudad porque le acaban de robar la cartera con el billete y no puede comprar el vuelo de vuelta, que si le prestas trescientos euros para un pasaje, él te lo devolverá con creces porque su padre es un acaudalado empresario jordano (primo de Rania), y que no lo confundas con un estafador, que él te envía su pasaporte y documento identificativo. Y te suelta que te ha escrito porque te ha visto en Grindr y se fía de tu cara de buena persona. Vamos, que te acaba de decir que tienes tal pinta de pánfilo que le pareció que te tragarías el rollo que te ha soltado sin darte cuenta de que la foto es falsa, el pasaporte es falso y hasta la funda del móvil desde el que te escribe es una Lucrin de mercadillo. Contéstale que tú formas parte de un comando secreto de Al Qaeda y que, por haber descubierto tu número, no te queda más remedio que matarlo, que lo tienes localizado con la triangulación de su GPS y que vas a por él ahora mismo. Ya que ha intentado estafarte, por lo menos que se asuste un rato.

Ay, los humanos, qué simpáticos podemos llegar a ser. El muestrario no se agota aquí ni mucho menos, aunque lo importante, de verdad, es que sepas que muchos de los problemas que vas a encontrar no son porque tú hagas algo mal, sino porque el mundo está lleno de caraduras y gente con sus propias distorsiones. Que reconozcas a unos y a otros te ayudará a no dejarte enredar y a que nadie te fastidie la experiencia. Quitando los problemáticos, encontrarás los interesantes, ¡suerte!

18

El mejor calzado en Grindrburgo es una buena autoestima

Llámalo «autoestima», llámalo «poderío», llámalo «Tus pamplinas me comen los huevos por detrás», llámalo como quieras. Pero si para caminar kilómetros por cualquier ciudad que visites te recomendaría unas zapatillas con una buena amortiguación y que te sujeten bien el tobillo, lo mejor que puedo recomendarte para deambular por Grindrburgo es que vayas surtido de amor propio. Voy a explicarte algunos aspectos esenciales de la valoración que hacemos de nosotros mismos, cómo está influenciada por la opinión de los demás (y la comparación con ellos) y, sobre todo, el grandísimo error que cometemos cada vez que pretendemos que las interacciones en Grindr refuercen nuestra autoestima.

A menudo me encuentro con hombres que entran en Grindrburgo sin estar preparados. Claro que nadie cree que necesite prepararse antes de entrar en una app como si acudiese a un safari. Entramos en estas apps por imitación, vemos a nuestros amigos hacerlo y seguimos su ejemplo. Muchos de esos amigos incluso nos animan a abrirnos un perfil y deambular por la comarca. Ni por su parte ni por la nuestra hay ingenuidad, ya que uno no se da cuenta de lo que le falta hasta que lo necesita. Si nunca me he desenvuelto en

Grindrburgo, no tengo la menor idea de que hace falta estar bien de autoestima antes de entrar.

Grosso modo, la autoestima es la valoración que haces de ti mismo, y en virtud de eso te das a valer ante los demás, ya sea en una entrevista de trabajo, en una discusión, en una relación de pareja o a la hora de mostrarte como posible contacto sexual. Y, para esto último, da igual que lo hagas en una discoteca, en el banquete de la boda de tu prima o en una app de folleteo. La relación entre tener buena autoestima y flirtear con confianza no la ha inventado Grindr, simplemente la ha hecho evidente. Antes, en terapia, no se trataba el tema en estos términos: «Me da miedo entrarle a alguien en Grindr por si me rechaza», sino en estos otros: «Me da miedo entrarle a alguien en un bar por si me rechaza». Le hemos cambiado el collar pero el perro, queridos, es el mismo. Solo que resulta más fácil culpar a Grindr que a un bar, y muchos no habéis conocido los bares, sino que habéis entrado directamente a Grindrburgo. Así, una primera pregunta que te convendría hacerte es: ¿Me resulta fácil ligar en el mundo presencial? Si en la vida real tienes problemas para acercarte a alguien con la intención de seducirlo, ¿por qué iba a ser diferente en el mundo digital?

Centrándonos en la autoestima, quiero que partamos de algo que, por tenerlo tan ante nuestros ojos, no vemos: estamos hablando de redes SOCIALES. Son digitales y mediadas por dispositivos electrónicos, vale, sí. Pero, sobre todo y por encima de todo, son sociales. Y, por tanto, reflejan el comportamiento de nuestra especie en sociedad. Y cuando estamos en sociedad (es decir, siempre), nos comparamos con los demás sin ser conscientes de que lo hacemos. Así pues, no debe sorprenderte que gran parte de los problemas de autoestima relacionados con el uso de las RR. SS. tenga que ver con lo que los psicólogos denominamos «comparación social». En un artículo sobre la influencia de Instagram en la imagen corporal de los hombres homosexuales, Gültzow *et al.* (2020) postulan que el influjo de Instagram sobre la valoración que hacemos de nosotros mismos guarda relación con la teoría cognitiva social (SCT, por su sigla en inglés) de Bandura (1986, 2001):

> La SCT propone que los humanos guían su comportamiento, en parte, replicando los comportamientos observados. Al mismo tiempo, también aprenden a asociar ciertas normas de comportamiento y resultados observando a los demás. A través del modelado, los usuarios de Instagram pueden identificar y reforzar sus propios valores acerca de la alimentación, la actividad física y la forma del cuerpo [...]. Es más probable que los comportamientos se reproduzcan cuando esos comportamientos son socialmente recompensados con «Me gusta» y comentarios que encarnan las recompensas sociales en redes sociales y medios de comunicación.

Es decir, somos más propensos a imitar aquellos comportamientos que reciben más aprobación social, y en las RR. SS. esta aprobación se mide en likes, número de seguidores y cantidad de comentarios recibidos. Nos vamos a fijar más en los tipos que cuentan con mayor aprobación en Instagram y estos suelen ser, si solo nos referimos a sus cuerpos, los que tienen aspectos más *fit* o musculados. También suelen ser jóvenes, blancos y de clase alta. Sí, lo del poder adquisitivo también se nota en el cuerpo: llevan los mejores peinados y depilados, la piel más hidratada, la ropa deportiva de marca y se fotografían en gimnasios de lujo o en bellísimas villas con jardín.

Debido al algoritmo de Instagram, estas publicaciones que reciben más interacciones son mostradas con más frecuencia en los feeds de otros usuarios, de forma que tienen aún más probabilidad de recibir nuevos likes y comentarios, con lo cual el algoritmo los beneficiará más aún y los presentará en más feeds..., y esto se convierte en un no parar. Al final, este tipo de cuerpos son los que predominan en aplicaciones como Instagram, no porque sean los más frecuentes entre la población real, sino porque son los más favorecidos por el algoritmo para ser presentados ante los usuarios de esta red. Fíjate en lo que explican estos investigadores en las conclusiones de su estudio:

> Instagram está claramente saturado de posts que representan a hombres blancos muy delgados y musculosos haciendo ejercicio. Las publicaciones que muestran este tipo de cuerpo recibían respuestas abrumadoramente positivas y presentaban un fuerte enfoque en la salud. Esto es particularmente importante si lo relacionamos con la SCT, pues los usuarios podrían aprender que tienen que adherirse a este estándar para estar saludables. A pesar de las posibles consecuencias negativas, este tipo de contenido podría ayudar a contrarrestar las crecientes tasas de sobrepeso y obesidad. Sin embargo, es discutible si los usuarios necesitan percibir hombres muy musculosos y delgados ejercitándose para activarse físicamente ellos mismos. Muchas intervenciones dirigidas a disminuir los efectos negativos de las imágenes corporales poco realistas todavía están enfocadas exclusivamente en la población femenina; los educadores en salud deberían considerar ser más inclusivos en materia de género y los resultados del estudio podrían usarse para planificar una intervención dirigida a la población masculina. Además, los profesionales de la salud pueden utilizar los resultados

para informar a los pacientes con insatisfacción corporal de la realidad sesgada de las redes sociales.

Ahí es nada lo que acaban de decir mis primas: que está muy bien que haya influencers que apuesten por el ejercicio porque vamos camino de una sociedad sedentaria llena de personas con obesidad, pero que tampoco es necesario que el tipo que nos anima a hacer ejercicio sea siempre un muchacho lleno de músculos, blanco y con un porcentaje de grasa corporal por debajo del 10 por ciento[90] porque estos cuerpos no representan, ni de coña, la realidad de nuestra población. Y, lo más importante, cuerpos distintos no suponen falta de salud. Los autores, por cierto, recogen también que la mayoría de los estudios sobre esta influencia nefasta de los modelos corporales se han realizado con mujeres, pero que los hombres (especialmente los gais) también tenemos un historial potente de conflictos con nuestra imagen corporal y piden que, por favor, los profesionales que trabajamos con nuestro colectivo insistamos mucho mucho mucho en que las RR. SS. muestran una imagen distorsionada de la realidad.

Cuando los algoritmos priman determinado tipo de cuer-

90. Como curiosidad, los autores comparan el 6 por ciento de grasa corporal que tienen de media estos influencers con el 37 por ciento de grasa corporal de media que tiene la población real estadounidense. Debo añadir que, según el American Council of Exercise, el porcentaje de grasa corporal de un atleta profesional está entre el 6 y el 13 por ciento, el de un hombre que hace ejercicio con mucha regularidad estaría entre el 14 y el 17, y el de una persona promedio sana está entre el 18 y el 24 por ciento. Incluso los hombres sanos que hacen ejercicio con frecuencia tienen mucha más grasa que estos influencers. La conclusión es clara: no podemos creernos ni asumir lo que nos muestran estos personajes en sus redes.

pos poco representativos y nos miramos en ellos, podemos salir perjudicados si no tenemos muy claritas las cosas. Necesitamos desarrollar nuestros propios criterios a lo largo de ese proceso de aprendizaje que llamamos «madurar» o en otros procesos como el terapéutico. Nos conviene aprender a analizar estas imágenes y consejos de las RR. SS. con una mirada crítica para que podamos valorarnos correctamente a nosotros mismos y pasarnos por el forro de los cojones los consejos de talla única. Necesitamos, desde esa capacidad crítica que debemos desarrollar ante las RR. SS., aprender a afirmar: «Mi constitución física nunca me dejará bajar de un 20 por ciento de grasa corporal y eso ya está muy bien según cualquier médico». O, si somos muy delgados, diremos: «Yo puedo llegar a estar fibrado, pero nunca voy a tener el volumen de un culturista a no ser que me pinche esteroides». Si tenemos un criterio formado sobre nuestro cuerpo, podremos quedarnos con los beneficios para la salud de algunos consejos que encontramos en las RR. SS., pero no sentiremos la presión estética que tanto perjudica nuestras autoestimas. De hecho, aprenderemos a seleccionar críticamente a quiénes seguimos, desechando las cuentas de asesores poco formados o que vendan humo, y siguiendo a verdaderos profesionales. Incluso sentiremos un poquito de compasión por aquellos que sucumben a esta presión.

En la misma dirección va otro estudio que resulta tremendamente informativo desde su título: «La comparación social como ladrona de alegría: las consecuencias emocionales de ver publicaciones de desconocidos» (Vries *et al.*, 2018). Sus autoras comienzan poniendo de relieve las contradicciones entre los estudios sobre la relación entre depresión y RR. SS.; muestran hallazgos que apuntan a una clara influencia de las redes en el desarrollo de sintomatología depresiva, y también existen investigaciones que no encuentran esta relación causal. Ellas ofrecen como posible explicación la respuesta que verbalizamos los psicólogos cada vez que no sabemos qué contestar (guiño): «Depende».

No, en serio: depende. Todo en la vida obedece a una multiplicidad de factores que interactúan haciendo más y más impredecible el resultado, hasta el punto de que el mundo puede parecer un poco embrollado. Por eso los psicólogos nos pasamos el día diciendo «depende», porque las cosas no se deben nunca a una única causa y está bien que aprendamos que todo dependerá de las circunstancias y de las personas concretas. En el caso que nos ocupa, todo indica que las contradicciones entre diferentes estudios se deben a la influencia que tienen sobre el resultado el tipo de red, algunos factores personales, como edad, madurez, objetivos de la persona, etcétera, y también el mecanismo psicológico que esté desarrollándose en nuestras cabecitas: comparación social o contagio emocional. Si veo algo bonito en Instagram, ¿lo envidio o me contagio de su buen rollo? ¡Boom!

Este estudio constata que existen importantes diferencias individuales en cómo las personas procesamos los mensajes de las RR. SS. y que esto repercute en cómo estas nos afectan emocionalmente. La evidencia ya había demostrado que algunas personas son mucho más tendentes que otras a la comparación social y que el uso de RR. SS. puede agravar esta tendencia (Lee, 2014), pero nuestras autoras fueron un paso más allá. Los humanos nos pasamos la vida comparando la información que nos llega de los demás con la que poseemos acerca de nosotros mismos. Si en nuestra vida cotidiana esta continua comparación no tiene tanta repercusión, la pregunta que surge inmediatamente es: ¿Por qué la comparación suele ser tan perjudicial para nuestra autoestima cuando tiene lugar en las RR. SS.?

En Instagram, una red fundamentalmente visual, donde otros suben imágenes o vídeos en lugar de compartir información personal o discutir noticias (como en Facebook o en Twitter), las consecuencias negativas de las comparaciones suelen afectar mucho más a la imagen corporal. Además, la conectividad asimétrica de esta red puede contribuir a los problemas de autoestima e imagen corporal de sus usuarios. En Instagram puedes seguir a mucha gente que no te seguirá a ti. Gente que, en muchas ocasiones, serán personas ajenas a tus círculos sociales: famosos, *celebrities,* influencers y alguna que otra *mocatriz.*[91] Gente de la que no sabes nada y, al no poder contextualizar sus imágenes, es más probable que te sientas mal tras comparar tu vida con las suyas. Los y las influencers, bien asesorados, han seleccionado con cuidado lo que comparten en sus redes, eligiendo solo aquellos contenidos que los favorecen: más guapos, más sexis, mejor peinados y en el mejor entorno. Suben fotos hechas con cámaras profesionales desde los mejores ángulos y con la mejor iluminación, mientras que nosotros compartiremos imágenes tomadas con cámaras mucho más reguleras y con muchísimo menos conocimiento sobre composición fotográfica. Cualquiera de nosotros estará más feo, más cuerpo escombro, peor peinado y en un sitio más cochambroso que ellos. Y claro, si salimos perdiendo al compararnos a noso-

91. Lectores americanos, la expresión *mocatriz* fue popularizada por el dúo musical Ojete Calor, cuyas letras se burlan de asuntos y personajes de la sociedad española. La letra de la canción que lleva este título dice: «Mocatriz, mocatriz: modelo, cantante y actriz», para referirse a esas influencers que hacen de todo, pero sin talento para nada.

tros mismos o a nuestras vidas con los demás y sus vidas, pues bien-bien, lo que se entiende por bien, no nos vamos a quedar. ¿Qué podemos hacer al respecto?

Comencemos por tomar el control de cómo estamos procesando la información. Si siempre nos vemos inferiores a los demás y nos comparamos con los que son más guapos, más ricos, más divertidos y más, más, más..., ¿de verdad nunca te has replanteado esa manía tuya de compararte solo con los que están mejor que tú? Cuanta más tendencia tenemos a compararnos con los demás, más vulnerables somos a este efecto pernicioso de las RR. SS. sobre nuestra autoestima (Kleemans *et al.*, 2018).

Por otro lado, detengámonos a recordar que los maricones tenemos un historial tremendo de mensajes devaluadores. Haber crecido en un mundo homófobo que nos considera peores que los demás por el mero hecho de ser gais ya nos hace sentir inferiores. La combinación de esa baja autoestima marica con la exposición a vidas ajenas aparentemente perfectas que abundan en las RR. SS., sumada a la tendencia humana de compararnos con los demás es, en conjunto, ¡una puta bomba! Y a muchos les ha estallado en la cara. Para algunos (quizá demasiados), el hecho de entrar en unas redes donde todo es precioso y estupendo se transforma en la constatación de sus peores temores: «Maricón, al lado de estos tú eres un mierdecilla». Ya está el lío montado.

Los investigadores nos recomiendan, en caso de que la valoración que hacemos de nosotros mismos no sea buena, que no entremos en Instagram (o Grindr) hasta que aprendamos a no compararnos tanto con los demás, o hasta que consigamos aprender a ver lo bueno de los demás como una inspiración para nuestro propio progreso. Soy consciente de que, sobre todo para los más jóvenes, quedarse fuera del mundo digital es tan duro como pedirnos a cualquiera de la generación Z que solucionemos nuestros problemas de autoestima quedándonos en casa. Necesitáis (necesitamos) soluciones que no impliquen dejar las redes, sino aprender a desenvolvernos en ellas sin daños colaterales con técnicas como evitar ser usuarios pasivos y/o proporcionar contexto a las imágenes que vemos.

El uso pasivo de las RR. SS. sociales se refiere a si el usuario crea contenido o si solo lo consume. Algunos creamos contenidos, como hago yo con mis vídeos de YouTube. Otros crean hilos en Twitter y otros suben vídeos a TikTok o posts con reflexiones a su Facebook o Instagram. En estas redes hay cuentas dedicadas a la cocina, los viajes, la fotografía, la salud, la parodia, etcétera. Quienes llevan esos perfiles suben fotos y textos relacionados con tales temas y manejan las interacciones con sus seguidores. Este uso suele darse por parte de profesionales o de personas que sienten pasión por alguna de sus aficiones (como los constructores de LEGO) y que aportan mucho contenido propio.

La mayoría de las personas dan a las RR. SS. un uso mixto: producen y consumen contenido simultáneamente. Por un lado, suben la foto de su cena en familia o de algún viaje reciente y responden a los comentarios de sus seguidores (que suelen ser amistades). Por el otro lado, siguen a sus conocidos y familiares para estar al tanto de las novedades en sus vidas: las fotos del bautizo de la niña de tu prima segunda o la foto de tu hermano y sus amigos, vestidos con la camiseta de la Selección cuando se juntaron para ver el partido en casa de uno de ellos. A consumir el contenido que los demás generan se le denomina «uso pasivo de las RR. SS.», y es un modo de estar en el mundo virtual que puede ser pernicioso si lo llevamos a extremos. No pasa nada por seguir a tus amigos, a las compañeras de trabajo, a tu prima la del pueblo, a trece actores que te gustan mucho, a unos cuantos músicos y varias cuentas sobre viajes exóticos. Los problemas suelen aparecer cuando única o mayoritariamente seguimos cuentas de famosos, influencers y desconocidos porque estamos convirtiendo nuestras redes en la prensa rosa de los años cincuenta: solo salen caras perfectas con vidas perfectas.

En los estudios sobre RR. SS. y autoestima (Lup, Trub y Rosenthal, 2015) se ha encontrado una relación entre la depresión y el uso pasivo de las RR. SS., mediada sobre todo por el número de desconocidos a los que sigues. Si te dedicas a ver lo maravillosas que son las vidas de los demás en sus Instagram o Facebook y las comparas con las miserias de la tuya, obviamente sales perdiendo. Cuando la vida de uno es mucho más triste, sosa y/o problemática que las vidas de todos con los que la comparas, uno se pregunta por qué le tiene que tocar siempre la peor parte y comienza a decir eso de: «No es justo que ellos sean tan felices y yo esté aquí tragando mierda». Al fin y al cabo, con cada *swipe* de tu dedo, la pantalla de tu teléfono te muestra más y más caras sonrientes en más y más parajes idílicos viviendo más y más experiencias preciosas... que tú jamás disfrutarás.

Pero hay una forma muy sencilla de evitar este efecto. Observa que en todo momento me he referido a seguir a desconocidos, pero ¿qué sucede cuando ves la foto que acaba de subir tu amigo Roberto abrazando a su novio en la pasarela de Solferino? Que todo el conocimiento que tú posees sobre su vida te permite contextualizar esa imagen y no la idealizas. Al contrario, piensas algo así como: «¿Ahora os abrazáis, cabrones? La escenita de celos que montasteis el otro día en el cumpleaños de Javier no la subís a Instagram, ¿verdad, hijos de puta?». Y, al introducir esta crítica, quitas a esa foto cualquier posibilidad de lanzarte el mensaje de que «las vidas ajenas son mejores que la tuya», y lo dejas en: «Las vidas de los demás también tienen sus mierdas, pero no las muestran en sus fotos». Incluso si ves a tu compañera de curro subiendo emocionada el regalo sorpresa que le ha hecho su marido con el hashtag #elmejormaridodelmundo no sientes envidia, porque lo que se te viene a la cabeza es algo como: «Ay, mi niña, ¡cómo me alegro por ella! Con lo mal que se lo está haciendo pasar la jefa, al menos que esté feliz en su casa». De nuevo has contextualizado y no ves esa vida como un todo, sino como algo lleno de matices y situaciones varias.

Sí, puede que la influencer esa tenga un culazo que envidias, pero vete a saber si envidiarías también lo mal que la trata su familia. Y puede que ese tipo lleve una ropa que te flipa, pero a lo mejor todo su entorno lo considera un capullo y lleva años sin sentirse querido por nadie. Idealizamos las vidas de los desconocidos a partir de los breves fragmentos que nos muestran y creemos que el resto de sus vidas es igualmente esplendoroso (sí, el efecto halo también está presente aquí). Y luego nos sorprendemos si descubrimos que sus vidas son miserables o simplemente vidas normales y corrientes, con momentos felices y días de mierda. Contexto, queridos, necesitamos contexto ¡y las RR. SS. nos lo niegan! La información que manejas sobre tu amigo Roberto o tu compañera de trabajo la obtienes de tu día a día con ellos, no la has sacado de sus fotos. El influencer sube lo que le ordena su CM con el propósito de mantener la imagen que han creado. Lo que ves no es una vida real, es un invento. Y si comparas tu vida con un invento es como si comparas tu caballo con un unicornio. Tu caballo, por muy bueno que sea, ni tiene un cuerno de nácar ni caga purpurina biodegradable,[92] así que siempre saldrá perdiendo al compararlo con el otro. Hasta el día que te enteres de que los unicornios no existen y caigas en la cuenta de que has despreciado un caballo fabuloso ni más ni menos que porque eres un crédulo.

Querida amiga, te doy tres consejos. El primero, que antes de compararte con nadie te asegures de saber tanto de esa persona como de ti misma. El segundo, que aprendas a poner en valor todo lo bueno que tienes en tu vida. El tercero, que pases de la perfección y te des cuenta de que los seres humanos podemos ser normales, corrientes ¡y felices! Y, para explicarte este último, voy a compartir contigo una historia gaditana.

En el término municipal de El Puerto de Santa María se construyó un puerto deportivo bien lujoso en el que gente de mucha pasta amarraba sus yates. Fue una de las sedes del Campeonato Mundial del Vela Olímpica en el año 2003 y sigue albergando competiciones de vela en distintas categorías y modalidades. Lo bautizaron Puerto Sherry, en referencia al jerez pero con su denominación inglesa para contagiarlo de la internacionalidad y el glamour asociados a ese vino que también se produce en El Puerto de Santa María.

Atravesando el Atlántico en línea recta, a unas tres millas náuticas al sur de Puerto Sherry, se encuentra el embarcadero de la Barriada de la Paz, en la ciudad de Cádiz.

92. Esta referencia solo la habéis pillado las travestis europeas y vuestros seguidores. Besazos a las travestis del mundo entero y gracias por todo lo que hacéis.

Con barquitas muy humildes (por no decir hechas mierda) de gente trabajadora. Un embarcadero que no es más que una línea de costa sin más atraque ni más nada. Ahora han remodelado la zona y da gloria verla, pero antes era de los lugares más chungos (por no repetir el eufemismo «humilde») de todo Cái.[93] Pero la capacidad gaditana para salir airosos de todas las comparaciones supo reivindicar aquel trozo de mar rebautizándolo como Puerto Churri para hacer burla de la pretenciosidad que algunos encontraban en el otro de postín y, a la vez, en una pura reapropiación del insulto, reivindicar el orgullo de estar hecho un churro,[94] entendiendo que si nos dedicamos a envidiar el lujo no podemos disfrutar de nuestras vidas sencillas y también felices. Con Puerto Churri se pone en valor algo que no debe olvidarse jamás: «Este es el embarcadero de la gente de aquí de toda la vida. De los vecinos que te ayudan si te van mal las cosas, del que te trae el pescado fresquísimo a tu casa o al freidor donde vas a cenar con tus amigos. Es la salida al océano, la entrada a la bahía, el observatorio de los barcos que vienen y van. Es mucho más que cuatro barcas desvencijadas, es parte de la historia de cualquier gaditano». Los vecinos de la Barriada de la Paz tenían claro que sus barcas eran un mojón» («mierda» en gaditano), pero que nunca iban a estar tan a gusto en ningún yate como en su embarcadero, rodeados de su gente, relajados y compartiendo los mejores momentos de cada día. Eso, querido lector, no hay

93. Así es como los gaditanos llamamos a nuestra ciudad y provincia.

94. Lectores colombianos y peruanos, sé que en vuestros países «ser churro» es ser bello y elegante, pero en España estar «hecho un churro» es estar envejecido, descuidado, medio roto y feo.

quien lo supere. Comprenderás, por tanto, que te anime a encontrar tu propio Puerto Churri entre los brazos de tus amigos y vuestras fotos absurdas haciendo las mamarrachas en cualquier calle. Mamarrachas llenas de poderío, mamarrachas felices. Abraza el mamarrachismo, verás de cuánta presión te liberas.

Mientras lo consigues (y ojalá estas páginas te inspiren), hay otros aspectos de Instagram que quiero comentar contigo. Por ejemplo, eso de los selfis. En Instagram son habituales los vecinos que suben un selfi tras otro. Algo debe haber tras este fenómeno, porque mira que hay cosas que fotografiar: un paisaje, tu cena, tu nevera o la pelusa que te acabas de sacar del ombligo. Pues no, todo lo que comparten son fotos de sus caras tomadas con la cámara frontal. Modica (2020) llevó a cabo una evaluación de la relación entre el uso de Instagram, la subida de selfis, la comparación de la propia apariencia con la de los demás y la insatisfacción corporal en una muestra de 348 hombres adultos, ¿qué crees que descubrió?

Este investigador parte del modelo de influencia tripartita (TIM, por su sigla en inglés) para comprender la presión estética de Instagram sobre las personas. Este modelo sostiene que los ideales de belleza se transmiten a través de los medios de comunicación, los iguales y los padres, que ejercen importantes presiones sobre la apariencia. Y estas ocasionan insatisfacción corporal. Este descontento con el propio cuerpo puede ser moderado («Tengo que comer menos dulce porque estoy echando lorzas»), o convertirse en problemas muy serios de alimentación y en un preocupante mal funcionamiento psicológico. Desde el surgimiento de las RR. SS., los científicos son conscientes de que estas también ejercen esa presión sobre sus usuarios, y el estudio de Modica lo confirma. Instagram y similares, aunque no dirijan específica y personalmente sus mensajes a tu persona, pueden llegar a influirte como si te estuviera hablando tu propia madre. Lo que demuestra este tipo de estudios es que las personas somos muy sensibles a la presión social, incluso cuando esta aparece en formatos innovadores. Así, el uso de Instagram y las comparaciones que hacemos entre nuestro aspecto y el de los demás afectan la imagen corporal de un modo similar a lo que ocurre presencialmente, solo que potenciado dado el altísimo número de personas con las que nos comparamos.

Antes de las RR. SS., como mucho había un par de tíos musculadísimos en el pueblo y, a menudo (vamos a ser MUY honestos), solían ser unos flipados con las películas de Rambo y hasta te reías de ellos. La mayoría de los hombres del pueblo eran normales y corrientes. Siempre estaban los muy guapos y los muy feos, pero la mayoría eran normalitos. Sin embargo ahora, en una época donde lo real y lo virtual se solapan, cada vez que entras en Instagram se te llena la pantalla de centenares de tipos que están llenos de músculos, así que lo primero que piensa ese cerebro nuestro tan dado a compararnos es: «Todo el mundo está bueno... ¡menos yo!».

Abro inciso: el primer psicólogo del mundo en ganar un Premio Nobel fue Daniel Kahneman. No existe el Premio Nobel de Psicología, este autor fue premiado con el de Economía porque demostró que la inmensa mayoría de las decisiones que tomamos los seres humanos se basan en heurísticos. Estos, en psicología, son atajos mentales que emplean poca información para dar una respuesta rápida. Son útiles para sobrevivir en la naturaleza, pero a costa de muchos errores. Solo cuando forzamos al cerebro mediante la autoconciencia y la reflexión, pensamos de manera racional y lógica. Que cualquiera de nosotros saque conclusiones rápidas sobre su aspecto a partir de quince fotos de Instagram no nos hace gilipollas, nos hace humanos. Solo seríamos gilipollas (desde el cariño os lo digo) si, sabiéndolo y teniendo los medios para evitarlo, perseverásemos en este error una vez y otra vez y otra y otra y otra... Cierro inciso.

Así, las RR. SS. como Instagram pueden fomentar la presión estética sobre las personas debido a la enorme cantidad de imágenes de gente guapa que nos aparece nada más abrir la aplicación. Modica, por cierto, es uno más de tantos autores que insisten en la importancia de la alfabetización mediática para evitar y/o subsanar estos problemas. En este caso concreto, necesitamos recordar que estamos en una red donde se comparte contenido visual muy seleccionado (una foto buena suele suponer 30 o 40 intentos que se desechan). También es importante recordar que las personas que salen bien en las fotos es porque saben posar. Como te dije en el capítulo 15, colocar el cuerpo para quedar bien en una foto es mucho más difícil de lo que pueda parecer y, además, que la imagen sea bella dependerá de la iluminación, el ángulo desde el que nos toman la foto, etcétera.

Si quieres un consejo de amigo y terapeuta, te voy a dar dos (hoy me he levantado generoso). El primero es que sigas a cuentas como @instavsreal en Twitter o a @bellezafalsa en Instagram si quieres ver con tus propios ojos todo esto que te estoy explicando. Bueno, más que aconsejarte, te imploro que las veas porque te darás cuenta de que ese bellezón del cine no es más que una mujer normalita pero bien maquillada. El otro consejo es que hagas un cursillo de retrato fotográfico amateur para ser consciente de todos los trucos que hay tras una buena instantánea y de cuántas veces hay que probar hasta conseguir una buena foto. Recuerda que la prueba definitiva de lo que afirmo es la pregunta: ¿Tú le encargarías las fotos de tu boda a un amigo que tuviera un móvil cualquiera? No, ¿verdad? ¿Por qué? Porque sabes tan bien como yo que se necesita un equipo fotográfico profesional, unos buenos focos y una muy buena técnica para que el álbum de recuerdos de «el día más feliz de tu vida» no parezca un álbum de Pokemons. Porfa, reflexiónalo y aplícalo a lo que piensas cuando comparas las fotos de tu Instagram con las de los demás. Esto también es alfabetización mediática, *my love*.

Sobre el abuso de selfis, Modica concluyó que a menudo está relacionado con la insatisfacción corporal. Insisto: el abuso. Lo que viene siendo subir doscientos veinticuatro selfis uno detrás de otro sin más pretensión que mostrar tu cara. No el selfi esporádico que te haces delante de la estatua a Lola Flores en Jerez para que tus amigos vean que has venido a rendir homenaje a la Faraona. Ni el que os hacéis a las 3.45 de la mañana en los baños de la discoteca con una cara de pasadas que no sé cómo tenéis valor de subirlo a Stories.[95] Abuso es mucho muchísimo, no lo que hace la mayoría de la gente, ¿se entiende? Vale. El abuso está relacionado con la insatisfacción corporal, especialmente aquellos selfis que están llenos de filtros o retocados. Si te perturba ver tu cara natural, sin el filtro de belleza, eso es señal de que Instagram no es un buen lugar para ti porque esa inseguridad se manifiesta en tu necesidad de verte una y otra vez con una imagen idealizada. En esta misma dirección, otros

95. Que yo también tengo fotos de esas, solo que no me atrevo a subirlas a mis redes, amiga (guiño).

autores (Kim, 2020) han demostrado que el abuso de selfis, especialmente los retocados, guarda relación con problemas de autoestima y que la búsqueda de popularidad es una estrategia que solo pretende subsanar esas carencias.

De hecho, la búsqueda de popularidad en las RR. SS. es una de las peores trampas en las que puedes caer si tu autoestima no está bien trabajada. Como persona que cuenta con más de 52K seguidores en Instagram, te diré que mis fotos que reciben más likes son aquellas en las que yo soy menos feliz, imágenes tomadas posando en la playa, la piscina o el baño, imágenes hieráticas en modo retrato donde no estoy experimentando nada que me haga dichoso, solo posando. Las fotografías que comparto acompañado de mis amigos o familiares, disfrutando de una fiesta o de un encuentro entrañable, reciben la décima parte de «Me gusta». ¿Debería interpretar que a mis seguidores no les importa mi felicidad? Para nada, ni muchísimo menos: yo me siento querido por la gente que me sigue y, como ya he dicho, entiendo que sigues a alguien porque te parece atractivo aunque su vida te resulte menos interesante. Pero los que subimos contenido no podemos permitir que esta enorme diferencia nos influencie, sabremos que hay algunas imágenes que tendremos que subir porque a los seguidores les gustan, pero que nuestra vida real, la que nos hace sentir bien, no se parece en nada a la que aparece en las fotos con muchos likes. Si tú dejas que los «Me gusta» determinen tu autoestima, tu valía o aquello que será importante en tu vida, vas a salir perdiendo con toda seguridad.

Instagram es una de las redes de Neogrindrburgo que más a prueba pondrá nuestra alfabetización mediática, especialmente nuestra ignorancia crítica, si queremos mantener bien nuestra autoestima. Como ya has leído, la comparación social es un mecanismo psicológico habitual, automático, cuyos resultados pueden ser devastadores para nuestra autoestima si nos comparamos con modelos hiperseleccionados o con contenidos retocados. El estudio sobre las RR. SS. que desaconsejaba un uso pasivo de las mismas y al que ya me he referido (Lup *et al.* 2015) se hizo con Instagram y su título no puede ser más evocador: «Instagram, #instasad?». Haciendo un juego de palabras con el nombre de la red, los hashtags y la tristeza que produce navegar por ella sin capacidad crítica.

Otros estudios también remarcan que Instagram es una red llena de creatividad (ejem, menudo eufemismo), donde muchos instagramers no son demasiado fieles a la realidad y otros directamente mienten como cabrones. Weber, Messingschlager y Steinc (2022) publicaron un estudio cuyo título es un juego de palabras con «Instagram» e «invenciones», y en el que ofrecen una serie de medidas de tipo cognitivo para reducir las consecuencias negativas que la comparación social en las RR. SS. tiene sobre nosotros.[96] Y nos recuerdan que tendemos al error fundamental de atribución (Hooper *et al.*, 2015), que es otro de nuestros heurísticos y se refiere a nuestra predisposición para atribuir el comportamiento de los demás a características disposicionales, más que a causas situacionales externas a ellos. También se conoce como «sesgo de correspondencia» o «efecto de sobreatribución», y puede llegar al extremo de culpabilizar a las víctimas de agresiones porque «con su comporta-

96. En algún momento del artículo, los autores recomiendan fiarse de cuentas verificadas…, ¡pobres! Me los imagino siguiendo las noticias de cómo el Twitter de Elon Musk se cargó el *blue check* y sintiéndose moralmente obligados a reescribir esta parte de su informe.

miento han provocado la furia del agresor». Un ejemplo menos grave sería atribuir la impuntualidad de una compañera de trabajo a que es una perezosa o que no se organiza (característica personal, disposicional) cuando la realidad es que está criando a su hijo sola y apenas le da tiempo a llegar en transporte público a la oficina después de haberlo dejado en la guardería (causa situacional). Cuando tenemos una información limitada, nuestro heurístico es tender a atribuir la causalidad de lo ocurrido a características personales más que a fuerzas situacionales. Y en Instagram este error se traduce en pensar: «Les va mejor que a mí porque ellos son estupendos, pero yo soy un desastre».

Aclarado lo anterior, podemos regresar al trabajo de Weber *et al.* (2022), quienes nos dan como primer consejo que nos esforcemos en mejorar la actitud con la que nos aproximamos a las RR. SS. Está demostrado que quienes las consideran una herramienta útil para encontrar información o contactos experimentan mucha más satisfacción en estos entornos que quienes las consideran lugares perniciosos. Y esto, querida amiga, te lo repito con cariño, os sucede a más de cuatro cuando entráis en Grindr. Ya vais predispuestos contra la red y el menor encontronazo os sirve para confirmar vuestro sesgo mental. Claro que hay troles, pero algunos describís Grindrburgo como si fuese el escenario de *The last of us...*,[97] y no lo es.

97. Si eres de los pocos que no han visto esta serie (ni siquiera el episodio 3 de la primera temporada con ese precioso romance gay entre los personajes de Nick Offerman y Murray Bartlett), la referencia alude a que la acción transcurre en un mundo postapocalíptico lleno de personas infectadas por un hongo cordyceps mutado que las convierte en zombis agresivos. Así parece que se sienten algunos cuando entran en Grindr.

Otra gran pregunta que los autores nos sugieren es: ¿Soy de los que piensan que las personas pueden crecer, cambiar, aprender..., o de los que creen que eso es imposible? A los primeros se les llama de «mentalidad de crecimiento», mientras que los segundos son denominados de «mentalidad fija». Estos últimos consideran menos probable lograr lo que ven en las RR. SS. y eso les hace desarrollar sentimientos de envidia. Por el contrario, las personas con mentalidad de crecimiento se centran en mejorar aquellos aspectos en los que se están comparando y, por esta razón, ven los contenidos como inspiracionales. Este tipo de persona razona, al más puro estilo Teresines: «Si este ha podido, yo también podré». Evidentemente, esta estrategia por sí sola se queda corta, ya que también es necesario seleccionar de manera crítica aquellos contenidos que pueden servir de inspiración y cuáles no son más que un espejismo con el que nos quieren engañar (y desecharlos). Pero es un primer paso.

Otras sugerencias para mejorar nuestra visita a Instacity podemos encontrarlas en el estudio de Noon y Meier (2019) sobre el uso que hacen los adolescentes de esta red. Encontraron que aquellos con sus RR. SS. fundamentalmente copadas por perfiles de amigos o familiares tienen un mejor ajuste que aquellos que siguen a desconocidos. Permiten que los amigos les inspiren y sienten poca envidia, ya que la proximidad les hace contextualizar bien los logros ajenos y saber cuáles están a su alcance y cómo. De nuevo vemos que la configuración que damos a nuestras redes, eligiendo a quién seguir, también va a influir en nuestra autoestima. ¿Cuántas veces más debo pedirte que seas selectivo en tus follows?

Abro inciso: la comparación social puede llevarse a cabo hacia arriba *(upwards)* o hacia abajo *(downwards)*, según si se considera que los demás ocupan respectivamente una mejor o peor posición en relación con nosotros. Un ejemplo arquetípico de comparación social *upwards* es cuando seguimos a campeones de culturismo y admiramos sus cuádriceps. Y un ejemplo de comparación *downwards* en el que nunca habías reparado es cuando devoras reality shows para ver vidas miserables de personas que sufren porque les han puesto los cuernos o que se pelean por una compresa con su compañera de habitación. La telebasura cumple un papel importantísimo en el equilibrio de la autoestima de su audiencia. Y lo mismo ocurre con los salseos de Twitter, los Stories pasivo-agresivos de las drags que insultan a compañeras de programa, etcétera. Te hacen sentir mejor contigo mismo y con tu vida al compararte con las suyas. Bueno, con lo que están mostrando en unos programas guionizados y editados por los que cobran un dinerete (dame pan y llámame tonto). Pero ese es otro tema. Cierro inciso.

Yendo un poco más allá, Mussweile (2003) nos explica que también hay un fuerte impacto de la dimensión próximo/alejado (conocido/desconocido) en un sentido que no hemos explorado aún. Según este investigador, existen dos tipos básicos de comparación social: similitud y contraste. Aquellos adolescentes con sus RR. SS. copadas por personas con quienes guardan similitudes demográficas, educacionales, etcétera, tienen un mejor ajuste psicológico que aquellos que siguen a personas muy diferentes a ellos. Si nos importa nuestra autoestima, aquí tenemos otra lección, pues no será lo mismo que comparemos nuestros cuerpos con el de un señor que lleva desde los 16 años haciendo pesas, que trabaja en un gimnasio y como modelo publicitario (dedicando horas y más horas a la musculación), además de gastarse un dineral en suplementos y nutricionistas (y algún que otro anabolizante), que si comparamos nuestros cuerpos con el de un señor que trabaja ocho horas diarias tras un mostrador, a quien le gusta tomarse una cervecita con sus amigos, que se come su paella los domingos y que va al gimnasio una horita (tres o cuatro veces por semana) si es que tiene tiempo. Evidentemente, no será lo mismo. El segundo tendrá un cuerpo mucho más parecido al nuestro, ya que su vida y la nuestra son mucho más parecidas. Por más que el primero te venda en su Instagram consejos y rutinas para muscular, ¡nunca estarás como él! Esto es, recuerda, ignorancia crítica: saber qué contenidos inspiracionales puedes ver como objetivos realistas y cuáles ver como entretenimiento (e ignorarlos). La única inspiración realista que puedes esperar del culturista será para una paja (perdón por mi brutal honestidad) pero jamás para imitar su entrenamiento.

Meier *et al.* (2020) profundizan en estos hallazgos: «La comparación social ocurre de manera ubicua, espontánea, a menudo sin intención y frente a información social mínima o aparentemente trivial». Por eso, ya que no podemos evitar compararnos con los demás, es tan importante aprender a perfeccionar nuestras comparaciones. Esta investigación remarca que el malestar que experimentamos en las RR. SS. tiene mucho que ver con fijarnos en objetivos inalcanzables, totalmente alejados de nuestra genética y de nuestras posibilidades económicas, o que nos exigen unos esfuerzos extraordinarios. Para comprenderlo mejor, imagina que un día alguien te pregunta cuánto ganas en tu trabajo y tú respondes que tu salario son dos mil euros. «Vaya, no está mal —te contesta, y añade—: Me pregunto si te gustaría ganar seis mil euros», a lo que tú le dirás, sin pensártelo ni un segundo: «¡Por supuesto que quiero!». Entonces él te responde que no es difícil si, desde ese momento, trabajas cada día una media de trece horas diarias, siete días a la semana, haciendo tareas muy laboriosas, sin tiempo para ver ni a tus amigos ni a tu familia (ni para follar), ni vacaciones durante al menos tres años, y todo ello sin garantías de éxito porque lo mismo estalla una crisis económica y todos tus esfuerzos no habrán servido para nada. Si eres un hombre sensato que valora lo bueno que tiene en su vida, seguramente le contestarás: «Uy, no, quédate con el dinero, que yo estoy muy a gusto tal como estoy». ¿Queremos triplicar nuestro sueldo? Claro. ¿Queremos tener un cuerpo de portada de revista? Claro. ¿Queremos privarnos de todo lo importante de nuestras vidas? No. Ni de coña, no estamos chalados. Pues eso, cari, pues eso.

Meier *et al.* (2020) insisten en la importancia de seleccionar bien los contenidos que sigamos y nos animan a que estos sean alcanzables o, en todo caso, que tengamos bien elaborado que ni los alcanzaremos ni nos importa no alcanzarlos. Por ejemplo, puedes seguir cuentas sobre decoración sabiendo que nunca te gastarás doce mil euros en un sofá para el salón y que, desde luego, no será para ponerlo en tu villa en la Toscana porque ni la tienes, ni la tendrás, ni te importa un carajo no tenerla porque tú estás muy contento con tu pisito en el barrio de La Chana y sigues esas cuentas solo para sacar ideas sobre cómo decorarlo con muebles de la tienda del barrio, ¿ves qué fácil? Análogamente, sigue al culturista para aprender nuevos ejercicios y no aburrirte de repetir siempre los mismos, pero sin la menor intención de conseguir un cuerpo como el suyo porque eso no va a ocurrir jamás por más que él te venda motivación, *No pain no gain* y no sé cuántas cosas más sobre el mantener lo conseguido. Recuerda: vida normal = cuerpo normal. Sé más listo que el fitness-influencer de turno.

Finalmente y si estás saturado de que la gente te muestre solo la cara idealizada de sus vidas, entendiendo no solo la parte bonita, sino también las fotos llenas de filtros, si todo te parece un sinsentido que te provoca un malestar irremediable, abre tu teléfono, mantén pulsado el icono de la app hasta que comience a temblar y clica en «Aceptar» cuando tu teléfono te pregunte si quieres desinstalar la aplicación. Pausas de tan solo una semana han demostrado ser eficaces reduciendo este malestar (Fioravanti, Prostamo y Casale, 2020). Ojalá todo en la vida fuese tan fácil, ¿verdad?

19

Mi novio, Grindr (o Instagram) y yo

Esto es de primero de mariquita: es posible tener novio y Grindr simultáneamente. Recalco que he empleado «es posible» en lugar de «se está obligado a», por si le prestas este libro a alguien con problemas de comprensión lectora. Y lo señalo, al hilo de que estamos leyendo un libro sobre las RR. SS., para recordar que en Twitter asistimos a debates absurdos y desfasados sobre la monogamia, la PrEP, el edadismo, las drogas o dónde disfrutar tu ocio. Debates iniciados por maricas que ni se han tomado la molestia de documentarse ni se han cortado un pelo a la hora de demostrar por escrito su ignorancia. No seáis como ellos.

En líneas generales, nosotros tenemos mucho más naturalizada la no monogamia que los heterosexuales. En nuestra población las parejas estrictamente monógamas son minoría, mientras que sucede lo contrario con las parejas formadas entre un hombre y una mujer heterosexuales: las parejas abiertas son una minoría. Debo añadir que se observa una clara tendencia al alza en el número de parejas hetero que se abren, especialmente entre las más jóvenes. La verdad es que la monogamia estricta es menos natural de lo que los modelos sociales conservadores nos han inculcado y que, en un ambiente ausente de presión religiosa o moral, las parejas se permiten experimentar con su deseo y complicidad al margen de su orientación sexual. Como sabéis, a mí todo lo que signifique salir de la represión y escucharse a uno mismo me parece perfecto. Tampoco olvidemos que los miembros de las parejas monógamas puede que no tengan Grindr, pero seguramente tendrán Instagram. Y si tú eres uno de esos lectores que ante el título de este capítulo ha pensado: «Mi novio y yo somos pareja cerrada, pero necesito leer esto porque no sé manejar que a mi chico lo sigan tantos tíos por Instagram», es porque intuyes cuál será el contenido de las siguientes páginas: las RR. SS. pueden ser un desafío para muchas parejas.

Lo más habitual en esto de la no monogamia es tener un novio/marido, follar de vez en cuando con otros, abrir una cuenta en Grindr donde dices que estás en una relación abierta... y ya. Sin embargo, se ve que a algunos humanos nos aburre lo fácil y buscamos nuevas sensaciones ampliando el número de posibilidades: parejas que tienen un perfil conjunto, parejas que tienen perfiles por separado pero que follan juntas, parejas que tienen perfiles separados y follan separados, parejas que follan cada uno por su lado pero que solo uno de ellos tiene Grindr, parejas con perfil abierto, parejas con perfil anónimo, parejas donde uno tiene perfil en abierto y el otro en anónimo... Maricones, ¿os estáis dando cuenta de lo difícil que es escribir un libro para nosotros? Si es que no paramos de inventar, ¡coño, ya! Ains.

Existen numerosas razones para que se den estos numerosos modos de visitar Grindrburgo en pareja, y están relacionadas sobre todo con los celos y la vergüenza. ¿Te disgusta ver a tu pareja bramar de gusto metiéndola en un culito que no es el tuyo? ¿Te da vergüenza que tu pareja presencie tu cara de sumisión cuando te dan una bofetada erótica? ¿Hay prácticas sexuales que nunca te atreviste a pedirle a tu novio pero que te encantan y son a las que siempre juegas con tus ligues? Si has contestado «sí» a estas preguntas o lo harías ante preguntas semejantes, es muy probable que seáis pareja abierta y folléis cada uno por vuestro lado. La mayoría de las personas que tenéis dificultades para expresar vuestro deseo sexual u os sentís inseguras si vuestra pareja disfruta con otros, preferís follar por separado de vuestras parejas. Mi primer consejo es que superéis estos celos y vergüenzas porque, de lo contrario, os pasarán factura más tarde o más temprano. Para tener una relación no monógama saludable es imprescindible haberse trabajado estas cosillas. Pero eso escapa del objetivo de este libro y, por ahora, me limitaré a daros un segundo consejo: leed sobre estos temas, se puede aprender mucho. Buenas lecturas serían el clásico «Ética promiscua» (Easton y Hardy, 2013) y el más reciente «Más allá de la pareja» (Veaux y Rickert, 2018), ambos traducidos por Miguel Vagalume, a quien vuelvo a recomendaros seguir en Twitter (@miguelvagalume), así como a sexólogas como Arola Poch (@arolapoch) o Elena Crespi (@ElenaCrespi81).

Por otro lado, para muchas parejas es complicado encontrar un hombre que les resulte atractivo a los dos y prefieren follar por separado con otras personas según el gusto de cada uno. No es extraño, por ejemplo, encontrar parejas donde a uno le gustan los hombres de gran envergadura y a su novio, los hombres delgados. Solemos pensar equivocadamente que la mayoría de los hombres quieren estar con otros señores parecidos a ellos mismos y nos quejamos de los novios que parecen gemelos o de los tíos que solo quieren follar con tipos como ellos. Sin embargo, esto es menos frecuente de lo que presumiría el cliché, y la realidad es que resulta muy fácil encontrar parejas cuyos componentes tienen aspectos muy distintos. Por eso todos entendemos el malintencionadísimo comentario: «Me propusieron un trío, pero para acostarme con el tío bueno tenía que follarme al orco del marido y pasé». Si los miembros de las parejas no fuesen frecuentemente tan distintos entre sí, no entenderíamos la observación anterior. A la inversa, en parejas abiertas es probable que atraigas a uno de ellos pero no al otro, de modo que, por mucho que a ti te gusten ambos, igual solo follas con uno de ellos. Tampoco es ningún drama.

Por último, solo señalar que la logística para quedar con ellos dependerá de sus pactos. La mayoría de las parejas abiertas acuerdan follar con otros fuera de su casa, por lo que es preferible que dispongas de sitio o que busquéis un hotelito mono y barato (lo mismo que si ambos estáis en parejas abiertas que habéis pactado follar fuera del domicilio).

Modelos de relaciones en Grindrburgo

En Grindr encontrarás chicos que están en parejas abiertas, permeables y monógamas...

... ¿monógamas?

¿Has dicho «monógamas»?

Sí, monógamas. Lamentablemente, algunos «monógamos» pasean por Grindrburgo amparados en el anonimato y en una curiosa interpretación sexual de la ley del embudo. Suelen ser hombres que quieren a su novio o marido y que reconocen que también se sienten atraídos sexualmente por otros hombres, pero que son incapaces de gestionar sus propios celos. Así, imponen la monogamia a sus parejas mientras ellos se acuestan con otros tipos. Como me contó un paciente: «Yo le planteé a mi ex que fuéramos pareja abierta, pero él me contestó que ni de broma, que él era muy clásico. Y fíjate si era clásico que me estuvo poniendo los cuernos durante dos años».

Estos traidores (no se os puede llamar de otra forma, aunque aún estáis a tiempo de cambiar, ¡ánimo!) suelen tener un perfil anónimo en Grindr. Dan muy pocas explicaciones sobre su vida y casi nunca tienen un sitio para quedar. No suelen pasar a WhatsApp y desaparecen sin dejar rastro después de follar. Si tú has estado con un chico así y aún te sigues preguntando qué hiciste mal para que él te tratase con semejante *ghosting*, yo te lo explico: le puso los cuernos a su novio contigo, así que no le convenía dejar rastro. Y si tú eres uno de estos hombres que mantiene sexo con otros a escondidas de tu novio, quiero darte una buena noticia: se pueden superar los celos y disfrutar de ver a tu novio gozando de la misma exuberancia sexual que quieres para ti. Se puede aprender a disfrutar del placer de nuestras parejas cuando el sexo con más personas es una diversión compartida y se tiene muy claro que el amor mutuo está al margen del deseo sexual que experimentáis por otras personas. Pero de esto ya hablaremos otro día y en otro libro (spoiler).

Si la vuestra es una pareja permeable (de esas en las que, juntos, tenéis sexo con otros: tríos, cuartetos, orgías), es probable que compartáis el mismo perfil en Grindr. La mayoría de los novios emplean una foto en la que aparecen ambos y suelen incluir en su nombre de usuario alguna referencia a sus respectivos roles sexuales, tipo «2 act para pas» indicando que ambos sois activos y buscáis un pasivo, u otras fórmulas como «act+vers», «vers+pas», etcétera. En el texto se acostumbra a ampliar un poco la información, se suele ofrecer la propia casa como lugar para los encuentros sexuales y se especifican las fantasías: «Me gusta ver cómo te follas a mi marido», «Nos encanta mamar la misma polla juntos» o «¿Quieres una DP?».[98] Estas parejas, de vez en cuando, se encuentran con chicos que quieren follar con solo uno de ellos y les tienen que recordar que son un *pack* indivisible, si bien la mayoría de los vecinos de Grindrburgo tienen clarísimas las reglas desde el principio. En el caso de que tú seas el invitado de una de estas parejas, no viene mal que les preguntes por sus pactos: «¿Besos sí?», «¿Usáis preservativo fuera de la pareja?», «¿Si terminamos tarde, me puedo quedar a dormir?», así como por cualquier otra información que puedas necesitar para garantizarte que todo transcurre según lo previsto por los tres.

Las parejas abiertas, por el contrario, acostumbran a tener perfiles cada uno por su lado y, en todo caso, citan el perfil del marido para no dar pie a equívocos: «Me gusta el sexo pausado y estoy en pareja abierta con marcosnbcn39, a veces hacemos tríos».[99] Si quieres conocer qué le gusta a cada uno, tendrás que visitar sus perfiles por separado en caso de que les quieras proponer un encuentro a tres aunque, como imaginarás, si han tomado la decisión de follar cada uno por su cuenta se deberá a algún motivo.[100] En la mayor parte de las ocasiones, esa razón tiene

98. Doble Penetración.

99. Me he inventado el *nick*, si coincide con alguno real, ¡lo siento!

100. Recuerdo una anécdota tomando unas copas con mi amigo el actor

que ver con la ya mencionada disparidad en sus preferencias, tanto sobre el aspecto como sobre los juegos que quieren desarrollar con sus otras parejas sexuales. Es innecesario decir que si quedas con los dos te recomiendo lo mismo que al hablar de parejas permeables, y si quedas con uno de ellos pues que sigas los consejos básicos sobre comunicación, complicidad y respeto que han ido apareciendo a lo largo del libro.

A ambos tipos de pareja os viene bien sentaros un ratito a hablar sobre vuestros perfiles en Grindrburgo. Evidentemente nadie puede prohibirte que hagas lo que te apetezca con tu identidad digital, puesto que te pertenece igual que te pertenecen tu cuerpo o tu reputación. Sin embargo, es habitual y comprensible que novios y maridos comenten sus respectivos perfiles y lleguen a algunos acuerdos. Una precaución frecuente es no revelar las intimidades de tu pareja si esta no lo desea. A no ser que ambos estéis muy dentro de, por ejemplo, el ambiente *fetish* y —gracias a tenerlo tan normalizado— os importe una mierda que el vecino del cuarto izquierda se entere de que os encanta ser unos cerditos amantes del pis, usualmente evitaréis dar pistas en vuestros perfiles públicos sobre las apetencias más *hardcore* de vuestro novio. Algunos hombres se sienten incómodos con el simple hecho de que los demás sepan que forman parte de una pareja abierta y no

Avelino Piedad (el youtuber Mr Avelain), que explicaba: «Los maricones, cuando somos jovencitos y alguien que nos interesa nos dice: "Yo es que tengo novio", contestamos: "Ah..., vaya", y nos quedamos chafados. De mayores, nos dicen que tienen novio y preguntamos: "¿Ah, sí? ¿Y tienes fotos de él? A ver, a ver...", porque igual te llevas un 2x1 a tu casa». ¡Lo que se aprende con los años!

quieren que sus maridos tengan foto de cara en sus apps. Esto es absolutamente legítimo, ya que cada persona es dueña de la información sobre su persona que quiere compartir con el público e igualmente dueña de sus tiempos. Lo que con 27 años te da vergüenza quizá te importe un carajo con 33, pero mientras transcurren esos seis años nadie puede obligarte a compartir en público información personal que te hace sentir incómodo.

Sin embargo, casi todas estas incomodidades suelen tener origen en el estigma interiorizado. Si no estás cometiendo ningún delito ni perjudicando a nadie con tus fetiches sexuales, ¿por qué avergonzarte de algo inocuo? ¿Por los prejuicios de los demás? Y siendo este el caso, convendrás conmigo en lo bien que te sentará librarte de una presión social que no te deja sentirte cómodo contigo mismo. En este sentido, las parejas se conocen bastante bien y a veces pueden darse apoyo para superar sus inhibiciones. Mi amigo Toni nos comentaba, con respecto a su evolución sexual gracias al empuje de su marido: «Entre que él es ingeniero y yo era campo abonado, mira el putón en el que me ha convertido (risas), y, oye, bien que me alegro, ¡eh! Que me lo paso de coña cada vez que vamos a un *sex-club*».

Mi consejo para quienes os sentís abochornados al descubriros públicamente es el mismo que para cualquier otra salida del armario: ni te escondas ni te compliques. Sin obligarte a hacer nada para lo que aún no estés preparado, ocúpate de comprender las raíces de tu vergüenza, entiende el estigma asociado a tus prácticas y/o estilo de pareja, y demuélelos en tu mente gracias a la información de expertos que irás encontrando en manuales y otras fuentes de información. Con todo ello, crea tu propio criterio para valorarte y legitímalo. Verás cómo, tras este proceso, te resulta más fácil mostrarte con naturalidad en tu perfil.

Al final se trata de ganar libertad, confianza en ti mismo y desprenderte de entornos tóxicos que te juzgan. Lo importante es que comprendamos que, para que no reveles ninguna información sobre tu pareja que él no desee, vais a tener que hablar y pactar. Vais a tener que repensaros algunas cositas. Incluso planificar cambios graduales. Siempre respetando la voluntad del otro. Naturalmente que no es fácil, pero ¿quién dijo que vivir en pareja lo fuese?

Instagram, ¡ay, Instagram!

Contrariamente a lo que se pueda pensar, la red que más roces y desgaste por celos produce en las parejas no es Grindr (ni análogas), sino Instagram, ¿cómo es posible? Pues nada más y nada menos que por lo difícil que resulta el manejo de la incertidumbre: que si subes demasiadas fotos enseñando carne, que si muchos tíos te han puesto llamitas en los comentarios, que si quién te escribe por privado, que si quién coño es ese pesado que no para de decirte lo guapo que eres. En Grindr las cosas son claras: se está ahí para follar. Solo hay dos posibilidades: o ambos estáis conformes o alguien está siendo infiel y si lo descubren se lía parda. Ea, pim-pam, así de sencillo: o acuerdo o cuernos. Pero en Instagram la duda siempre revolotea. Teóricamente es una red para compartir instantáneas de tu vida y que los amigos te hagan comentarios bonitos sobre las fotos. Teóricamente. Porque en la práctica sabemos que los DM se llenan de mensajes de chicos a los que les gustas y que quieren proponerte una cita para algo más que ver una serie. Este otro uso lo conocemos todos. Y lo que significan las llamitas, también. Y que muchos usan Instagram para ponerles los cuernos a sus novios sin miedo a que los pillen en Grindr, también lo sabemos todos. Y, claro, si sabemos que esto sucede pero no podemos afirmar con rotundidad que sea el caso de nuestro novio, nos come la incertidumbre. Y las dudas son primas hermanas de los celos, las inseguridades, la frustración, el miedo a ser traicionado y una ristra bien larga de situaciones en las que no te deseo que te encuentres jamás. ¡Uf!, ¿cómo gestionamos todo esto?

Voy a explicarlo comenzando por la ley española. El Código Penal vigente, en su artículo 197.1 dice: «El que, para descubrir los secretos o vulnerar la intimidad de otro, sin su consentimiento, se apodere de sus papeles, cartas, mensajes de correo electrónico o cualesquiera otros documentos o efectos personales o intercepte sus telecomunicaciones o utilice artificios técnicos de escucha, transmisión, grabación o reproducción del sonido o de la imagen, o de cualquier otra señal de comunicación, será castigado con las penas de prisión de uno a cuatro años y multa de doce a veinticuatro meses». Fisgar el móvil de tu pareja ES DELITO. Caca, no se debe hacer, quieto, stop, ¡suelta! Si sientes celos, la solución no es que hackees el móvil de tu novio o que esperes a que él se esté duchando para cotillearlo, la solución es que te gestiones esos celos (o que lo dejes si estás tan convencido de que te traiciona).

Pero siguiendo nuestro entrañable refranero, convendremos en que «Hecha la ley, hecha la trampa». Muchos chicos, ante las sospechas de que su pareja les es infiel, recurren a trucos como crearse un perfil falso desde el que enviar mensajes cebo a sus novios a ver si estos les proponen quedar para follar. Eso sí, se necesitan toneladas de aplomo para mantener las conversaciones en caso de descubrir la traición, así como haber creado un perfil verosímil para que tu chico no se huela el truco desde lejos. Yo veo aquí un nicho de negocio: perfiles fake de Instagram para descubrir parejas infieles. Por un precio razonable le escribo privados calientes a tu novio y luego te paso las capturas con sus respuestas. Bromas aparte, esto de tener un perfil falso para descubrir infidelidades ha cazado a más de cuatro traidores. Así como también lo ha hecho el recurso de pedirle a un amigo el favor de que zorree online con tu novio para comprobar si este entra al trapo. Claro que también ha roto más de cuatro parejas, porque el supuesto infiel no lo era, mientras que el supuesto cornudo estaba paranoico, acabando todo el sainete con la huida desesperada del sospechoso pero inocente.

Entonces, si no quiero quedar como un loco ni ser una marica delincuenta, ¿qué hago? Mira, te voy a ser sincero: te llevará tiempo y, si es tu caso, entonces siento que tengas que abordarlo desde dentro de una relación porque ese es el típico ejemplo del «más difícil todavía». Lo ideal, cuando nos damos cuenta de que somos un poquito más celosos de lo aconsejable, es tratar de ponerle remedio antes de comenzar una relación. El problema es que habitualmente nos damos cuenta de que lo somos cuando ya nos encontramos en una relación. En estas circunstancias, el abordaje de los celos se nos hace más complicado, pero hay que ponerse en serio con ello porque más vale cornuda cuerda que loca respetada. Al fin y al cabo, los cuernos desaparecen cuando mandas al infiel a la mierda, pero si tú estás como una moto, lo estarás con tu pareja actual, con tus parejas futuras, en tu trabajo, con tus amigos, en Instagram y hasta en la cola de la churrería.

Claramente, si tu novio te da celos deliberadamente, bandera roja, dirección equivocada, talla errónea; que no, maricón, que ese capullo no es bueno para ti. En serio: ¿cómo puede ser bueno para nadie un tipo que disfruta generándote miedo? ¿Qué clase de novio tóxico se siente tanto más seguro de sí mismo cuanta más inseguridad genera en su pareja? O lo llevas a terapia o lo abandonas en una gasolinera, lo que tú veas. Pero en esas condiciones no te puedes quedar con él.

Si a pesar de que él no da motivo alguno para que experimentes celos, tú sospechas hasta de cuando telefonea a su madre, deconstrúyete. Comienza por repensarte tu necesidad de control. Esto de los celos tiene que ver, en buena parte, con el control brutal de las parejas que nos ha inculcado nuestra cultura. Un control que raya en el maltrato, pues deja a las personas sin resquicio de intimidad, algo a lo que tienen derecho. Nos han inculcado ideas tremebundas, como que la fidelidad significa que la otra persona te tenga a ti y solo a ti en sus pensamientos, o que no se pueda permitir ni siquiera una inocente atracción por otro hombre. Y por «inocente atracción» me refiero a sentirse atraído por alguien con quien no va a ocurrir nada de nada porque, entre otras cosas, es un famoso que nunca estará a menos de doscientos metros de él. Ahora imagina lo diferentes que serían las cosas si, al educarnos, nos hubiesen inculcado un planteamiento alternativo: que cada ser humano, tú incluido, tiene derecho a un resquicio de intimidad en su vida. Un resquicio en el que nadie puede entrar y donde esta persona pueda dar rienda suelta a sus fantasías. Un resquicio del que disfrutar de vez en cuando. Imagina que nos hubieran enseñado que lo importante no es el control de los pensamientos ni de las conversaciones de nuestras parejas, sino el cumplimiento de los pactos. Imagínate cómo habrían sido de diferentes estas situaciones si hubiéramos crecido convencidos de que lo importante es que nuestras parejas estén disponibles para confortarnos emocionalmente, que nos prioricen para hacer planes, que tengan una predisposición inquebrantable a la negociación con nosotros, que demuestren una y otra vez que quieren vernos felices. Si nos hubiesen enseñado que lo importante es la satisfacción con lo que nos aportamos mutuamente en pareja, y no lo que supuestamente podría estar pensando él, seguramente nos importaría poco o nada que nuestros novios chateasen con otras personas por Instagram.

Por otro lado, recuerda que aún nos pesa la cultura del honor, al menos un poquito, y sin punto de comparación con esos lugares del mundo donde asesinan a mujeres por decidir con quién quieren casarse. Todavía el cornudo vive el estigma de ser un tonto al que se la han pegado en su propia cara y de quien muchos se ríen. Evidentemente, nadie quiere quedar como un parguela y cualquiera de nosotros dedicaría muchos esfuerzos a descubrir la traición del otro si con ello evita que los demás nos consideren imbéciles.

Pero imagina que tomamos ese estigma y lo deconstruimos como hemos hecho con tantos otros, y en lugar de estar preocupados por lo que piensen de nosotros, simplemente nos preocupamos de nuestro bienestar. Imagina que entendemos que no es nuestro cometido vigilar los actos de nuestra pareja y que, si nos engaña, el demérito es suyo y solamente suyo. Que lo único que debe preocuparte es el funcionamiento de la relación. Y que solo un ser humano terriblemente imbécil se reiría de que te hayan traicionado. A veces hacemos estupideces solo por evitar que los estúpidos se diviertan a nuestra costa, pero ¿no sería mejor pasar de ellos?

Es innegable que tenemos un gran miedo a la pérdida. Tratamos de evitar que los demás se rían de nuestra cornamenta con el mismo ahínco que huimos de que nuestra pareja nos parta el corazón. Claro que no queremos que nos dejen por otro. Ni por nada. No queremos que nos dejen. Pero es algo que puede suceder en cualquier momento. Y mucha de la angustia que experimentamos tiene que ver con el temor a la pérdida y a no ser capaces de sobreponernos a la ruptura. La buena noticia es que nadie muere de amor y que, por más que te duela, lo superarás (aunque necesites ayuda, que para eso estamos los/as psicólogos/as ¡y las amistades!). Pero mejor un duelo puntual que la tortura eterna de la sospecha y la desconfianza, ¿no crees? Vive tu relación como si no se fuese a terminar, nútrela como si fuese para siempre, aleja las dudas y no permitas que los celos te arruinen la felicidad de compartir la vida con alguien que merece la pena.

Así y para finalizar, te recomiendo que evalúes la calidad de tu relación a partir de los puntos anteriores. Si lo que ocurre es que tu relación es deficiente y tu novio, además, se pasa horas chateando con otros en lugar de hablar contigo, igual es que bien-bien, lo que se dice bien, no va vuestra relación y la estáis estirando por inercia. No tiene sentido torturarse por una pareja que ya no va a ninguna parte. Quizá sigas por miedo a la soledad o porque no tienes vivienda alternativa. Soy muy consciente de que, a menudo, se soporta una relación deficitaria porque existen otros dramas personales. Pero por más que soy consciente de que cuesta romper una relación y que siempre se acaba llorando, incluso si la decisión de romper la toma uno mismo, soy igualmente consciente de que peor terminan (y más lloran a la larga) los que no rompen una relación destructiva. Si, por el contrario, tu novio es un buen tipo y tus celos no te dejan ver más que sombras, pide ayuda. Porque llevar muy mal que tu novio tenga redes puede ser sintomático de algo mucho más profundo que, como ya te he explicado, te conviene resolver.

20

«Tómate esto, cari». *Chemsex*

Si eres lector habitual de mis libros, debes estar hasta el gorro de leerme que en nuestra comunidad se da un mayor consumo de drogas y que los expertos lo atribuyen al intento de amortiguar el dolor existencial que acompaña a las víctimas de acoso homofóbico. Otro hecho también contrastado es que nosotros tomamos drogas a lo largo de más años.[101] Los heteros, en líneas generales, pasada la juventud y coincidiendo con la crianza de los hijos, dejan de salir de fiesta y, con ello, de drogarse. Sin embargo, muchos hombres gais no sienten el deseo de tener hijos, así que mantienen sus rutinas de salir de juerga el fin de semana (los que salían, claro, si tú eres marica matutina igual esto no va contigo). También están los gais que han sido padres pero, una vez los hijos ya tienen edad para hacer su vida, vuelven a salir de fiesta con los amigos de siempre o con otros nuevos. Sabido es que en esas fiestas hay personas que consumen drogas como cocaína, MDMA, GHB, ketamina y alcohol principalmente, aunque también algunas más nuevas como la tusi o la 2-CB (que no, no son lo mismo a pesar de

101. Todo esto te lo expliqué en *QMM*, pp. 254 a 261.

sus nombres tan parecidos)[102] o la 3-CMC. Curiosa y recientemente, una sustancia como el *popper* ha abandonado los lugares de sexo para venir a ser inhalada habitualmente en discotecas y clubes, sobre todo por los maricas más jóvenes y *queer*.

Pero esto no acaba aquí y lo sabrás a poco que hayas transitado Grindrburgo, donde habrás visto docenas de perfiles que anuncian el consumo sexualizado de drogas y la participación en *chills*. O te encuentras la droga al llegar a casa del ligue y te pregunta que si quieres, que él se va a meter para follar. Quizá este contexto sexual es el único en el que nos diferenciamos del resto de la población porque los heteros no suelen consumir drogas para follar, aunque también los hay que se aliñan la nariz todo lo que pueden y les encantan las pastillitas como al que más, ¿o es que tú nunca te has pasado por un festival de música o por una sala donde se pinche electrónica? Algunos heterosexuales, aunque no muchos, hacen *pharmacosex* (Moyle *et al.*, 2020), pero en proporción menor y con menos problemas

102. 2-CB se pronuncia *tusibi* en inglés. De ahí viene la confusión de muchos. Pero como recogen en su web los amigos de EnergyControl: «Según los análisis realizados en Energy Control hasta el momento prácticamente todas las muestras de tusi contienen ketamina, por lo que los principales riesgos están relacionados con los de esta sustancia y con la mezcla de ketamina con otras sustancias. Acompañando a la ketamina, hemos identificado sustancias estimulantes como la cafeína o empatógenas como la MDMA. Esto quiere decir que lo más probable cuando alguien se haga una raya de tusi es que vaya a consumir MDMA, ketamina y cafeína, pero no siempre va a ser así. También hemos encontrado otras sustancias que pueden variar, desde NPS a fármacos como el paracetamol. En muy pocas ocasiones (7 muestras analizadas hasta abril de 2023) ha aparecido 2C-B en muestras de tusi (junto a otras sustancias)», <https://energycontrol.org/sustancias/tusi/>, consultado el 9 de octubre de 2023.

asociados. Mención curiosa me merece el hecho de que cada vez sea más frecuente la presencia de mujeres heterosexuales, puestas de todo, en nuestros bares y discotecas. Ellas saben que, lamentablemente, si se drogan en los locales *generales,* pueden sufrir una violación (lo cual es terrible sin paliativos). Así pues, vienen a nuestros espacios buscando seguridad para su viaje psicodélico, y en algunos lugares LGBTI se está produciendo una invasión de hombres heterosexuales en busca de chicas y eso está causando incidentes homofóbicos con el público habitual (lo cual, naturalmente, me parece una mierda). Pero también se está dando en algunos lugares (y soy socio de uno de ellos al que suelo llevar a mi propia hermana cuando salimos de fiesta) algo similar a lo que ya sucede en ciudades como Berlín, donde los clubes son espacios donde todo el mundo es bien recibido, donde la homofobia y la transfobia están desterradas, donde el consentimiento es lo primero y donde solo hace falta que te esquiven la mirada para saber que esa persona no quiere sexo contigo. Lo mismo estás bailando en la sala-discoteca que pruebas otras diversiones en el laberinto de la planta de abajo. A mí me parece maravilloso estar tomando una copa junto a mi amiga mientras dos tíos se comen los rabos en la esquina del pasillo y dos parejas hetero se meten juntos en la cabina de enfrente. Todos de buen rollo. Ojalá fuese así en cualquier lugar del planeta.

Pero volvamos a las drogas. Un gran problema es que no se puede hablar de ellas sin que te acusen de hacer apología, por lo que muchos callan y, al final, nadie recibe la información que necesita para evitar hacerse daño. Y así nos va. Por eso, sirva este capítulo para que tú te dotes de unas herramientas que te garanticen no tener problemas.

La primera vez que publiqué algo sobre drogas y sexo

fue en el capítulo 14 de *GS* y fue una entrevista a Jorge Garrido, amigo y director de Apoyo Positivo. Desde esa primera incursión divulgativa en el *chemsex*, mi visión y conocimiento se han ampliado, así que ahora voy a expresarme con mi voz, mi conocimiento y mi trabajo, tanto en campañas de prevención como en las informaciones que comparto en mi canal, y en mi consulta.

Porque sí, es un hecho: en Grindrburgo es muy fácil encontrar gente que consume drogas y que te invita a que lo hagas en su compañía. De hecho, la definición de *chemsex* que recordarás del capítulo antes mencionado es esta:

> *Chemsex* es el uso de cualquier combinación de drogas,[103] incluyendo la metanfetamina cristalizada, la mefedrona (y otras catenonas) y/o los GHB/GBL, con la única finalidad de tener sexo gay. Está asociado sindémicamente a estos dramáticos cambios recientes que afectan a la experimentación del placer y al sexo gay: (1) nueva tecnología y cultura de la conexión gay online, pues no es exclusiva de la cultura de sauna, (2) el impacto que ha tenido el VIH, y (3) los cambios en las leyes y actitudes sociales hacia la homosexualidad.

En el primer punto ya lo deja claro: «asociado a la conexión gay online». Si hablamos de Grindrburgo, también hablaremos de *chemsex* porque las conexiones entre usuarios de *chemsex* se producen a través de Grindrburgo. Y este es

103. En el original, *drugs* se había traducido erróneamente por «medicamentos». Esta definición ya se considera «clásica» y definiciones más recientes del fenómeno abogan por diferenciar entre el uso problemático de las drogas y el uso plenamente informado de sustancias para mantener relaciones sexuales con otro nivel de sensitividad, entactogenia, etcétera.

un libro sobre el mundo real. Tan real como que hay personas que consumen drogas. Y a colación de esta realidad, el doctor e investigador Fernando Caudevilla (2005) nos dice:

> La manera más segura de no tener problemas con las drogas es no utilizarlas nunca. Esto es un hecho evidente, como también lo es que hay personas que desean consumirlas. Hasta el momento, el objetivo de la prevención en drogas ha sido pretender impedir que las personas las tomen recurriendo a mensajes atemorizadores. Si observamos las tendencias en el uso de drogas en los últimos quince años, es fácil darse cuenta de que esta estrategia ha constituido un absoluto fracaso.

Ni prohibir ha servido de nada ni servirá de nada callar sobre algo que, sí o sí, tú te vas a encontrar en Grindrburgo. No podemos mirar para otro lado, y yo, por la confianza que depositáis en mí, tampoco puedo permitírmelo.

Antes que nada, quiero que sepas todo esto

No hace demasiado saltó la noticia de una intoxicación por drogas en una sauna gay de Barcelona. La verdad es que todo en torno a la noticia resultaba surrealista, empezando porque que el que había llevado el GHB adulterado a la sauna, y siempre según los medios, era un diplomático al que habían cesado en la embajada francesa por problemas de salud mental.[104] Ya comenzamos con un toque de primera época almo-

104. <https://www.elperiodico.com/es/sucesos/20230510/sauna-eixample-gay-intoxicacion-consulado-frances-exdiplomatico-87149389?>, consultado el 26 de mayo de 2023.

dovariana, teniendo como protagonista a una marica embajadora francesa de mente inestable. Pero, bueno, hasta aquí la broma, porque nada menos que cinco personas requirieron atención médica y la sauna se precintó, aunque no por este incidente, sino porque la policía comprobó que no reunía las suficientes condiciones de higiene (reabrió tras las reformas pertinentes). Esta noticia cae en el mismo error que otras páginas al nombrar el GHB como «éxtasis líquido» cuando el éxtasis (MDMA) y el GHB no tienen nada que ver uno con otro ni en formato, ni en efectos, ni en farmacodinámica. La cosa es que, como os podéis imaginar, se formó un revuelo importante en los foros de mi ciudad con sus correspondientes insultos a los «maricones drogatas» y a las «chileras que se meten de todo». Tampoco escasearon los habituales «Esta gente da mala imagen al colectivo» (hay que ver lo preocupados que estáis algunos por la imagen del colectivo, ejem), ni faltaron los apocalípticos que afirmaban que «el *chemsex* está acabando con nosotros como no pudo hacerlo el sida». Sin embargo, yo, que esa misma noche había estado de fiesta con mis amigos hasta las tantas de la madrugada, no pude evitar el siguiente pensamiento: «¿Cinco tíos? Pues teniendo en cuenta la cantidad de gente que yo vi drogándose anoche, pocos me parecen» (pensamiento que muchos compartieron, también hay que decirlo). Y como una no puede evitar ser redicha (vamos, que me gusta saber de lo que hablo), me puse a investigar. Encontré una nota publicada por el Servicio de Toxicología del Clínic, uno de los hospitales más dotados de Barcelona, que recogía sus estadísticas así como declaraciones del jefe del Servicio, y donde hallé el siguiente párrafo:[105]

105. <https://www.clinicbarcelona.org/noticias/dr-emilio-salgado-ya-no-

> En el año 2021 se atendieron un 62 por ciento de intoxicaciones en Urgencias causadas por el consumo de drogas de abuso (en las que el 61 por ciento estuvo implicado el alcohol etílico, en el 29 por ciento, la cocaína, y en el 20 por ciento, los derivados anfetamínicos). Un 30 por ciento de las intoxicaciones atendidas fueron causadas por medicamentos (en su mayoría, con finalidad suicida), y una pequeña parte fueron intoxicaciones causadas por agentes químicos domésticos, humo de incendios, intoxicaciones por venenos de plantas o animales (setas, mordeduras de serpientes...).

En el paréntesis del texto igual no te cuadra que 61 + 20 + 29 sumen 110, en lugar del esperable 100 por cien: es porque un porcentaje de los ingresados entraron con problemas de alcohol y coca (por ejemplo) y computan en ambos porcentajes. El mismo doctor también aclaraba que en 2019 trataron a 2.080 intoxicados y que 2021 iba a terminar con un total de 2.500. Con estas cantidades ya tenemos todas las cifras necesarias para hacer esas cuentas que nos encantan, aunque aviso que confío en tu inteligencia para deducir que el siguiente análisis solo puede considerarse un indicio, pero no un diagnóstico perfecto de la situación.

Si extrapolamos los porcentajes de 2019 a 2021, de los 2.500 atendidos en ese año, un 62 por ciento lo fueron por drogas, lo que supone un total de 1.550 personas. Sin embargo, solo el 49 por ciento de esta cantidad lo fueron por «drogas de abuso», el equivalente a 759,5 personas en 2021. Si dividimos esa cifra por las 52 semanas que tiene un año, sale 14,6, aunque lo redondearemos a 15 personas a la

---

puedes-poner-la-mano-en-el-fuego-de-que-una-persona-no-consuma-cocaina>, consultada el 26 de mayo de 2023.

semana. He contado en Barcelona un total de 18 hospitales, incluyendo los centros de atención primaria que cuentan con servicio de urgencias. Multiplicamos 15 por 18 para calcular el número de intoxicados por drogas que podrían atender en ellos semanalmente y el resultado es 270. Si has salido de fiesta por esta ciudad, sabes que tal cantidad de personas cabe en cualquiera de nuestras discotecas. Ahora pensemos en cuántas personas consumen drogas durante el fin de semana en una ciudad de 1.800.000 habitantes como Barcelona (y ya ni hablemos de una ciudad de tres millones de habitantes como Madrid). Varias decenas de miles, ¿verdad? Eso es. Aun así, tiremos por lo bajo (muy muy bajo) e imaginemos que solamente 5.000 personas, el 0,3 por ciento de la población de Barcelona, consumen drogas como la cocaína.[106] ¿Qué porcentaje representan los intoxicados respecto a este número? El 5,4 por ciento. ¿Te imaginas este titular periodístico: «El 95 por ciento de las personas que consumen drogas cada fin de semana acaban la noche durmiendo plácidamente en su cama»? Imposible. Aunque estadísticamente sería mucho más veraz, también es cierto que daría la sensación de que se pueden consumir drogas sin ningún tipo de precaución porque son inocuas, cosa que es rotundamente falsa.

Las drogas no son un juego. Tampoco el enemigo público número uno, como se promovió desde la Administración estadounidense en 1971 con un enfoque que, en diciembre de 2022, la ONU ha rectificado abogando por una aproxi-

106. Las cifras reales son mucho más altas, como demuestran los análisis de aguas residuales publicados por el Observatorio Europeo de las Drogas y las Toxicomanías.

mación basada en la reducción de riesgos y daños y por la educación de los usuarios, así como de los potenciales consumidores.[107] Claramente existe una discrepancia entre la cantidad de droga consumida y los casos de consumos problemáticos y abusivos que podemos contabilizar. Y esa discrepancia nos dibuja un cuadro mucho más complejo que aquel que nos han vendido hasta ahora y que precisa muchos matices en el enfoque comenzando por diferenciar entre consumos recreativos y problemáticos. Desde esa diferencia comienza este capítulo.

Hay drogas terribles y drogas que no lo son. Hay personas que sufren consecuencias por tomarlas y personas que no sufren consecuencias destacables. Hay consumidores esporádicos y consumidores incapaces de dejar de tomarlas. No podemos meterlo todo en el mismo cajón. Si todas las intervenciones terapéuticas y preventivas se enfocan como si todos los consumos fueran problemáticos, dejaremos fuera de los servicios de prevención a los usuarios recreativos, y ese olvido facilitará que sus consumos sí que se conviertan en problemáticos. Análogamente, no te acerques al *chemsex* desde el prejuicio porque no te harás ningún favor. Si crees que todos los que se drogan son viciosos, sentirás que Grindrburgo está lleno de gente podrida. Y eso no es cierto.

Las drogas son sustancias psicoactivas capaces de modificar tu estado de ánimo, percepción y comportamiento. Y como cualquier otra sustancia con este potencial, resulta imprescindible, antes de tomarlas, conocer sus efectos de-

107. <https://idpc.net/blog/2022/12/drug-free-world-no-more-historic-resolution-at-the-un-spells-end-of-consensus-on-drugs>, consultado el 26 de mayo de 2023.

seados, los indeseados, las dosis, la posología, sus posibles interacciones y algunas recomendaciones sobre su modo de administración. Exactamente igual que un fármaco porque son, en esencia, lo mismo. De hecho, ya se ha aprobado el uso de la esketamina, un derivado de la ketamina, para el tratamiento de la depresión resistente y estamos a punto (quizá para cuando leas este libro) de que se apruebe el uso del MDMA como tratamiento para el estrés postraumático.

En este sentido, uno de mis asesores y amigo, Jordi Garo, de Energy Control, siempre me dice: «Sería ideal que las drogas trajeran prospecto», y lo dice muy en serio, no solo para que tú, si consumes, puedas consultar los efectos que esa sustancia tendrá sobre ti, sino también para que mires cuántos miligramos puedes consumir como máximo y evitar una sobredosis. Y para saber si es conveniente (o no) hacer una redosificación ¡y en qué cantidad! Necesitas identificar cuáles son las posibles interacciones con otras sustancias que puedas estar tomando y cómo mantener las mejores condiciones teniendo en cuenta factores como tu temperatura corporal, lo vacío o lleno que esté tu estómago, tu hidratación, etcétera.

Afortunadamente, cada vez existen más servicios a los que puedes acudir para solicitar esta información o hacerlo de manera online consultando sus páginas web, como la mencionada Energy Control. La falta de información provoca que haya gente que se tome lo que le ofrezcan sin conocer qué efectos le producirá, que se tome otra dosis sin saber si se está aproximando al umbral de toxicidad o que la mezcle con otras sustancias que pueden agravar los efectos indeseados. Evidentemente, después llegan los problemas. En el caso concreto de la Unholy Trinity, las tres drogas de mayor presencia en el *chemsex,* hay toda una colección de advertencias para ti:

- La metanfetamina (tina) tiene un elevado potencial de adicción porque eleva muchísimo los niveles de dopamina en el cerebro y esto actúa como un fuerte reforzador, de manera que se tiende a repetir una y otra vez esta acción.
- La mefedrona suele venir adulterada, es muy importante que la lleves a analizar. Una de las cosas que se dice en el sector de la prevención es que en España ya nadie toma mefedrona porque todo la que llega está tan adulterada que no contiene nada de esta sustancia y quienes la consumen están tomando cualquier otra cosa (a menudo mezclas de anfetaminas, MDMA, otras catinonas, etcétera) de resultados impredecibles.
- Ambas, tina y mefe, han dado lugar a cuadros psicóticos en personas vulnerables o de muy alto consumo.
- La dosificación del GHB requiere un cálculo milimétrico, y es muy fácil, cuando ya se han consumido otras sustancias, perder la capacidad para dosificarlo bien. Esto puede conducir a sobredosis conocidas como «doblar», en las que las personas entran en un profundo sueño a veces repentinamente y se derrumban.
- El tipo de vía de administración influye determinantemente en el efecto de la sustancia. La ingesta oral o nasal (esnifada) produce menos efecto que la rectal o inyectada, por lo que las cantidades deben ajustarse para evitar sobredosis: no te puedes meter la misma cantidad por la nariz que por el culo.
- La vía inyectada es muy problemática dados los daños en las venas y los producidos por el uso compartido de jeringuilla.
- Cuidado con las mezclas. Viagra y *poppers* pueden producir un descenso muy peligroso de la presión arte-

rial y ocasionar desmayos en los que, literalmente, puedes romperte el cráneo. La mezcla de GHB con ketamina también conduce a una sedación excesiva con pérdida del conocimiento. Infórmate bien de todas las mezclas peligrosas.

Una vez sabido lo anterior y hecha la recomendación encarecida de que te informes, vayamos al consumo recreativo. La mejor definición que he escuchado en toda mi vida sobre qué es un consumo problemático y qué es un consumo recreativo se la oí a una alumna en uno de los másteres en los que soy profesor. Mi clase consistía en explicarles a alumnos de Psicología cuáles son las mayores dificultades que tenemos los hombres homosexuales a la hora de vivir nuestra sexualidad: la homofobia interiorizada, la vergüenza, etcétera. En la misma clase les hablé de los mecanismos que habitualmente utiliza nuestro colectivo para hacer frente a estas limitaciones y afirmé que el consumo de drogas es una de estas vías. Dediqué unos minutos a dejar clara la diferencia que existe entre consumo recreativo y uno abusivo (o problemático), y una de las alumnas tomó la palabra: «A ver si yo lo he entendido: en un consumo recreativo, la droga enriquece la experiencia. Sin embargo, en un consumo abusivo, la droga se convierte en un problema». Le hice una reverencia y le prometí que utilizaría su definición en algún momento (siento no recordar su nombre para atribuirle el mérito).

En el caso de los hombres homosexuales, nos encontramos frente un consumo problemático cuando la droga sirve para superar las limitaciones que nos impone nuestra homofobia interiorizada, nuestra falta de autoestima erótica, el miedo a hablar de nuestro serostatus positivo o la vergüenza que sentimos al manifestar que nos gustan determinadas prácticas. En casos como los que acabo de enumerar se necesita continuamente la droga para llevar a cabo actividades que deberían fluir por nuestra propia naturaleza. El problema se ve aumentado cuando algunas de esas sustancias no solo generan esta dependencia psicológica, sino también física (pues se experimenta el mono o *craving*). Además, es fácil que se produzca el fenómeno de la habituación, de manera que cada vez necesites más droga para conseguir el mismo efecto y eso aproxime la dosificación a niveles tóxicos.

Por el contrario, hablamos de consumo recreativo cuando la droga no suple ninguna de nuestras funciones, se consume esporádicamente y en cantidades controladas tras haber analizado si contiene adulterantes nocivos. El recreativo es un consumo que se produce en contextos de diversión (o sexo, como luego veremos) y acompañado de amigos o conocidos. Si no te es posible ser tan exhaustivo en el cumplimiento de estos requisitos (no todo el mundo tiene un servicio de análisis cerca), al menos toma algo que venga de unas manos de mucha confianza, en cantidades moderadas y en un contexto acogedor. Para que tus consumos se mantengan en lo recreativo, te recomiendo que te documentes sobre el Triángulo de Zinberg[108] o que aproveches las RR. SS. para seguir a figuras como el psicofarmacólogo Antón Gómez-Escolar, quien, en su perfil de Instagram @drogopedia, ofrece información científica sobre las sustancias psicodé-

108. Por ejemplo, en el vídeo que le dediqué en mi canal de YouTube (<https://www.youtube.com/watch?v=FDOBL02bQQs>), aunque internet está lleno de información.

licas.[109] Suerte contar con vecinos como Antón en Grindrburgo.

Si crees que tu consumo o el de alguien que conoces podría estar cayendo en lo problemático, te ofrezco un recurso para que explores esa posibilidad. A lo largo de 2023 he tenido la enorme suerte de participar en una campaña de prevención promovida por CESIDA junto a dos influencers y amigos a los que quiero, Mr Avelain y Fran Alvarado. En uno de los vídeos de Ave aparecen los enlaces al test online de la ONG Stop[110] o puedes reflexionar sobre las preguntas que el servicio ChemSafe[111] ofrece en su página sobre si utilizas las drogas como tú quieres, de qué manera te relacionas entre semana con la gente con la que vas de fiesta, si has probado a hacer cosas distintas o si has tenido problemas económicos relacionados con las drogas, ya que, como bien afirman en la misma página que acabo de mencionar: «Por lo general, cuando una persona desarrolla un modelo de consumo problemático, la droga no suele ser el principal problema, sino el síntoma de un problema. Suele suceder cuando en el placer del uso la persona encuentra alivio en algún malestar emocional o psicológico de trasfondo, y en vez de afrontarse o tomar consciencia, hay una evasión en el consumo».

109. Te recomiendo muchísimo que leas su *Guía esencial del renacimiento psicodélico* (Gómez-Escolar, 2022).

110. <https://chemsex.info/me-estoy-pasando/>, consultado el 31 de mayo de 2023.

111. <https://www.chem-safe.org/info-sexo-drogas/quien/tengo-un-problema/>, consultado el 31 de mayo de 2023.

Ahora sí: el vecino hace *chemsex*

Una vez nos hemos asegurado de tener un marco mental que nos permita comprender mejor el fenómeno, hablemos de la presencia del *chemsex* en Grindrburgo. ¿Ese chico que has visto en la app tiene emojis de caramelos en su perfil? Pues esas chuches no se refieren ni a regalices ni a gominolas, sino a drogas. Y si quedas con él es probable que te invite o que se las meta él, por lo que, si tú no tienes una posición bien elaborada sobre estas sustancias, es fácil que te sientas confuso. Y te doy un consejo: posiciónate. En según qué ciudades, es muy alta la presencia de hombres que quieren consumir para follar, así que, ya que te vas a encontrar la droga de cara, mejor que no te explote en los morros.

Si tú me preguntas: «Gabriel, me han invitado a participar en un campeonato de Fórmula Uno, pero yo no tengo carnet de conducir, ¿qué hago?», ¿acaso esperas que te responda: «Bueno, hazlo, pero trata de conducir con cuidado»? Maricón, ¡te vas a estrellar! Y a mí no me cargas tu muerte, que lo sepas (guiño). ¿Qué te voy a contestar? Que no vayas. Que si te apeteciera, lo más inteligente sería comenzar por sacarte el carnet en una autoescuela homologada y que luego practicases mucho en una pista controlada hasta que tuvieras la experiencia y pericia necesarias. Pero también te diría que no es imprescindible, que nadie se muere por no participar en una carrera y que no pasa nada si rechazas la invitación. Pues lo mismo con las drogas: si no las has probado, no es necesario que lo hagas. Pero si estás decidido a hacerlo, no puedo sino aconsejarte que te asesores y que comiences con ingestas graduales y muy controladas, ¿qué si no?

Para aprender a desenvolvernos con las drogas en Grindrburgo, vayamos viendo situaciones posibles y resolviéndolas. Imaginemos que jamás has tomado drogas y llegas a casa de un chico que, sin haberte mencionado el tema, te pide que te coloques con él. Hace falta confiar mucho en la propia suerte para meterse lo primero que te ofrece un tío al que no conoces de nada. Bueno, confianza, confianza..., llámalo «temeridad», llámalo «soy más corto que las mangas de un chaleco» (lo siento, las cosas hay que decirlas aunque no nos guste oírlas/leerlas). ¿Sabes la cantidad que va en esa raya? ¿Y la pureza? ¿Sabes si contiene algún adulterante peligroso? Por muy solo que te sientas esa tarde, quedarte en un hogar desconocido para meterte una sustancia equis en compañía de un tío cualquiera, tampoco es un GRAN plan. Y, por favor, no caigamos en el victimismo, especialmente si este consiste en revolcarnos en nuestra propia mierda y nos puede colocar en una situación donde nuestra salud se vea comprometida. Y ya no hablemos solo de lo temerario que resulta probar algo en un entorno desconocido, sino de si ese era tu plan inicial para esa tarde. ¿Saliste de casa pensando que querías follar colocado? ¿Por qué amoldarte a un plan que alguien organizó sin contar con tu opinión? ¿Le costaba mucho preguntarte si tú querías drogarte con él? ¿No será que él quería tomar pero no soportaba la idea de sentirse tan yonqui como para drogarse a solas y te implicó sin preguntarte? Nadie debería sentirse obligado a gestionar algo para lo que no se había ni preparado ni mostrado predispuesto. Mi consejo es que te vayas. Que le digas que lo sientes, pero que ese no era tu plan y que te ha sorprendido que no te avisara, lo cual, por cierto, hubiese sido de buena educación por su parte. Que tienes derecho a decidir cosas como si quieres follar con alguien colocado y que a él le ha faltado toda la empatía del mundo. Incluso, si quieres hacer un servicio a la comunidad, dile que esa falta de empatía puede indicar un consumo problemático por su parte al estar tan obsesionado con meterse que ni piensa en los demás. Que pida ayuda si descubre que la podría necesitar. En definitiva: es importante que tú tengas claro que el hecho de que te pongan la droga delante no implica obligación de consumirla, y eso se traduce en decir no y/o largarte.

Tampoco es necesario soltar el anterior sermón si esta situación tiene un matiz: el chico no te pide que te drogues, sino que te dice que él va a tomar y, como buen anfitrión, te ofrece por si te apetece. No estás obligado a aceptar y tampoco puedes prohibirle que tome, ¿qué haces? Pues hay quien pregunta: «¿Te hace mucho efecto?», porque quiere follar con alguien que tenga todos sus sentidos concentrados en el polvo. Lo cierto es que se necesita un consumo muy alto como para quedarse tan pasado que parezca que estás follando con un zombi, aunque es difícil predecir qué sucederá sin conocer a la otra persona de nada. Quizá prefieras no aventurarte, responder con un amable: «Déjalo, ya nos veremos otro día», y marcharte. O quizá prefieras quedarte, no tomar nada e ir decidiendo qué hacer sobre la marcha.

Otra posibilidad es que tengas curiosidad y se te pase por la cabeza: «Voy a probarla ya que la tengo delante». Ok, perfecto. Pero cierra el libro y arrójalo lejos porque, como sigas leyendo, te vas a dar cuenta de que te voy a llamar idiota de cincuenta y cinco formas diferentes y seguro que no te hace ni puta gracia ninguna de ellas. Pero ¿tú te has leído las páginas anteriores? ¿Ya se te han olvidado? Pero, ¡pero!, pero...

... no, hombre, no..., no te llamaré idiota. Sé que la mayoría de las personas viven así sus primeras veces. Y que lo que suelen hacer es dar una probadita de muy poca cantidad para ir testando el efecto que les produce. Pero a mí me gusta tirar del recurso del histrionismo para remarcar aspectos que son importantes, como el siguiente: si sientes curiosidad (y sentirla es algo humano), no esperes a tener la droga delante. Infórmate, lee, aprende qué sí y qué no antes de verte en la situación. Entérate de sus efectos placenteros, de cuánto tarda en subir, lo que dura el colocón y cuánto tarda en bajar. Infórmate sobre los posibles efectos adversos y sobre los síntomas que pueden acompañar el colocón (por ejemplo, que se te seque la boca), para que, en caso de aparecer, no te asusten. Que tu razonamiento sea: «Tengo curiosidad. Quizá no por ahora, pero en el futuro sí que es posible que la pruebe y, si eso termina sucediendo, me conviene saber que...». La información salva vidas (y evita que nos la compliquemos). No esperes para documentarte, hazlo mucho antes de que se produzca la situación, por favor.

Si has probado las drogas antes, consideras que tu consumo es recreativo y estás seguro de que volverás a participar en una sesión de *chemsex,* valora el grado de conocimiento que tienes sobre las sustancias y valora también tus hábitos de consumo. Para ello tienes todas las preguntas y observaciones que he ido dejando en este capítulo. ¿Sé todo esto? Si la respuesta es no, conviene que resuelvas los vacíos informativos o que modifiques los hábitos necesarios para evitar que tu consumo se convierta en un problema. Una buena idea es que estés en contacto con alguna de las asociaciones y oenegés que asesoran para que te beneficies no solo de sus consejos, sino de su acompañamiento en caso de que *el lío*[112] se te escape de las manos.

112. Una de las formas coloquiales que se usa en España (sobre todo en Madrid) para referirse a las sesiones de *chemsex*.

Otra de las situaciones posibles que puedes encontrarte en Grindrburgo es que te inviten a una orgía. Es bastante probable que se trate de un *chill*[113] o sesión de *chemsex*, solo que, en lugar de con otra persona, estarás en un grupo. Este tipo de encuentros ya eran frecuentes antes, pero con los toques de queda durante la pandemia se multiplicaron. No se podía salir de las casas entre las once de la noche y las seis del día siguiente, y en ciudades como Madrid fue habitual que se reuniesen grupos de hombres por las noches del fin de semana y que permanecieran en el domicilio de alguien hasta la hora en la que se podía salir a la calle. Seguro que más de un lector, con razón, se preguntará si el número de participantes superaba el límite establecido o si estas reuniones eran el mejor modo de evitar los contagios de la COVID-19, pero yo no estoy juzgando lo acontecido, sino meramente describiéndolo. Muchos de mis pacientes me contaban esos encuentros y me hablaban de cómo, para ellos, se habían convertido en la única posibilidad de socializar o tener sexo. Muchos se encontraron con el *chemsex* por primera vez al acudir a una de esas convocatorias. Fueron tan populares que hasta se hicieron memes en las RR. SS. sobre las disputas entre los diferentes *chills* de Madrid. Y si algo está tan extendido que se convierte en un meme, es muy oportuno que hablemos de ello, ¿no os parece? Por enésima vez: la información salva vidas. Aparte de lo que necesitas saber sobre drogas, en este caso también te beneficiarás de saber qué tipo de

113. En España solemos llamar así a las sesiones de *chemsex*. Como *chill* también se refiere a esas reuniones donde se escucha música suave y uno se relaja, a menudo se emplea el término «guarrichill» para referirse a los *chills* donde se folla y se consumen drogas.

dinámicas interpersonales puedes encontrarte en un *chill*.

La mayor parte del encuentro se parece mucho a cualquier fiesta de cumpleaños: los sofás se apartan para despejar el espacio, ofrecen viandas, drogas y bebidas en una mesa situada en un lateral y el personal charla de pie o sentado..., o folla en el centro del salón. En algunos *chills* también disponen de otras habitaciones, como los dormitorios, o, en caso de que el organizador sea un maricón con muchísimo dinero, del jardín y la piscina (mala idea juntar piscina y drogas, también os lo digo). Se hace una cuenta conjunta para cubrir gastos de bar y camello[114] y se acuerda una hora de comienzo. Hay corrillos, resulta habitual fumar en la cocina bajo la campana extractora, a menudo se comentan temas de actualidad o sucesos acontecidos a alguno de los participantes, se hacen pequeños descansos y, ¡por supuesto!, se folla y se consumen drogas. Hay muchos tipos de *chill*, como dice mi amigo y colega Mariano, que también trabaja con población LGBTI en Madrid. Siguiendo su clasificación, está el *chill* para relajarse; el *guarrichill* para follar; el *microchill* con pocos participantes; el *subchill* compuesto por unos pocos participantes de un *chill* mayor que se han aislado en una habitación aparte; y el *contrachill*. Este suele organizarlo el vecino marica que te cae mal y al que no invitas al tuyo, pero que, para joderte, organiza otro por su cuenta y te roba los chulos por Grindr escribiéndoles: «Oye, yo he montado otro *chill* en mi casa, hay más tíos y están más buenos». Por cier-

114. Lectores americanos: este es el término coloquial con el que denominamos en España a los *dealers* o vendedores de droga al por menor. Se cuenta que el nombre proviene de un vendedor de droga de principios del siglo XX en Barcelona que transportaba la mercancía dentro de una falsa joroba.

to, que sepas que para guapos está el *wechill,* donde van chulazos de los que habitualmente acuden a fiestas como la WE. Quizá no follan pero hacen bonito: muy muy bonito. Mariano me cuenta entre risas que también existe el *cumplechill* (*happy birthday,* nene), el *prepartychill* (antes de irnos a una fiesta), el *entrechill* (entre *chill* y *chill,* algunos tienen una agenda muy apretada) y el *macrochill,* con docenas de participantes (en una casa suficientemente amplia, claro). Recientemente se ha creado el *tarotchill,* porque siempre hay algún marica que sabe echar las cartas y se dedica a adivinarles el futuro a los participantes entre polvo y polvo o entre raya y raya. De verdad que los maricones somos el súmmum de la creatividad.

Con todo esto quería mostrarte que en los *chills* también se socializa y no todo el mundo toma drogas (ni en las mismas cantidades). De hecho, para muchos hombres, los *chills* son de los pocos espacios, si es que no son los únicos, donde socializan. Y quizá este sea uno de los grandes problemas con los *chills:* que solo pueda desnudarme si estoy colocado, que solo pueda comerme tres pollas a la vez si estoy drogado, que solo pueda hablar de que tengo VIH si voy ciego, etcétera, etcétera, etcétera. En ese caso, necesitarás drogarte cada vez que necesites socializar o te apetezca tener sexo, y eso puede ser casi cada día o cada fin de semana. El efecto habituación causará que necesites cada vez más cantidad de droga para conseguir el mismo efecto. El incremento en las cantidades provocará una mayor acumulación de efectos adversos, gasto excesivo, acercarte a dosis tóxicas y que, al final, se te vaya de las manos. Se puede estar en un *chill* sin tomar drogas y se puede tomar droga en un *chill* sin desarrollar un consumo abusivo. Se necesita madurez, inteligencia emocional, una buena red social y haber desarrollado una variedad de aficiones, ¿tú estás seguro de tener todo eso y, sobre todo, de estar manteniéndolo? Ok, entonces. Si no lo tienes, quizá mejor no arriesgar, ¿no te parece?

Problemas posibles con el *chemsex*

Y, una vez que dejamos claro que no se debe demonizar el *chemsex* porque no resuelve nada y porque la realidad tiene muchos más matices que el retrato amarillista al que nos han acostumbrado, quiero apelar a vuestro autocuidado. Estamos tratando de un asunto muy serio que puede poner en riesgo vuestra salud y vuestras vidas. La realidad no es: «Basta con hacer *chemsex* una sola vez para terminar arrastrándote entre cartones con agujas pinchadas en los brazos», pero tampoco es: «Vete cada semana de *chill,* que la vida hay que disfrutarla». Me centraré en los problemas psicológicos, aunque no está de más tener a mano el teléfono de Emergencias y haberse aprendido algunas nociones básicas de primeros auxilios por lo que pudieras encontrarte, como: si alguien se desmaya, acuéstalo de lado, permite que le llegue el aire y llama a los servicios de emergencias; tampoco hace falta que, para salir de fiesta, te saques el carnet de socorrista.

En cuanto a ti y en relación con el *chemsex,* hay unas cuantas situaciones que se te pueden complicar mucho. Con las drogas, en general, se suele afirmar que «menos es más», porque consumir cantidades moderadas y en contadas ocasiones evita tener problemas y se puede mantener el consumo recreativo por más tiempo. Y se me ocurre también que «más es menos», porque cuanto más te metas, tendrás menos salud, menos placer, menos dinero, menos amigos, menos lucidez, etcétera. Si has evaluado tu consumo con los recursos que antes te he presentado y tomas conciencia de que te estás pasando, no lo pienses y pide ayuda. Trata de moderar tu consumo, quizá lo puedas reducir a un consumo recreativo. Pero si te resulta imposible contenerte y a la primera raya pierdes la desinhibición y comienzas a meterte de todo hasta terminar como Las Grecas,[115] está claro que necesitas llegar a la abstinencia total y evitar los contextos donde se toman drogas.

En mi profesión es fácil oír a personas que hablan del consumo problemático como una «tendencia autodestructiva». No lo es. Autodestructivo es pincharte deliberadamente el triple de tu dosis habitual para quedarte tieso. O tirarte a las vías del tren. Eso es autodestructivo, porque planificas tu destrucción. Pero gastarte el dinero que no tienes en todas las drogas que necesitas para salir cada fin de semana es estar enganchado y haber llegado al punto de no ser capaz de mantener una vida alternativa. Es imposible que

115. «Las Grecas» fue un dúo musical español compuesto por las hermanas Carmen «Carmela» Muñoz Barrull y Edelina «Tina» Muñoz Barrull. Revolucionaron la música española en los años setenta del pasado siglo con su fusión del flamenco y el pop-rock (su *Te estoy amando locamente* sigue sonando y siendo cantado). Abrieron la puerta a figuras míticas como Camarón de la Isla, pero Tina quedó enganchada a la heroína, desarrolló un cuadro psicótico y contrajo sida. Murió a los 37 años. Es una pena que recordemos esta cara tan dolorosa de su vida con una expresión que raya lo ofensivo y bien me la podría haber ahorrado. Pero he preferido emplearla para acompañarla de esta aclaración con la que rendir homenaje a una persona que transformó la música teniéndolo todo en contra (mujer y gitana) y que sufrió el infortunio de rodar por la peor pendiente de las drogas. Si tú disfrutas de la música que hacen Niña Pastori, Kiko Veneno o Rosalía, un poquito de ese disfrute se lo debes a Tina. Recuérdala con amor.

alguien se recupere de un consumo abusivo si sigue pensando que tiene tendencias autodestructivas, y los terapeutas no le hacemos ningún bien reafirmando esa creencia (claro que también hay cada terapeuta que...) porque el mensaje que le estamos transmitiendo es: «Existe una fuerza en tu mente de la que no eres dueño, que te empuja a autodestruirte sin que puedas hacer nada por evitarlo». Una mejor descripción sería: «Tienes un problema muy serio de consumo abusivo de drogas porque se han convertido en algo de lo que no eres capaz de prescindir, y eso te está generando problemas sociales, económicos, físicos y mentales. Pero no hay nada que impida que aprendas a gestionarlo mejor y, tardemos lo que tardemos, vamos a encontrar los condicionantes que te llevan a ese consumo excesivo para que aprendas a superarlos». ¡Confiemos en que se trata de un adulto capaz de aprender a cuidar de sí mismo![116]

Hablemos de recaídas (son habituales), de lagunas en el conocimiento sobre las drogas, de alternativas de socialización, del círculo de amigos, de carencias afectivas, de la gestión de sus emociones, de autoestima y de todo lo necesario para que este hombre madure y se convierta en un ser adulto y autónomo capaz de tomar las mejores decisiones para

116. Por supuesto, no me estoy refiriendo a alguien con un trastorno psicótico o de personalidad, en quien las conductas autolesivas sí son frecuentes, pero esta persona recurre a métodos más eficaces, no a drogarse cada sábado «a ver si me muero un año de estos». Alguien con problemas de autolesión no se anda con tonterías y va a lo seguro. A nuestra profesión, a veces, le sobra literatura. Una persona con consumo problemático no quiere morir, quiere amortiguar el dolor de su vida. De hecho, el intento de suicidio puede ser mucho más probable en aquellos que se han convencido de que su consumo no tiene solución y no pueden aprender a manejarlo o abandonarlo.

sí mismo. Acotemos lo que sí y lo que no le conviene, y tracemos una estrategia a corto, medio y largo plazo para que vaya recuperándose. A veces va muy bien aislarse de entornos donde se ha consumido antes, al menos hasta que uno esté lo suficientemente maduro y estable como para salir de fiesta, ver la droga rulando a su alrededor y sentirse feliz y satisfecho con su cervecita.

Por eso mismo, si has tenido problemas serios de dependencia y has atravesado situaciones dolorosas a causa de los consumos, quizá no te convenga estar en Grindr. O, en todo caso, entra en la app acompañado para ir bloqueando aquellos perfiles que avisen de que hacen *chemsex*. Al menos, hasta que tú mismo puedas bloquearlos sin caer en la tentación de ponerte en contacto con ellos, o hasta que te importen una mierda y sepas sortearlos sin necesidad de bloquearlos ni más aspavientos. Eso de «No vas a encajar con todo el mundo» también se aplica a los hábitos de consumo de drogas. No estás obligado a que te guste todo el mundo, ni a verte en una situación que te retrotrae a momentos muy oscuros de tu vida. Sé que es jodido ver a personas que consumen cuando tú estás luchando contra ti mismo para no recaer y que enrabia mucho constatar que hay personas que pueden mantener un consumo recreativo sin que se les vaya de las manos, mientras que nosotros somos incapaces de contenernos y siempre acabamos fatal después de la primera rayita. Te entiendo, de verdad que te entiendo. Pero esto es la vida: gente muy diversa. Y lo que a ti no te funciona a otro le sale estupendamente, y viceversa. Es muy difícil culminar bien una terapia si lo que hacemos con ella es meternos para siempre en una cajita de cristal que nos proteja. El mundo no es lo que nos gustaría, ¡ya quisiéramos! Pero también es cierto que podemos permanecer en esa cajita todo el tiempo que necesitemos hasta que sintamos que hemos superado nuestras vulnerabilidades y surcar, ya sí, un mundo que no siempre es acogedor.

Por último

El *chemsex* es algo que te vas a encontrar sí o sí mientras paseas por Grindrburgo, pero también en una discoteca o en el cumpleaños de la prima de tu amigo. Está ahí y necesitamos hablar de él para que tengas herramientas con las que manejarlo (y también para evitarlo si esta es tu decisión). Hasta ahora venimos arrastrando un marco conceptual que sitúa las drogas en el ámbito del tabú, de lo que no se puede hablar so pena de que se te echen encima las *personas decentes*. Este marco mental nos conduce a la doble moral, a que no se pueda hablar de algo que muchas personas practican a escondidas. Y, como no se puede hablar sin que te llamen de lo peor o te acusen de promoverlo, la información no circula. Y como no circula, no llega a esas personas que practican a escondidas, y esta falta de información las hace vulnerables a problemas que pueden convertirse en graves. Necesitamos romper ese marco y colocar las drogas en otro lugar: en el de las cosas que forman parte de la vida, que no son obligatorias de experimentar y sobre las que conviene estar bien informado. No eres adicto por consumir drogas alguna vez, pero puedes tener serias dificultades si no estás bien asesorado. El consumo nunca va en piloto automático. Que lo estés haciendo bien este verano no significa que lo hagas igualmente bien en otoño. Necesitas una continua monitorización de lo que haces para asegurarte de que te mantienes en un consumo recreativo. Ni todos los días estamos igual ni siempre respondemos del mismo modo a la misma sustancia. Obsérvate.

Y, ahora que sabes todo lo anterior, sigue paseando por Grindrburgo más seguro de ti mismo.

21

¿Fin?

Ni de coña, ¡pues anda que no queda recorrido en relación con las RR. SS.! Más que nada, porque no llevan ni dos décadas entre nosotros y aún les queda muchísimo que evolucionar, y nosotros haremos esfuerzos para adaptarnos. Nuestra sociedad ha emprendido un viaje que nos conducirá a escenarios inimaginables en el presente, y lo que hoy mismo no podemos imaginar será el centro de futuros libros e investigaciones, estoy convencido.

Espero que este libro te sea de utilidad, un libro que, como has visto, trata sobre alfabetización mediática. Aunque, como tú ya sabes, un libro no es lo mismo que una varita mágica y las cosas no cambiarán por sí solas. Necesitamos colaborar para mejorar nuestra experiencia en Grindrburgo, pero también para expulsar de estos espacios a los que quieren distorsionarlos. Si crees que lo que has leído se te queda un poco corto porque tus problemáticas son mucho más graves, me alegra saber que te he ayudado a que te des cuenta de ello y ojalá te animes a ponerte manos a la obra. Soy consciente de que algunos hombres, muy sesgados y de vuelta de todo, esbozarán una mueca de desaprobación y continuarán con su vida, pero espero dejarles una semilla por si algún día se replantean su actitud y quieren tomarse en serio algún consejo de los que aparecen a lo largo de las páginas anteriores. No voy a tratar de convencer a nadie, para no generar ninguna resistencia y facilitar sus procesos en el futuro.

Mejorar supone un esfuerzo, y no quisiera que tu esfuerzo se convirtiera en un desgaste. Por eso, tómate todo lo que has leído como una sugerencia y sigue tus ritmos, nunca yendo más allá de tus fuerzas.

Recuerda también que, si queremos algún cambio, deberemos llevar a cabo acciones específicas, y que esperar de las redes que sean un oasis de paz es una auténtica utopía en la que solo pueden creer los utópicos. Llámame cínico o llámame realista, pero no creo que jamás en la vida se haga un examen de buen comportamiento a nadie antes de permitirle entrar en las RR. SS. De hecho, si me lo preguntan, preferiría que obligasen a pasar por un examen de capacidad antes de tener hijos, por ponerte un ejemplo.

Te animo a que denuncies todos los comportamientos inadecuados, pero que también te fortalezcas para que la experiencia de transitar por las RR. SS. no se convierta en un sufrimiento cotidiano. Soy consciente de que el mundo que hay es complicado porque la mayoría de nosotros hemos crecido dentro de un enorme sufrimiento y hay mucho dolor acumulado en nuestro colectivo. Sé que esto cambiará en generaciones venideras pero, mientras tanto, intentaremos subsanar los problemas lo mejor que podamos. Confío en que entre todos vamos a hacer de este un mundo mejor. Tanto el presencial como el digital.

¡Un beso gigante!

Referencias

Aichner, T., *et al.*, «Twenty-five years of social media: A review of social media applications and definitions from 1994 to 2019», *Cyberpsychology, Behavior and Social Networking,* n.º 24(4), pp. 215-222, <https://doi.org/10.1089/cyber.2020.0134>.

Ballesteros Herencia, C. A. (2020), «La propagación digital del coronavirus. Midiendo el *engagement* del entretenimiento en la red social emergente TikTok», *Revista Española de Comunicación en Salud,* suplemento 1, pp. 171-185, <https://doi.org/10.20318/recs.2020.5459>.

Bandura, A. (1986), *Social foundations of thought and action: A social cognitive theory,* Englewood Cliffs, Nueva Jersey, Prentice-Hall.

—— (2001), «Social cognitive theory of mass communication», *Media Psychology,* n.º 3, pp. 265-299, <https://doi.org/10.1207/S1532785XMEP0303_03>.

Bem, D. J. (1972), «Self-perception theory», *Advances in Experimental Social Psychology,* vol. 6, pp. 1-62, <https://doi.org/10.1016/S0065-2601(08)60024-6>.

Bonilla-Zorita, G. (2022), «"I am also looking for a genuine connection...". Psychosocial implications of dating app use and problematic use of dating applications», tesis doctoral, Nottingham Trent University.

Bot Ruso (2022), *Confesiones de un bot ruso,* Barcelona, Debate.

Caldarelli, G., R. de Nicola y F. del Vigna (2020), «The role of bot squads in the political propaganda on Twitter», *Commun Phys,* n.º 3, p. 81, <https://doi.org/10.1038/s42005 020-0340-4>.

Castro Martínez, A., y P. Díaz Morilla (2021), «La comunicación política de la derecha radical en redes sociales. De Instagram a TikTok y Gab, la estrategia digital de Vox», *Dígitos. Revista de Comunicación Digital,* n.º 7, pp. 67-89, <doi: 10.7203/rd.v1i7.210>.

Caudevilla, F. (2005), *Extasis (MDMA),* Madrid, Amargord.

Chabrol, H., *et al.* (2009), «Contributions of psychopathic, narcissistic, machiavellian, and sadistic personality traits to juvenile delinquency», *Personality and Individual Differences,* n.º 47(7), pp. 734-739, <https://doi.org/10.1016/j.paid.2009.06.020>.

Cheng, J., C. Danescu-Niculescu-Mizil y J. Leskovec (2015), «Antisocial behavior in online discussion communities», International Conference on Web and Social Media.

Conover, M., *et al.* (2021), «Political polarization on Twitter», *Proceedings of the International AAAI Conference on Web and Social Media,* n.º 5(1), pp. 89-96, <https://doi.org/10.1609/icwsm.v5i1.14126>.

Corriero, E. F., y S. T. Tong (2015), «Managing uncertainty in mobile dating applications: Goals, concerns of use, and information seeking in Grindr», *Mobile Media & Communication,* n.º 4(1), pp. 121-141, <doi:10.1177/20501579 15614872>.

Craker, N., y E. March (2016), «The dark side of Facebook®: The Dark Tetrad, negative social potency, and trolling behaviour», *Personality and Individual Differences,* n.º 102, pp. 79-84, <https://doi.org/10.1016/j.paid.2016.06.043>.

Czub, M., y P. Janeta (2021), «Exercise in virtual reality with a muscular avatar influences performance on a weightlifting exercise», *Cyberpsychology: Journal of Psychosocial Research on Cyberspace,* n.º 15(3), art. 10, <https://doi.org/10.5817/CP2021-3-10>.

Dillman Carpentier, F. R., C. T. Northup y M. S. Parrott (2014), «Revisiting media priming effects of sexual depictions: Replication, extension, and consideration of sexual depiction strength», *Media Psychology,* n.º 17(1), pp. 34-54, <https://doi.org/10.1080/15213269.2013.870045>.

—— (2016), «Priming sexual and romantic representations in two media environments: Sex encourages and romance discourages sexual permissiveness ... sometimes», *The Journal of Sex Research,* n.º 54(6), pp. 706-716, <https://doi.org/10.1080/00224499.2016.1189870>.

Easton, D., y J. W. Hardy (2013), *Ética promiscua,* Santa Cruz de Tenerife, Melusina.

Ellison, N., R. Heino y J. Gibbs (2006), «Managing impressions online: Self-presentation processes in the online dating environment», *Journal of Computer Mediated Communication,* n.º 11(2), pp. 415-441, <https://doi.org/10.1111/j.1083-6101.2006.00020.x>.

Feinstein, B. A., (2019), «The rejection sensitivity model as a framework for understanding sexual minority mental health», *Archives of Sexual Behavior,* <doi:10.1007/s10508-019-1428-3>..

Fioravanti, G., A. Prostamo y S. Casale (2020), «Taking a short break from Instagram: The effects on subjective well-being»,*Cyberpsychology, Behavior and Social Networking,* n.º 23(2), pp. 107-112, <https://doi.org/10.1089/cyber.2019.0400>.

Foulkes L., *et al.* (2014), «Inverted social reward: Associations between psychopathic traits and self-report and experimental measures of social reward», *PLoS ONE*, n.º 9(8): e106000, <doi:10.1371/journal.pone.0106000>.

Fox, J., J. N. Bailenson y L. Tricase (2013), «The embodiment of sexualized virtual selves: The Proteus effect and experiences of self-objectification via avatars», *Computers in Human Behavior*, n.º 29(3), pp. 930-938, <https://doi.org/10.1016/j.chb.2012.12.027>.

Garimella, V. R. K., e I. Weber (2017), «A long-term analysis of polarization on Twitter», *Proceedings of the International AAAI Conference on Web and Social Media*, n.º 11(1), pp. 528-531, <https://doi.org/10.1609/icwsm.v11i1.14918>.

Gómez-Escolar, A. (2022), *Guía esencial del renacimiento psicodélico. Todo lo que necesita saber sobre cómo la psilocibina, MDMA, ketamina, ayahuasca y LSD están revolucionando... y cambiando vidas,* Madrid, Argonowta.

Gültzow, T., *et al.* (2020), «Male body image portrayals on Instagram», *Cyberpsychology, behavior and social networking,* n.º 23(5), pp. 281-289, <https://doi.org/10.1089/cyber.2019.0368>.

Gutiérrez, A., y K. Tyner (2012), «Media education, media literacy and digital competence», [Educación para los medios, alfabetización mediática y competencia digital], *Comunicar* n.º 38, 31-39, <https://doi.org/10.3916/C38-2012-02-03>.

Hooper, N., *et al.* (2015), «Perspective taking reduces the fundamental attribution error», *Journal of Contextual Behavioral Science,* n.º 4(2), pp.#69-72, <https://doi.org/10.1016/j.jcbs.2015.02.002>.

Kim, M. (2020), «Instagram selfie-posting and young women's body dissatisfaction: Investigating the role of self-esteem and need for popularity», *Journal of psychosocial research*, n.º 14(4), art. 4, <https://doi.org/10.5817/CP2020-4-4>.

Kim, S. Y., *et al.* (2020), «Impact of body size match to an avatar on the body ownership illusion and user's subjective experience», *Cyberpsychology, Behavior and Social Networking,* n.º 23(4), pp. 234-241, <https://doi.org/10.1089/cyber.2019.0136>.

Kleemans, M., *et al.* (2018), «Picture perfect: The direct effect of manipulated instagram photos on body image in adolescent girls», *Media Psychology,* n.º 21(1), pp. 93-110, <https://doi.org/10.1080/15213269.2016.1257392>.

Krämer, N. C., *et al.* (2021), «I feel what they say: The effect of social media comments on viewers' affective reactions toward elevating online videos», *Media Psychology,* n.º 24:3, pp. 332-358, <doi:10.1080/15213269.2019.1692669>.

Laniado, D. *et. al.* (2012), «Emotions and dialogue in a peer-production community: The case of Wikipedia», WikiSym 2012 Conference Proceedings, 8th Annual International Symposium on Wikis and Open Collaboration, <doi:10.1145/2462932.2462944>.

Lanier, J. (2018), *Diez razones para borrar tus redes sociales de inmediato,* Barcelona, Debate.

Lee, S. Y. (2014), «How do people compare themselves with others on social network sites?: The case of Facebook», *Computers in Human Behavior,* n.º 32, pp. 253-260, <doi:10.1016/j.chb.2013.12.009>.

Levack, B. P. (1995), *La caza de brujas en la Europa moderna,* Madrid, Alianza.

Lup, K., L. Trub y L. Rosenthal (2015), «Instagram #Instasad?: Exploring Associations among Instagram use, depressive symptoms, negative social comparison, and strangers followed», *Cyberpsychology, Behavior, and Social Networking,* mayo de 2015, pp. 247-252, <http://doi.org/10.1089/cyber.2014.0560>.

March, E., *et al.* (2017), «Trolling on Tinder® (and other dating apps): Examining the role of the Dark Tetrad and impulsivity», *Personality and Individual Differences,* n.º 110, pp. 139-143, <https://doi.org/10.1016/j.paid.2017.01.025>.

—— y G. Steele (2020), «High esteem and hurting others online: Trait sadism moderates the relationship between self-esteem and internet trolling», *Cyberpsychology, Behavior and Social Networking,* n.º 25(7), pp. 441-446, <doi:10.1089/cyber.2019.0652>.

Martín, G. J. (2016), *Quiérete mucho, maricón,* Barcelona, Roca Editorial.

—— (2017), *El ciclo del amor marica,* Barcelona, Roca Editorial.

—— (2020), *Gay Sex,* Barcelona, Roca Editorial.

—— (2021), *Gaynteligencia emocional,* Barcelona, Roca Editorial.

—— y S. Martín (2018), *Sobrevivir al ambiente,* Barcelona, Roca Editorial.

—— y S. Martín (2022), *El Kamasutra gay del siglo XXI,* Barcelona, Roca Editorial.

Meier, A., *et al.* (2020), «Instagram inspiration: How upward comparison on social network sites can contribute to well-being», *Journal of Communication,* n.º 70(5), pp. 721-743, <https://doi.org/10.1093/joc/jqaa025>.

Milli, S., *et al.* (2023), «Twitter's algorithm: Amplifying anger, animosity, and affective polarization», <https://doi.org/10.48550/arXiv.2305.16941>.

Modica, C. A. (2020), «The associations between Instagram use, selfie activities, appearance comparison, and body dissatisfaction in adult men», *Cyberpsychology, Behavior and Social Networking,* n.º 23(2), pp. 90-99, <https://doi.org/10.1089/cyber.2019.0434>.

Montag C, H. Yang y J. D. Elhai (2021), «On the psychology of TikTok use: A first glimpse from empirical findings», *Frontiers in Public Health,* vol 9, 641673.

Moyle, L., *et al.* (2020), «Pharmacosex: Reimagining sex, drugs and enhancement», *International Journal of Drug Policy,* n.º 86, 102943, <doi:10.1016/j.drugpo.2020.102943>.

Mussweile, T. (2003), «Comparison processes in social judgment: Mechanisms and consequences», *Psychological Review,* n.º 110(3), pp. 472-489, <doi:10.1037/0033-295x.110.3.472>.

Noon, E. J., y A. Meier (2019), «Inspired by friends: Adolescents' network homophily moderates the relationship between social comparison, envy, and inspiration on Instagram», *Cyberpsychology, Behavior, and Social Networking,* publicación avanzada online, <https://doi.org/10.1089/cyber.2019.041>.

Nowak, K. L., y C. Rauh (2005), «The Influence of the Avatar on Online Perceptions of Anthropomorphism, Androgyny, Credibility, Homophily, and Attraction», *Journal of Computer Mediate Communication,* n.º 11, pp. 153-178, <https://doi.org/10.1111/j.1083-6101.2006.tb00308.x>.

Oeberst, A., y R. Imhoff (2023), «Toward parsimony in bias research: A proposed common framework of belief-consistent information processing for a set of biases», *Perspectives on Psychological Science,* n.º 0(0), <https://doi.org/10.1177/17456916221148147>.

Paulhus, D. L., y K. M. Williams (2002), «The Dark Triad of personality: Narcissism, machiavellianism, and psychopathy», *Journal of Research in Personality,* n.º 36(6), pp. 556-563, <https://doi.org/10.1016/S0092-6566(02)00505-6>.

Paz, M. A., A. Mayagoitia-Soria y J. M. González-Aguilar

(2021), «From Polarization to Hate: Portrait of the Spanish Political Meme» *Social Media + Society*, 7(4), <https://doi.org/10.1177/20563051211062920>.

Peirano, M. (2019), *El enemigo conoce el sistema. Manipulación de ideas, personas e influencias después de la economía de la atención,* Barcelona, Debate.

Peña-Fernández, S., A. Larrondo-Ureta y J. Morales-i-Gras (2023), «Feminism, gender identity and polarization in TikTok and Twitter», [Feminismo, identidad de género y polarización en TikTok y Twitter], *Comunicar,* n.º 75, pp. 49-60, <https://doi.org/10.3916/C75-2023-04>.

Potter, W. J. (2004), *Theory of media literacy: A cognitive approach*, Thousand Oaks, California, *SAGE Publications.*

Praetorius, A. S., y D. Görlich (2020), «How avatars influence user behavior: A review on the Proteus effect in virtual environments and video games», *International Conference on the Foundations of Digital Games.*

Quiroz, N. T. (2020), «TikTok. La aplicación favorita durante el aislamiento», *Revista Argentina de Estudios de Juventud*, n.º 14, e044, <https://orcid.org/0000-0002-0967-068X>.

Ratan, R., *et al.* (2020), «Avatar characteristics induce users' behavioral conformity with small-to-medium effect sizes: A meta-analysis of the Proteus effect», *Media Psychology,* n.º 23(5), pp. 651-675, <https://doi.org/10.1080/15213269.2019.1623698>.

Rubin, Z. (1975), «Disclosing oneself to a stranger: Reciprocity and its limits», *Journal of Experimental Social Psychology,* n.º 11(3), pp. 233-260, <https://doi.org/10.1016/S0022-1031(75)80025-4>.

Tajfel, H. (1978), *Differentiation between social group: Studies in the social psychology of intergroup relation*, Londres, Academic Press.

Veaux, F., y E. Rickert (2018), *Más allá de la pareja. Una guía para el poliamor ético (La pasión de Mary Read)*, Madrid, Contínta me tienes.

Vries, D. A., *et al.* (2018), «Social comparison as the thief of joy: Emotional consequences of viewing strangers' Instagram posts», *Media Psychology*, n.º 21(2), pp. 222-245. <https://doi.org/10.1080/15213269.2016.1267647>.

Weber, S., T. Messingschlager y J. P. Stein (2022), «This is an Insta-vention! Exploring cognitive countermeasures to reduce negative consequences of social comparisons on Instagram», *Media Psychology*, n.º 25(3), pp. 411-440, <doi: 10.1080/15213269.2021.1968440>.

«Para viajar lejos no hay mejor nave que un libro».

EMILY DICKINSON

Gracias por tu lectura de este libro.

En **penguinlibros.club** encontrarás las mejores recomendaciones de lectura.

Únete a nuestra comunidad y viaja con nosotros.

penguinlibros.club